Nicola Isabelle Lausus

Codierte Weiblichkeit

Die Magersucht als Identitäts-
und Emanzipationskonflikt der Frau

LIT

Umschlagbild: Edvard Munch, *Pubertät*
© The Munch Museum/The Munch Ellison Group/
VG Bild-Kunst, Bonn 2006

Bibliografische Information der Deutschen Nationalbibliothek
Die Deutsche Nationalbibliothek verzeichnet diese Publikation in der
Deutschen Nationalbibliografie; detaillierte bibliografische Daten sind
im Internet über http://dnb.d-nb.de abrufbar.

ISBN-10: 3-8258-9714-1
ISBN-13: 978-3-8258-9714-7
Zugl.: Bonn, Univ., Diss., 2006

© LIT VERLAG Berlin 2007
Auslieferung/Verlagskontakt:
Fresnostr. 2   48159 Münster
Tel. +49 (0)251–62 03 20   Fax +49 (0)251–23 19 72
e-Mail: lit@lit-verlag.de   http://www.lit-verlag.de

INHALT

VORWORT DES HERAUSGEBERS	IX
VORWORT	13
1. EINLEITUNG	15
2. KLINISCH DIAGNOSTISCHE KRITERIEN FÜR DIE HUNGERKRANKHEIT	23
3. THEORETISCHE MODELLE ZUR ERKLÄRUNG DER HUNGERKRANKHEIT	27
3.1. Hungern als Verhaltensstörung – kognitiv-behavioristische Modelle	31
3.1.1. Das Reiz-Reaktionsschema der klassischen Konditionierung	31
3.1.2. Lernen aus den Konsequenzen einer Verhaltensweise – Die operante Konditionierung	33
3.1.3. Imitation und Identifikation – die sozialintegrative Theorie des Lernens am Modell	36
3.2. Die Konfliktfamilie – Magersucht als Ausdruck eines kranken Systems – der familienpsychologisch systemische Ansatz	39
3.3. Die Magersucht in der Psychoanalyse nach FREUD	43
3.3.1. Die gestörte Triebdynamik	43
3.3.2. Psychosexuelle Entwicklungsstörungen der oralen, analen und ödipalen Phase – die Neurosenstruktur der Anorexie	47
3.4. Die gesellschaftskritisch-feministische Theorie	52
3.5. Die Wechselwirkungsmechanismen zwischen Körper und Seele – der psychobiologische Ansatz	53
3.6. Tabellarischer Überblick zu den explizierten Ansätzen	58
3.7. Die Diskussion der einzelnen Modelle	60

4. **PSYCHISCHE STRUKTUR UND KÖRPERERLEBEN IN DER MAGERSUCHT ANHAND DER OBJEKT-BEZIEHUNGS-THEORIE**   65

5. **EPIDEMIOLOGIE**   79
   - 5.1. Methodische Hindernisse   79
   - 5.2. Studien zur Verbreitung der Anorexie   80
     - 5.2.1. Prävalenz   81
     - 5.2.2. Alters- und geschlechtsspezifische Verteilung   84

6. **DIE KRANKHEIT DER MODERNITÄT**   87
   - 6.1. Zur Geschichte der Anorexia nervosa   87
   - 6.2. Die trügerische Idylle der bürgerlichen Kleinfamilie   90
   - 6.3. Die Gefahr der Pubertät   93
   - 6.4. Der Preis des weiblichen Widerstandes   95
   - 6.5. Rebellion innerhalb der Etikette   98

7. **DIE ANOREXIE ALS ETHNISCHE STÖRUNG**   101

8. **DIE SOZIOLOGIE DES ESSENS – VOM UMGANG ZUM UMGEHEN**   105
   - 8.1. Zur Geschichte der Ernährung   107
   - 8.2. Psychische Funktionen des Essens – Die Instrumentalisierung der Ernährung   109
   - 8.3. Die Theorie des restrained eating   112

9. **DIE GESELLSCHAFTLICHE KODIERUNG DES KÖRPERS – SCHLANKHEIT ALS IDEAL WEIBLICHER KÖRPERKULTUR**   119
   - 9.1. Zur Geschichte der Mode   120
   - 9.2. Schlankheit statt Korsett – Diäthalten als neue Form interner Affektkontrolle   123
   - 9.3. Das Schlankheitsideal des 20. Jahrhunderts   127

10. **VOM KORSAGENKLEID ZUR HÜFTJEANS – DIE MODELLIERUNG DER WEIBLICHKEIT DURCH DIE MODE**   133

11. ZUR GESCHLECHTSROLLENIDENTITÄT ADOLESZENTER MÄDCHEN HEUTE 153

11.1. Frau werden – Bedingungen der Sozialisation junger Mädchen 153
11.2. Zwischen Autonomie und Abhängigkeit 158
11.3. Der inszenierte Körper 162

12. ENDSTATION ESSSTÖRUNG 167

12.1. Das weibliche Minderwertigkeitsgefühl 167
12.2. Leben nach dem Leistungsprinzip 170
12.3. Störfall Gefühle – Die moderne Affektkontrolle 171

13. VOM HEIMCHEN ZUR SUPERFRAU - DIE VERFEHLTE EMANZIPATION ALS URSACHE DES PHÄNOMENS MAGERSUCHT 175

13.1. Tradition, Feminismus, Moderne – die Geschichte der Frauenbewegung 176
13.2. Die befreite Frau? - Emanzipation heute 183
13.3. Perfektion statt Emanzipation 187
    13.3.1. Attraktivität als Schlüssel zum Erfolg 190
    13.3.2. Das normierte Selbst 192
13.4. Der Adonis Komplex – Magersucht bei Männern 195

14. DAS SCHEITERN AM ANSPRUCH – DIE EMANZIPATION IN DER SACKGASSE 199

15. DIE SELBSTBEFREIUNG DER FRAU – PRÄVENTION FÜR DIE MAGERSUCHT 203

16. DIE MAGERSUCHT ALS SYMBOLISCHE REPRÄSENTATION UND GLEICHZEITIGE DEKONSTRUKTION DES AKTUELLEN EMANZIPATIONSVERSTÄNDNISSES 208

ABBILDUNGSVERZEICHNIS 213

TABELLENVERZEICHNIS 215

LITERATURVERZEICHNIS 216

WEITERFÜHRENDE LITERATUR 227

Vorwort des Herausgebers

Die verfehlte Codierung des Körpers

Nicola Lausus greift in ihrer Dissertation ein Thema auf, das in seiner Dramatik kaum überschätzt werden kann. Galt die anorexia nervosa lange Zeit als Krankheit, an der vorwiegend Frauen zu leiden hatten, so mehren sich die Anzeichen für ein gehäuftes Auftreten von Magersucht mittlerweile auch bei Männern.[1]

Für einen kausal erklärenden Zugang hat diese Ausweitung der potentiell Betroffenen erhebliche Konsequenzen: Deutungen letztlich biologistisch-naturalistischer Art verlieren an Plausibilität, sobald das Auszehren des Körpers bis hin zum Tod nicht mehr nur Mädchen und junge Frauen befällt, sondern auch Männer, die nunmehr einem neuen „Männlichkeitswahn" unterliegen. Das Thema ist zu ernst, um es für Subsumtionsspiele unter Theorieangebote zu missbrauchen. Gleichwohl ist es naheliegend, im Anschluss an die Darlegung der klinisch-diagnostischen Kriterien die Ansätze durchzuprüfen, die zur Erklärung der Hungerkrankheit herangezogen werden. Wie Nicola Lausus schon in der publizierten Magisterarbeit entwickelt,[2] werden einerseits kognitiv-behavioristische Modelle der klassischen und der operanten Konditionierung vorgestellt, um ihre Defizite durch einen familienpsychologisch-systemischen Ansatz zu ergänzen. Neben den Mechanismen des Erlernens selbstzerstörerischen Essverhaltens ist die Rollenstruktur des Sys-

---

[1] Vgl. hierüber demnächst Friederike Schwarz, Der magere Mann. Zur soziologischen Analyse eines vielschichtigen Krankheitsbildes, Magisterarbeit Universität Bonn 2006.

[2] Vgl. Nicola Isabelle Lausus, Die Codierung des Körpers. Essstörungen – Anorexia nervosa – im soziokulturellen Kontext der modernen Wohlstandsgesellschaft, Konstanz 2002.

tems Familie zu berücksichtigen, in dem Strukturmerkmale beobachtet werden, die den Mechanismus eines exzessiven Kontrollverhaltens der Anorektikerin erklären sollen. In das Freudsche Instanzenmodell integriert, lässt sich Anorexie als eine psychosexuelle Entwicklungsstörung deuten, die im übrigen in den Modellen von Melanie Klein und Wilfred R. Bion eine erhebliche Erweiterung erfahren haben. Dieser Deutungsrichtung wird eine feministische Theorie gegenübergestellt, die – von Freud in Manchem abweichend – die Ursachen in den patriarchalen Strukturen der Gesellschaft dingfest machen möchte. In einem tabellarischen Überblick zusammengefasst, werden nunmehr die Modelle auf ihre interne Triftigkeit hin diskutiert, um für einen mehrdimensionalen Ansatz zu plädieren: weder biologische Dispositionen noch psychosexuelle Konstellationen noch patriarchale Erwartungsmuster alleine vermögen dem Phänomen gerecht zu werden, sondern nur ihr Zusammenwirken sowie eine soziologische Erweiterung der Körpercodierung, an deren Idealen die Erkrankte scheitert, ebenso wie an der Emanzipationsfalle, in die sie unbedacht hineintappte.

Zuvor wird die epidemologische Situation dargelegt, unter berechtigtem Hinweis auf das aus anderen Bereichen bekannte Problem der Dunkelziffer. Sowohl die Definition als auch die Erfassung der Anorexie sind problematisch, wie Nicola Lausus darlegt.

In einem kultursoziologischen Zugriff wird die *anorexia nervosa* als „Krankheit der Modernität" charakterisiert. Zwar erwähnt die Verfasserin die Rolle der Ottilie in Goethes „Wahlverwandtschaften", aber nicht nur die inzestuöse Konfliktsituation, sondern insbesondere der protestantisch-asketische Hintergrund der sterbenden Protagonistin führt uns weiter auf die Fährte einer am Körper exerzierten Kontrolle des Selbst, wie sie die „methodisch-rationale Askese" als Entsagung auch im gestörten Essverhalten plausibel macht. Nun flüchten nicht alle und schon gar nicht nur Protestanten in die Magersucht, aber der Hinweis auf einen Zusammenhang mit der Genese der Moderne legt solche weiterführenden Spuren[3]. Aus der Genese der Moderne lässt sich die Verfasserin dann freilich von Norbert Elias inspirieren, dessen Modell der Affektkontrolle gerade am Beispiel des Essverhaltens demonstriert wird, ohne dass dieser auf Essstörungen selbst abgezielt hätte. Aber es ist sicher richtig argumentiert, dass erst dort, wo der Zivilisationsprozeß am Essverhalten ablesbar wird, für den durch Magersucht Gefährdeten sich auch eine Chance zur Realisierung der Krankheit bietet. Nicht nur ein abstraktes Ideal der Verinnerlichung von Kontrollmechanismen, die Mann und Frau übrigens gleichermaßen treffen, sondern die hartnäckige und nachhaltige Codierung des weiblichen Körpers, die Erzeugung eines kulturell definierten weiblichen Körperideals, das sich dem Männlichen im Zuge einer Emanzipationsbewegung immer weiter anpasse, bilde das Vergleichsschema mit dem unzulänglichen realen Körper, den die Erkrankte aber gerade – wie Untersuchungen zum gestörten Körperschema[4] gezeigt haben – gar nicht mehr wirklichkeitsgetreu erfassen kann. So erscheint die Endstation Essstörung als zwanghafte Folge eines Beziehungsgeflechts aus kulturellen Fehlnormierungen, befördernden Familienstrukturen, der Sozialisation und einer – wie schließlich gegen die Emanzipationsbewegung argumentiert wird – krankheitserzeugenden Idealisierung der Frau zum „Superweib", das am Ende zwangsläufig in den selbst erzeugten Rollenkonflikten ersticken, bzw.: verhungern müsse.

---

[3] Vgl. Ulrike Prokop, „Eßstörungen" – Goethes Wahlverwandtschaften als Krankengeschichte gelesen, in: Psyche, Zeitschrift für Psychoanalyse und ihre Anwendungen, 59, 2005, S. 395-430.
[4] Vgl. die Studie von Angela Moré, Bewusste und unbewußte Körperbilder. Ihre Bedeutung in der Persönlichkeitsentwicklung junger Frauen, in: Werkblatt, Psychoanalyse & Gesellschaftskritik Nr. 51, 2003, S. 25-43.

Die Diskrepanz zwischen „sozial erwartetem Körper", „überformtem kulturellem Körper" und „biologischem Realkörper"[5] bezeichnet also die soziologische Schnittstelle, an der gesellschaftliche Erwartungen und symbolische Kommunikation spannungsvoll aufeinanderprallen! Nur metaphorisch ließe sich die wünschenswerte Richtung der Entwicklung so bezeichnen, diese verschiedenen und gegeneinander ausgespielten Körper wieder miteinander zu versöhnen. Ohne eine Reflexion über *gesellschaftliche Voraussetzungen* und die *kommunikativen Bedingungen* in der Medien- und Modegesellschaft erscheint dies jedoch von vornherein vergeblich.

Werner Gephart   Bonn, im Juni 2006

---

[5] Vgl. hierzu Werner Gephart, The Sacred Body. The Construction of Beauty Icons, in: ders., Traces of the Sacred Lost (erscheint demnächst).

Vorwort

Dieses Buch ist die überarbeitete und aktualisierte Fassung meiner Doktorarbeit im Fach Soziologie. Es ist das Ergebnis einer langjährigen Auseinandersetzung mit dem Thema Magersucht als moderne Frauenkrankheit und als kulturelles Phänomen. Die Dissertation schließt an meine 2001 publizierte Magisterarbeit an[6].

Trotz gleich bleibend hoher Zahlen von diagnostizierten Neuerkrankungen ist die öffentliche Diskussion zu diesem Thema in der letzten Zeit leiser geworden. Das mag daran liegen, dass der anfängliche Schrecken, den die bis zum Skelett abgemagerten Mädchen und Frauen hervorriefen, einer Gewöhnung an diesen Anblick auf der Strasse wie auch in den Medien bei offensichtlich betroffenen Prominenten gewichen ist. Umso wichtiger erscheint es mir, das Thema erneut aufzugreifen und den Focus der Diskussion weniger auf die Individualpsychologie zu legen, als vielmehr auf den gesellschaftlichen Kontext, der die Verbreitung der Magersucht erst möglich macht. Bisher zu wenig Beachtung gefunden hat in diesem Zusammenhang vor allem der Emanzipationsprozess der Frau im Laufe des letzten Jahrhunderts, der trotz der sexuellen Befreiung in den 60er Jahren des vorigen Jahrhunderts im Sinne einer Identitätsentwicklung der Frau jenseits der gesellschaftlich erwarteten Rolle längst noch nicht abgeschlossen scheint.

Für die Förderung dieses Themas gilt mein besonderer Dank Herrn Prof. Dr. Werner Gephart, der mit vielfältigen fachlichen Anregungen den Verlauf meiner Arbeit begleitet hat und mir stets beratend zur Seite stand. Es hat mich zudem sehr gefreut, meine Dissertation in dieser von

---

[6] Vgl. LAUSUS 2001

Prof. Dr. Werner Gephart herausgegebenen Buchreihe veröffentlichen zu können.

Des Weiteren danke ich Herrn Prof. Dr. H. Bayer, der die Bearbeitung des Themas von Beginn an gefördert hat.

Ich danke Herrn Dr. M. Reber, Herrn Dr. T. Sudhop und Herrn Prof. Dr. K. von Bergmann, die meine Arbeit erst möglich machten.

Nicht zuletzt danke ich meiner Familie für ihre Unterstützung während dieser Zeit.

Nicola Lausus   Bonn, im Juni 2006

1. Einleitung

Die Magersucht zählt zu den psychosomatischen Krankheitsbildern, gekennzeichnet durch die Symptomatik des bewussten Aushungerns des Körpers nicht selten bis in den Tod.

Aufgrund ihrer ansteigenden Prävalenz wurde die Anorexia nervosa seit den 70er Jahren verstärkt zum Thema vor allem der psychoanalytischen Forschung. Die Entwicklung verschiedener ätiologischer Modelle, die außer psychosexuellen Einflüssen auch systemtheoretische, kognitive und soziokulturelle Faktoren in ihrer wechselseitigen Bedingtheit in die Analyse mit einbeziehen, führte zu der Auffassung der Anorexie als Krankheitsbild mit einem mehrdimensionalen Ursachengefüge.

Im Gegensatz zu anderen psychosomatischen Erkrankungen beschränkt sich das Auftreten der Magersucht sowohl überwiegend auf eine spezifische Gesellschaftsstruktur, als auch auf eine beschränkte Personengruppe, so dass der Symptomatik ein Kulturcharakter unterstellt werden muss, der nicht allein über die individuelle Psychoanalyse erklärt werden kann.

Da bislang vorwiegend junge Frauen moderner Leistungsgesellschaften erkranken, stellt sich zwingend die Frage, inwieweit die Struktur der Gesellschaft im Allgemeinen, und die geltenden sozialen Normen[7] für die Rolle der Frau im Speziellen, wesentliche Faktoren für die Entstehung der Magersucht sind.

Da die gängigen Erklärungsmodelle den kulturellen Faktor jedoch nur als Teil der Entwicklung des Individuums betrachten, bleibt die Analyse der Anorexie in ihrer Kultur- und Geschlechtsspezifität defizitär. Obwohl die Wahl eines bestimmten Symptoms in der individuellen Lebensgeschichte liegt, sind neurotische Abwehrmechanismen wie die Anorexie

---

[7] Die soziale Norm bezieht sich auf die gesellschaftlichen Werte und ist auf diese Weise kulturspezifisch. Vgl. DIEDRICHSEN 1991, S. 230

immer Teil einer spezifischen Kultur und deren sozio-ökonomischen Bedingungen. Die Symptomatik der Magersucht spiegelt auf grotesk verzerrte Weise die gesellschaftlichen Werte und Ideale der modernen Frauenrolle und symbolisiert in deren pathogener Überformung gleichzeitig die darin enthaltenen Konflikte.

Meine Arbeit soll in diesem Sinne dazu beitragen, die individuelle Erkrankung der Anorexie in ihrem kulturellen Charakter zu verstehen.

Innerhalb einer soziologischen Analyse definiert sich die Anorexie als kulturspezifische Störung und ermöglicht die Objektivierung der Symptomatik als Konfliktbewältigungsstrategie von Frauen in modernen Leistungsgesellschaften.

Junge Frauen auf der Suche nach ihrer Identität scheitern immer häufiger an den widersprüchlichen gesellschaftlichen Erwartungen an ihre Geschlechterrolle und dem Druck, diese in Perfektion gemäß den Prinzipien unserer Leistungsgesellschaft zu erfüllen. Demgegenüber erscheint die seit Jahrzehnten fortschreitende Emanzipation der Frau, die gerade dazu führen sollte, Frauen aus externen Zwängen zu befreien, paradox.

Da die Emanzipationsbewegung vorgeblich immer eine Selbst-Befreiung der Frau sein sollte, stellt sich die Frage, inwieweit Frauen selbst die Etablierung des Ideals, unter dem sie nun leiden, erst möglich gemacht haben.

Im Hinblick auf diese These soll die Entstehung der Magersuchtssymptomatik unter den folgenden Aspekten betrachtet werden.

- Die Erörterung der anerkannten ätiologischen Erklärungsmodelle dient dazu, die Magersucht in ihrer komplexen Ursachenstruktur und individuellen Psychodynamik grundsätzlich zu verstehen.
- Die Faktoren, die das Entstehen der Symptomatik als spezifisch weibliche Problemlösungsstrategie jedoch erst möglich machten, werden nachfolgend sowohl anhand ihres historischen Ursprungs

und des soziokulturellen Kontextes mit seinen spezifischen Bedingungen für die Sozialisation der Frau,
- sowie in besonderem Maße auch anhand der aktiven Emanzipationsgeschichte der Frau diskutiert.

Die Ursachenanalyse der Anorexie unter Einbeziehung der Emanzipation der Frau bedeutet eine neue Sichtweise. Während die Frau bisher nur in ihrer reaktiven Möglichkeit gegenüber den jeweils gegebenen gesellschaftlichen Strukturen dargestellt ist, zeigt die Geschichte der Emanzipation, in welcher Weise Frauen nicht nur durch externe Faktoren determiniert sind, sondern wie sich die spezifische Wertestruktur der modernen Gesellschaft erst durch das Ineinandergreifen von sozio-ökonomischen Bedingungen und der aktiven Emanzipation konstituieren konnte.

Ich distanziere mich dabei ausdrücklich von feministischen Ansätzen, die Frauen als Opfer der Gesellschaft betrachten[8] und dabei missachten, dass diese einen wesentlichen Teil ihrer Geschichte selbst geschrieben haben.

Die verschiedenen Abschnitte meiner Arbeit werden in ihrer Gesamtheit die Magersucht als weiblichen Identitätskonflikt in Folge des Emanzipationsprozesses des letzten Jahrhunderts erkennen lassen. Die heutige Prävalenz der Anorexie zeigt, dass die Rolle der Frau sowie das weibliche Selbstverständnis auch nach Überwindung des Patriarchats kontrovers sind wie nie zuvor.

---

[8] Vgl. NEUBECK-FISCHER 1991, S. 142 (Anmerkung: Ansatz in Teilen problematisch, da sie die Magersucht als Krankheit leugnet, stattdessen von einer „spezifischen Art der Vernunft" spricht.); HOFSTADLER/BUCHINGER 1995, S. 122 ff. (Anmerkung: Therapie der Magersucht wird als Unterwerfung der Frau unter von Männern entwickelte Heilungsmodelle gesehen) und SCHWARZER 2002, S. 227 ff.

Das zweite Kapitel definiert zunächst die Anorexie als klinisches Krankheitsbild und stellt medizinische Diagnosekriterien dar, über die eine Magersucht identifiziert werden kann.

Um der Komplexität der Ursachen der Anorexie gerecht zu werden, diskutiere ich in Kapitel 3 die etablierten Erklärungsansätze der Lern- und Verhaltenstheorie, der Systemtheorie, der Psychoanalyse, sowie den feministischen und den psycho-biologischen Ansatz. Obwohl die explizierten Modelle die Erklärung der Anorexie über die Analyse des Individuums suchen, arbeiten alle mit soziokulturelle Faktoren und speziell mit den Konflikten, die die weibliche Sozialisation beinhaltet in der Weise, in der die Ausprägung der Persönlichkeit immer die Interaktion zwischen Individuum und Gesellschaft erfordert.

Bereits hier deutet sich an, dass die soziologische Perspektive auch für die Individualanalyse einen Erkenntnisgewinn darstellen kann.

Zunächst wird jedoch in Kapitel 4 die für die Anorexie typische Körperschemastörung anhand der aus der Psychoanalyse hervorgehenden Objektbeziehungstheorie erörtert. Da dieser Ansatz den klassischen psychoanalytischen erweitert, indem er über die orale Störung – hier spezifiziert als narzisstische Störung – nicht nur die psychische Struktur, sondern vor allem auch das spezifische Körpererleben der Magersüchtigen erklärt, wird er gesondert expliziert.

Das folgende Kapitel 5 zur Epidemiologie bestätigt die bereits oben angedeutete Auffassung der Magersucht als neuzeitliche Psychosomatik vor allem junger Frauen und bildet den Übergang zu dem vorwiegend soziologischen Teil der Arbeit.

Um nun in den weiteren Abschnitten den soziokulturellen Kontext, in dem sich die Magersucht etablieren konnte, aufzuschlüsseln, rekonstruiere ich zunächst die Kulturgeschichte der Anorexie, ausgehend von ihren Wurzeln in der viktorianischen Zeit (Kap. 6). Wir werden sehen, dass die spezifischen sozio-ökonomischen Bedingungen dieser Epoche das Symptom des bewussten Hungerns zur intrapsychischen Konfliktbewältigung insbesondere für Frauen auf dem Weg in die Emanzipation erst möglich machten. Der Kulturcharakter der Magersucht, der hier deutlich wird, lässt sich über den Begriff der ethnischen Störung nach DEVEREUX[9] definieren (Kap. 7). Er geht davon aus, dass die psychosomatischen Symptombildungen gemäß den spezifischen Gegebenheiten einer Kultur erfolgen. Das Symptom – hier das Diät halten und Abnehmen – stellt eine dekulturierte Form von anerkannten Kulturtechniken – hier die Körperkontrolle – dar, die jedem Individuum einer Gesellschaft zur Anpassung an die innere und äußere Natur oder auch als intrapsychischer Abwehrmechanismus zur Verfügung stehen[10]. Die Identifikation der Magersucht als ethnische Störung weist den Weg meines weiteren Vorgehens: Auf welche Weise die Nahrungsverweigerung zu einer aus der Gesellschaft entstandenen und akzeptierten Möglichkeit zur intrapsychischen Konfliktbewältigung werden konnte, wird Thema der nächsten Kapitel sein.

Indem NORBERT ELIAS in seiner Theorie über den Prozess der Zivilisation[11] die historischen Bedingungen für die Entwicklung der Persönlichkeit aufgrund gesellschaftlicher Veränderungen analysiert, bietet er den theoretischen Hintergrund, auf dem ich die für die Entstehung der Magersucht wesentlichen Bereiche kultureller Werte- und Verhaltensformung rekonstruieren werde. Sowohl die Funktionalisierung der Ernährung (Kap. 8), als auch die Manipulation des Körpers in der Geschichte der weiblichen Körperformung und -idealisierung (Kap. 9) zeigen die Verbindung zwischen der Entwicklung von kulturell akzep-

---

[9] Vgl. DEVEREUX 1974

[10] Obwohl DEVEREUX die Anorexie nicht speziell behandelt, lässt sich seine Theorie in diesem Sinne hier anwenden.

[11] Vgl. ELIAS 1997

tierten Verhaltensstandards und der daraus entstehenden neurotischen Symptomatik der Anorexie.

In Kapitel 10 wird die Geschichte der Mode, deren Bedeutung als Reflexion gesellschaftlicher Entwicklungen bereits in Kapitel 9 zum Ausdruck kam, erneut aufgegriffen. Die Modetrends von 1900 bis heute[12] sollen hier insbesondere im Hinblick auf ihre Funktion der Modellierung von Weiblichkeit analysiert werden. Das auf diese Weise in der Mode offenbarte gesellschaftliche Verständnis über die Rolle der Frau, vor allem jedoch deren weibliches Selbstverständnis, zeigen eine Veränderung der Körperwahrnehmung, in der auch die Symptomatik des kontrollierten Hungerns zum Zwecke der Formung des Körpers eine kulturelle Ursache hat.

Die Skizzierung der Bedingungen weiblicher Sozialisation heute und den daraus entstehenden Identitätsproblemen (Kap.11) erklären infolgedessen, inwieweit eine Affinität zwischen den Konflikten von Frauen und der kulturellen Abwehrsymptomatik der Magersucht besteht (Kap. 12).

Wir werden sehen, dass die weibliche Sozialisation immer als Prozess einer Wechselwirkung zwischen Frauen und einem spezifischen gesellschaftlichen Code zu begreifen ist. So offenbart sich bereits hier die Notwendigkeit, die weibliche Sozialisationsgeschichte nicht nur als Reaktion auf die bestehende Gesellschaftsstruktur zu verstehen, sondern gleichzeitig auch die aktive Emanzipationsgeschichte der Frau zu analysieren, um schließlich eine ganzheitliche Betrachtung der Entstehung weiblicher Identitätskonflikte und der daraus resultierenden Symptomatik der Magersucht zu ermöglichen (Kap.13-15).

Die Rekonstruktion der Emanzipationsgeschichte (Kap. 13) zeigt wie die Selbstbefreiung der Frau aus dem Patriarchat, und die damit einher-

---

[12] Die Begrenzung auf diesen Zeitrahmen rechtfertigt sich durch die zunehmende Verbreitung der Anorexie seit 1900.

gehende Suche nach der weiblichen Identität, das Rollenideal der Frau bis heute beeinflusst haben. Selbstbestimmung wurde gleichgesetzt mit Berufstätigkeit und Gleichberechtigung und war – bedingt durch die Jahrhunderte lange Unterdrückung der Frau – Ziel der Emanzipation. In diesem Sinne emanzipiert, sehen viele Frauen heute die Verantwortung für ihren Rollenstress vor allem in „der Gesellschaft". Die Emanzipation wird missverstanden. Emanzipation ist kein Zustand, sondern ein Prozess, den Frauen selbst initiieren müssen, um ihre Identität zu finden. Gesellschaftliche Veränderungen erfordern jeweils neue emanzipatorische Kompetenzen, so dass Frauen gefordert sind, sich immer wieder neu zu positionieren.

In diesem Sinne ist das moderne Frauenideal der *„have it all woman"*[13], die Kinder und Karriere miteinander vereinbart und gleichzeitig schlank und schön ist, vor allem auch die Folge der verfehlten Emanzipation der Frau, deren eigentliches Ziel, der personalen Freiheit, dem Anspruch nach Perfektion – als Prinzip der Leistungsgesellschaft – zum Opfer gefallen ist.

Die Magersucht spiegelt das Scheitern der modernen Frau an ihrem perfektionistischen Anspruch an sich selbst in pathogen verzerrter Weise wider, und wird so zum Symbol für die verlorene weibliche Identität (Kap. 14).

In Kapitel 15 diskutiere ich abschließend Möglichkeiten zur Prävention der Magersucht. Auf Grundlage der gewonnenen Erkenntnisse, nicht nur der schwierigen Sozialisationsbedingungen der Frau, sondern insbesondere auch der Relevanz der Ausprägung eines spezifischen weiblichen Bewusstseins innerhalb der Emanzipation der Frau, ergibt sich eine erweiterte Perspektive für die Entwicklung präventiver Maßnahmen. Indem wir die Magersucht nicht nur als Symptom unserer Kultur, sondern vielmehr als das Symptom der verfehlten Emanzipation definieren,

---

[13] ALEXANDER 2004, S. 247 (aus Glamour USA)

übertragen wir Frauen Eigenverantwortung für ihren Körper und damit für ihr Leben. Die Rückbesinnung auf die Emanzipation als *Prozess der Selbstbefreiung* weist den Weg, den Frauen gehen müssen, um ihre Identität jenseits von konstruierten Idealen zu finden. Auf diese Weise würde auch der Magersucht als dem Symptom einer verlorenen Identität der kulturelle Nährboden entzogen.

Die Auseinandersetzung mit dem Emanzipationskonflikt, der der Magersucht zu Grunde liegt, bildet unter Einbeziehung der gewonnenen Erkenntnisse den Schluss meiner Arbeit (Kap. 16).

2. Klinisch diagnostische Kriterien für die Hungerkrankheit

Das Thema meiner Arbeit, die Magersucht sowohl in ihrer Psychodynamik als auch in ihren sozioökonomischen Bezügen zu verstehen, setzt voraus, das Krankheitsbild zunächst in seiner Spezifität zu definieren und gegenüber anderen Essstörungen abzugrenzen.

Der Fachbegriff der Magersucht – „Anorexia nervosa" – setzt sich zusammen aus dem griechischen A = ohne und Orexie = Esslust, Begierde. Irreführenderweise gilt die Anorexie in diesem Begriff als „nervöser Appetitmangel". Die Magersucht kann jedoch keineswegs mit physiologisch bedingtem fehlendem Appetit begründet werden. Vielmehr ist sie eine Hungersucht[14], in deren Psychodynamik sich die bewusst verminderte Nahrungsaufnahme mit dem Ziel der Gewichtsreduktion verselbständigt und aufgrund verschiedener psychischer und biologischer Faktoren in eine Sucht nach dem Hunger ausartet, die im schlimmsten Fall zum Tode führt.

Äußeres Zeichen der Anorexie ist ein mehr oder weniger starkes Untergewicht, der Ausdruck von Ausgezehrtsein. Dennoch empfinden sich magersüchtige junge Frauen aufgrund ihrer verzerrten Körperwahrnehmung auch dann noch als zu dick, wenn sie bereits kurz vor dem Hungertod stehen. Sie sind von einer pathogenen Angst vor dem Zunehmen besessen, die sich auf ihr gesamtes Denken, Fühlen und Verhalten auswirkt und von CRISP (1984) als „Normalgewichtsphobie" beschrieben wird. Die verzerrte Selbstwahrnehmung führt zudem zu einer Leugnung des Krankheitszustandes, therapeutische Behandlungen werden abgelehnt.

---

[14] Vgl. BRUMBERG 1994

Seit den 70er Jahren wurden objektive medizinisch-psychologische Diagnosekriterien für die Anorexia nervosa festgelegt. Das Handbuch „*Diagnostic and statistical manual of mental disorders*" (kurz: "DSM") der amerikanischen Psychiatriegesellschaft[15] und die von der Weltgesundheitsorganisation herausgegebene „*International classification of diseases*" (kurz: „ICD")[16] enthalten klinisch diagnostische Leitlinien, auf die ich mich im Folgenden stützen werde.

Es wird grundlegend zwischen dem bulimischen und dem restriktiven Typ unterschieden. Während der restriktive Typ asketisch Nahrung verweigert, erreicht der bulimische Typ den gewollten Gewichtsverlust mit Hilfe von Erbrechen und/oder Abführmittelmissbrauch und erleidet immer wieder Heißhungerattacken, die mit Essanfällen verbunden sind.

Das Körpergewicht der Patienten liegt mindestens 15 % unter dem statistischen Normalgewicht gemäß des BMI (Bodymaßindex) nach BRAY (1978). Dennoch haben die Betroffenen starke Ängste davor, dick zu sein oder zuzunehmen. Bestimmte hochkalorische Nahrungsmittel werden vor allem beim restriktiven Typen konsequent vermieden, zudem wird die Gewichtsreduktion durch Hyperaktivität und excessiven Sport trotz der vorhandenen körperlichen Schwäche unterstützt.

Aufgrund der dauerhaften Mangelernährung entstehen eine Reihe je nach Schweregrad der Magersucht nicht mehr reversibler somatischer Komplikationen, auf die ich in Kapitel 3.5 innerhalb der psychobiologischen Faktoren näher eingehen werde[17].

Die medizinische Diagnose beinhaltet jedoch das Problem, dass die Magersucht erst dann als solche definiert werden kann, wenn bereits das suchtartige Hungern und der körperliche Auszehrungsprozess begonnen

---

[15] Vgl. AMERICAN PSYCHIATRIC ASSOCIATION 1994
[16] Vgl. WELTGESUNDHEITSORGANISATION 1993
[17] Ausführliche Erklärungen der medizinischen Diagnosekriterien finden sich auch bei FICHTER (1985), BRÄUTIGAM/CHRISTIAN (1975) und MEERMANN-VANDEREYCKEN (1987)

haben. Die Magersucht als in erster Linie psychogene Erkrankung existiert jedoch schon viel früher im Kopf und im Weltempfinden der prädisponierten Frauen. Sollen Diagnosekriterien also helfen, eine Anorexie so früh zu erkennen, dass sie möglicherweise noch umgelenkt werden kann, müssten sie bereits viel früher die Psychodynamik möglicher Risikogruppen erfassen.

Diesen Bereich der Rekrutierungsphase von der Verzweiflung in den Köpfen der Mädchen bis hin zum offensichtlichen Hungersymptom soll meine Analyse des sozioökonomischen Bedingungsgefüges, in dem die Magersucht entsteht, thematisieren, um Risikogruppen erkennen und präventive Maßnahmen entwickeln zu können.

Die komplexen und miteinander korrelierenden biologischen und psychologischen Konsequenzen der Anorexie veranschaulicht die folgende Abbildung.

Klinisch diagnostische Kriterien für die Hungerkrankheit

```
┌─────────────────┐                              ┌─────────────────┐
│ Biologische     │                              │ Soziokulturelle │
│ Vulnerabilität  │                              │ Faktoren        │
└─────────────────┘                              └─────────────────┘
          ↘           ┌──────────────────────┐         ↙
                      │ Individuelle psycholog.│
                      │ Bedingungen          │
                      └──────────────────────┘
                                 ↓
```

VERÄNDERUNG DES ESSVERHALTENS

- (intermittierendes) Fasten
- Erbrechen
- Essanfälle

BIOLOGISCHE VERÄNDERUNGEN

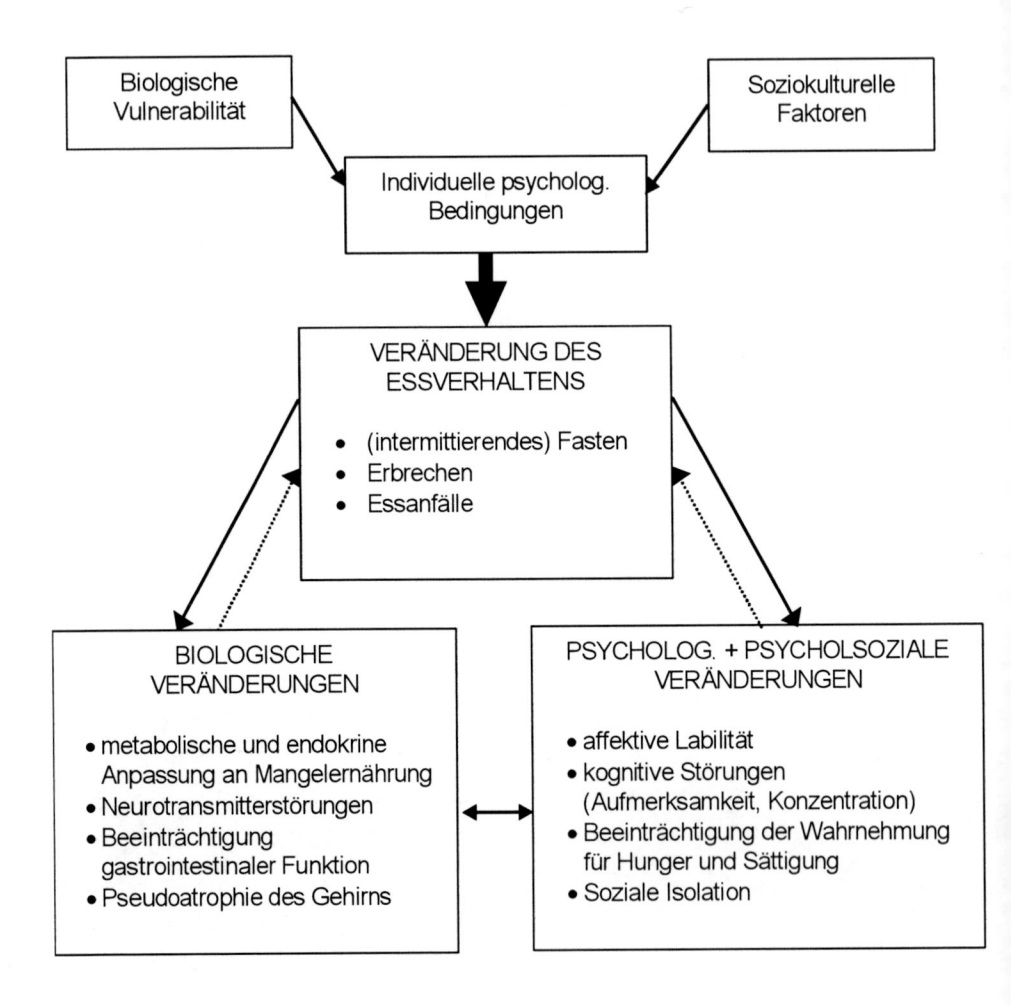

- metabolische und endokrine Anpassung an Mangelernährung
- Neurotransmitterstörungen
- Beeinträchtigung gastrointestinaler Funktion
- Pseudoatrophie des Gehirns

PSYCHOLOG. + PSYCHOLSOZIALE VERÄNDERUNGEN

- affektive Labilität
- kognitive Störungen (Aufmerksamkeit, Konzentration)
- Beeinträchtigung der Wahrnehmung für Hunger und Sättigung
- Soziale Isolation

Abbildung 1: Schema psychobiologischer Interaktionen bei Störungen des Essverhaltens (aus: LAESSLE 1991, S. 247)

3. Theoretische Modelle zur Erklärung der Hungerkrankheit

Eine Erklärung der Anorexie als psycho-somatische Erkrankung macht die Darstellung der schulenspezifischen Modelle zur Ätiologie der Individualpsychologie der Magersucht notwendig. Obwohl ich ab Kapitel 6 eine erweiterte Soziogenese der Anorexie zu rekonstruieren versuche, die die auffallende Korrelation der Erkrankung mit ihrem soziokulturellen Bedingungsgefüge stärker betont, bleibt die Ausführung der schulenspezifischen Modelle wichtig. Die Persönlichkeit des Menschen besteht aus einer Interaktion der Psyche mit der Umwelt, so dass schließlich für das Entstehen einer psychosomatischen Erkrankung auch beide Faktoren wirksam werden.

Wir werden sehen, dass die schulenspezifischen Modelle allein in ihrer Konzentration auf das Individuum nicht unsere Fragestellung nach allgemein gültigen Bedingungen für das Entstehen der spezifischen Symptomatik des Hungerns als kulturelles Phänomen beantworten können.

Obwohl in dem abgebildeten Prozessmodell (siehe unten) von PUDEL und WESTENHÖFER eine multikausale Sichtweise der Erkrankung proklamiert wird, richten sich therapeutische Verfahren zumeist nach einer Schule (z.B. verhaltensorientiert, psychoanalytisch) oder akzeptieren eine Kombination einzelner Ansätze. Eine über die Individualgenese hinausgehende soziokulturelle Perspektive für die Anorexie als Erkrankung fehlt jedoch noch.

Theoretische Modelle zur Erklärung der Hungerkrankheit

| Prädisponierende Faktoren | Begünstigende Faktoren | Aufrechterhaltende Faktoren |

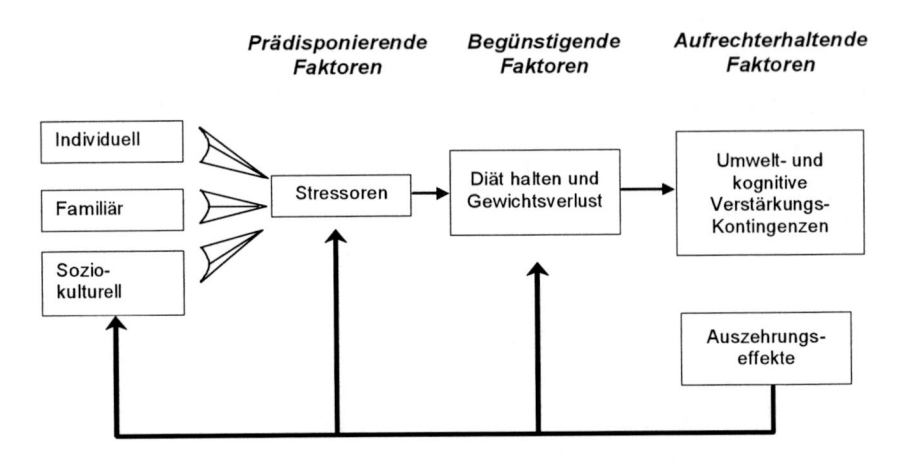

```
Individuell  ┐
Familiär     ├──► Stressoren ──► Diät halten und ──► Umwelt- und
Sozio-       ┘                    Gewichtsverlust     kognitive
kulturell                                             Verstärkungs-
                                                      Kontingenzen

                                                      Auszehrungs-
                                                      effekte
```

Abbildung 2 zeigt ein Modell der Anorexia nervosa als multikausale Krankheit (aus: PUDEL/WESTENHÖFER 1998)

Die Entstehung der individuellen Essstörung wird folglich bedingt durch psychologische und begleitende Umweltfaktoren. Eine Diät und auftretende belastende Lebensbedingungen wirken sich begünstigend auf den Krankheitsverlauf aus, schließlich führt die Eigendynamik des Hungers verbunden mit kognitiven Verstärkermechanismen zur weiteren Aufrechterhaltung der Magersucht.

Soziales Lernen innerhalb von Familie und peer-group sowie die allgemeine Esskultur – das Lernen des Essverhaltens mit der Ratio[18] – haben prägenden Einfluss auf die Nahrungsaufnahme und können die Entstehung einer Essstörung fördern[19]. Die kognitiv-lerntheoretischen Modelle, die ich unter Kapitel 3.1 ausführe, beziehen sich auf solche Verhaltensprozesse. Anorektische Patientinnen gehen bei der Verarbeitung von Informationen von falschen Annahmen aus, wie z.B. Alles-oder-Nichts-Denken oder Personalisierungen (Beziehung von Ereignissen auf

---

[18] Vgl. Kapitel 8.3, Die Theorie des restrained eating
[19] Vgl. DIEDRICHSEN 1991

Personen, die eigentlich nichts damit zu tun haben). Unter dem Begriff „*dysfunktionale Kognitionen*" beschreiben GARNER und BEMIS (1982) solche kognitiven Verzerrungen, die auf dem Hintergrund von irrationalen (*dysfunktionalen*) Grundannahmen z.B. dem Streben nach Perfektion und der Annahme, durch Hungern ein besserer Mensch zu werden und Schuldgefühle zu reduzieren, eine Essstörung auslösen können.

Der systemtheoretische Ansatz betrachtet die interaktive familiäre Situation und deren Sozialstruktur. Kommunikationsstörungen, verzerrte Verhaltenswahrnehmungen und Mutter-Tochter-Konflikte sind typisch für Anorektikerfamilien. Die Familienmitglieder sind auf eine ambivalente Weise miteinander verbunden. Zum einen stehen sie sich unausweichlich nahe und wollen Fürsorge für den anderen tragen, so dass kaum eine Individuation des Einzelnen möglich ist. Zum anderen missverstehen oder gar missachten sie gegenseitige Bedürfnisse und setzen eigene Werte als Maßstab für alle anderen Mitglieder der Familie. In diesem System leiden insbesondere die Kinder, die unter starren Normen der Eltern aufwachsen müssen und ihre Befreiung in der Krankheit suchen.

Die Aufschlüsselung der Magersucht aus psychoanalytischer Sicht stützt sich auf die Annahmen FREUDS einer gestörten Ich-Entwicklung und fehlgeleiteter Triebimpulse in der frühen Kindheit. Die psychische Entwicklung des Kindes als Grundlage für seine spätere Persönlichkeit bildet den Kontext, auf dem die Magersucht aus psychoanalytischer Perspektive entstehen kann.

Feministische Ansätze sehen als Auslöser für die Anorexie weibliche Rollenkonflikte, denen sich die Frau ausgesetzt sieht. Eine frauenfeindliche Gesellschaft kann zu einer als Protest gegen geltende Normen verstandenen Magersucht führen, die in der Frau das herrschende Schlankheitsideal in grotesker Form perfektioniert.

Die psychobiologischen Faktoren des medizinischen Ansatzes nehmen eine gewisse Sonderstellung innerhalb der Ätiologien ein. Sie führen nicht als Primärursache zur Entstehung einer Magersucht, aber die dauerhafte Mangelernährung beinhaltet viele psychische und kognitive Konsequenzen, die schließlich zur Aufrechterhaltung der Erkrankung beitragen. Bei therapeutischen Maßnahmen sind psychobiologische Faktoren daher signifikant mitzubeachten. Demzufolge halte ich es für wichtig, sie in die Reihe der ätiologischen Modelle mit einzubeziehen.

Die Magersucht ist insgesamt ein Krankheitsbild mit stark psychopathologischen Symptomen und ausgeprägter Psychodynamik, die durch die Abbildung des Suchtkreislaufs anschaulich dargestellt wird.

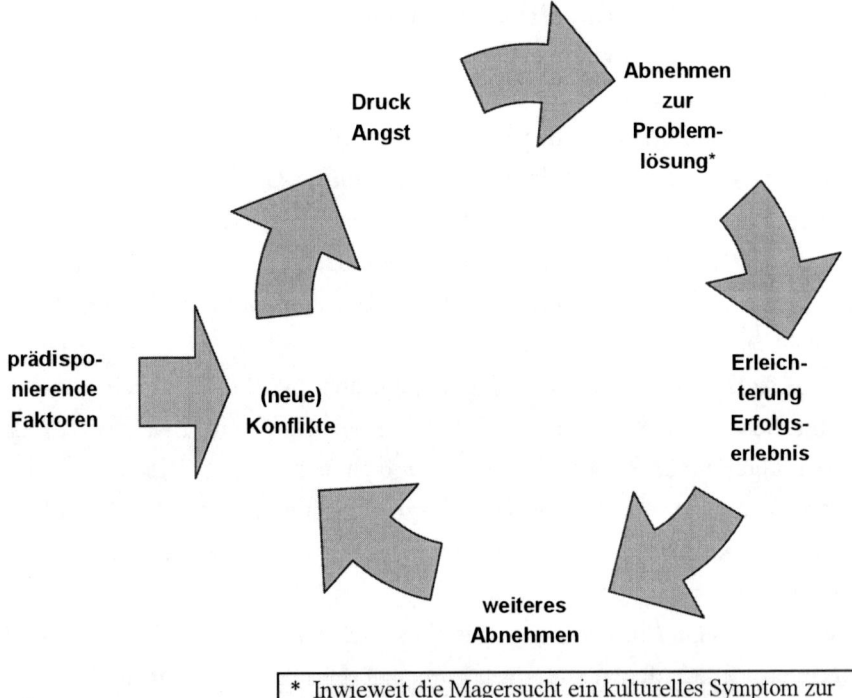

Druck
Angst

Abnehmen
zur
Problem-
lösung*

prädispo-
nierende
Faktoren

(neue)
Konflikte

Erleich-
terung
Erfolgs-
erlebnis

weiteres
Abnehmen

* Inwieweit die Magersucht ein kulturelles Symptom zur Konfliktlösung darstellt, wird sich im Laufe der Arbeit erklären.

Abbildung 3: Suchtkreislauf der Magersucht

3.1. Hungern als Verhaltensstörung – kognitiv-behavioristische Modelle

Verhaltenstherapeutische Ansätze zur Erklärung der Magersucht beruhen auf Annahmen der Lernpsychologie; Anorexie ist demnach „*gelerntes unerwünschtes Verhalten*"[20]. Die Theorie der klassischen Konditionierung nach J. B. WATSON (1913), die operante Konditionierung nach SKINNER (1974), das Lernen am Modell nach BANDURA (1979) und die genetische Epistemologie nach JEAN PIAGET (1996) zeigen, wie menschliches Verhalten erlernt wird.

3.1.1. Das Reiz-Reaktionsschema der klassischen Konditionierung

Die klassische Konditionierung nach J. B. WATSON sieht das Lernen als eine Abfolge von Reizreaktionsverbindungen. Innerhalb der Stimulus-Response-Theorie wird davon ausgegangen, dass der Mensch auf bestimmte Umweltreize – unbedingte Reize (US) – mit einem angeborenen Reflex – unbedingter Reflex (UR) – reagiert[21].

Das klassische Konditionieren besteht in dem gemeinsamen Auftreten eines unbedingten Reizes (US) mit einem neutralen Reiz (NS). Ein assoziativer Lernerfolg liegt vor, wenn die Reizkontinguität gehäuft vorkommt. Schließlich reicht bereits das alleinige Auftreten des neutralen Reizes (NS) der nun als bedingter Reiz (CS) eine gelernte Reaktion (CR) auslöst.

Durch klassisches Konditionieren werden Gefühle und Ängste gelernt, da kognitive Prozesse hier nicht relevant sind. Behavioristen beobachten bei Anorektikerinnen bestimmte, stark emotional besetzte „falsche" Überzeugungen und Lebenseinstellungen, die als unbedingte Reize zu

---
[20] DIEDRICHSEN 1990, S.102
[21] Vgl. Experimente von Pawlow 1926

einer Angstreaktion (UR) führen. Nach GARNER und BEMIS (1982) sind solche Annahmen wie folgt definiert:
- Das Streben nach Perfektion.
- Asketismus ist wichtiger als Genuss.
- Schlankheit ist anerkennenswert.
- Dick sein ist abstoßend.
- Angst vor den Konsequenzen eines reifen Körpers.
- Gewichtszunahme gleicht einem Kontrollverlust.

Durch diese Annahmen entsteht bei den betroffenen jungen Frauen sozialer Druck (US), der gemeinsam mit einer zufälligen und natürlichen Gewichtszunahme oft zu Beginn der Pubertät auftritt. Junge Mädchen empfinden ihren weiblicher und runder werdenden Körper als fremd und zum Teil beängstigend, so dass eine verstärkte Auseinandersetzung mit ihm stattfindet[22]. Eine mögliche Gewichtszunahme bzw. Körperveränderung wird von einem neutralen Reiz (NS) zu einem konditionierten Reiz (CS), da durch die „falsche" Lebenseinstellung der Anorektikerinnen die bestehenden Konflikte lediglich mit der gleichzeitigen Gewichtszunahme assoziiert werden. Es werden phobische Ängste vor dem Essen und Zunehmen ausgelöst (CR), obwohl diese im Grunde den eigenen postulierten Weltanschauungen gelten.

Aus dem beschriebenen Reizreaktionsschema entstehen neue Überzeugungen wie
- Hungern wertet die Person auf

oder
- Hungern baut Schuldgefühle ab,

die den Anschein erwecken, die junge Frau sei auf einer früheren, nicht ihrem tatsächlichen Alter entsprechenden geistigen Entwicklungsstufe stehen geblieben oder dahin regrediert. Nach PIAGET ist das die Phase

---

[22] Vgl. BRUCH 1980

des präkonzeptuellen oder konkreten Denkens innerhalb der präoperationalen Phase. Ein ausgeprägter Egozentrismus und magisch phänomenalistisches Denken charakterisieren diese Entwicklungsstufe[23].

Diese Haltungen werden im Laufe des Lebens von den Mädchen innerhalb von Familie und Sozialisation gelernt. Obwohl sich ausschließlich behavioristische Erklärungsansätze nicht mit kognitiven Lernprozessen befassen, ist es kaum möglich, komplexe Verhaltenszusammenhänge und Wechselwirkungen zu erklären, ohne den gesamten Organismus zu betrachten.

Eine moderne Weiterentwicklung und noch angewandte Theorie zur Erklärung gestörten Essverhaltens ist das S-O-R-Modell (Stimulus-Organismus-Response-Modell) das ganzheitliche kognitive und organismische Prozesse integriert[24]. So sollten nach KARREN (1990) in einer Analyse des Verhaltens auch aufrechterhaltende Bedingungen der Symptomatik-Verhaltenskonsequenzen wie Verstärker des Verhaltens, biologische Anlagen, soziokulturelle Erfahrungen, Selbstkontrollmechanismen und soziale Beziehungen mit einbezogen werden.

3.1.2. Lernen aus den Konsequenzen einer Verhaltensweise – Die operante Konditionierung

Während über die klassische Konditionierung vorwiegend emotionale Prozesse wie Ängste, Vorlieben und Abneigungen gelernt werden, prägt die operante Konditionierung nach SKINNER (1974) und THORNDIKE (1932) Gewohnheiten aus. Verhaltensweisen werden gemäß dem „Effektgesetz"[25] gelernt. Auf eine spontan auftretende Verhaltensweise (= opperant) folgt eine Konsequenz. Ist diese positiv, dient sie als Verstärker und erhöht die Auftretenswahrscheinlichkeit des gezeigten Verhaltens. Eine als unangenehm empfundene Konsequenz führt als aversiver

---

[23] Vgl. PIAGET 1996
[24] Vgl. KARREN 1990, DIEDRICHSEN 1990
[25] Vgl. DIEDRICHSEN 1990, S. 65

Reiz zu einer Minderung der Auftretenswahrscheinlichkeit der Verhaltensweise.

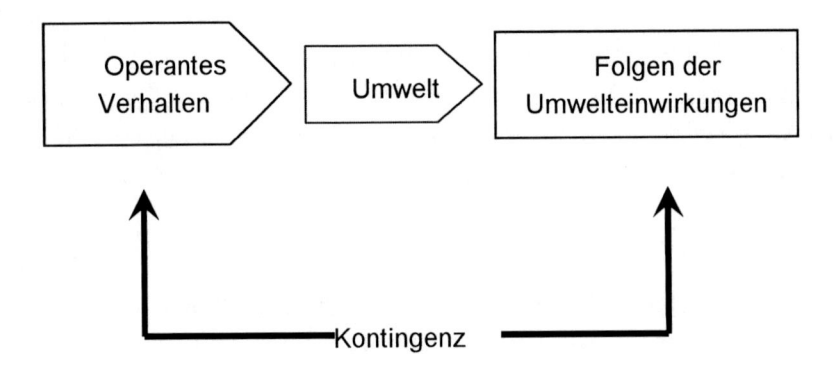

```
┌─────────────┐      ┌────────┐      ┌──────────────────┐
│  Operantes  │═════>│ Umwelt │═════>│    Folgen der    │
│  Verhalten  │      │        │      │ Umwelteinwirkungen│
└─────────────┘      └────────┘      └──────────────────┘
       ▲                                      ▲
       │                                      │
       └──────────────Kontingenz──────────────┘
```

Abbildung 4: Operantes Konditionieren (aus: DIEDRICHSEN 1990, S. 66)[26]

Durch den Einsatz von Verstärkern (= Reaktionsmechanismen, Konsequenzen), die auf eine auftretende Verhaltensweise gezeigt werden, kann auch Essverhalten neu gelernt werden. Bei gesunden Menschen führt Essen zu einem angenehmen Gefühl der Sättigung. Essen ist damit ein positiver Verstärker. Bei Magersüchtigen ist dieser Mechanismus jedoch gestört. Im Laufe ihrer Sozialisation lernten sie, dass Essen unabhängig von physiologischer Sättigung noch andere psychologische Wirkmechanismen haben kann. Von Eltern und sozialem Umfeld wurde unbewusst bestimmtes Essverhalten verstärkt, so dass die Mädchen in der Konsequenz nach dem Wenn-Dann-Prinzip versuchen, über Essen bzw. Nichtessen soziale und psychische Probleme zu lösen (Beispiel: „Wenn ich das Essen verweigere, bekomme ich mehr Aufmerksamkeit.").

---

[26] Kontingenz ist der erkennbare Zusammenhang zwischen operantem Verhalten und den positiven Folgen, die dieses Verhalten stärken.

Gerade negative Erfahrungen in der Pubertät können als Verstärker für das Auslösen einer Essstörung dienen. Ständig wiederholt unbedachte Bemerkungen über „Babyspeck" oder „dicke Hintern" sind für labile Teenager so unerträglich, dass das konsequente Hungern zur Problemlösungsstrategie für Minderwertigkeitsgefühle und fehlendes Selbstbewusstsein wird[27]. Nach RACHMAN und BERGOLD (1970) entsteht eine „Gewichtsphobie"[28].

Wie in der klassischen Konditionierung (s.o.) werden von Anorektikerinnen falsche Reiz-Konsequenzannahmen geschlossen. Eine Gewichtsphobie entsteht über die Drei-Stufen-Theorie[29]. In der ersten Stufe sind die betroffenen Mädchen andauernden traumatischen Belastungen ausgesetzt, die Ängste hervorrufen. Nach dem Schema der klassischen Konditionierung werden neutrale Reize (das Gewicht) mit den Traumata (den Bemerkungen) assoziiert und so zum alleinigen Angstauslöser (Gewicht = Angstfaktor). In der Konsequenz wird das angstauslösende Verhalten der Gewichtszunahme durch Essen vermieden. Es liegt ein scheinbarer Erfolg vor – die Angst verschwindet.

Das Vermeidungsverhalten wird negativ verstärkt und verfestigt sich. Die zugrunde liegende phobische Angst besteht jedoch weiter, da sie gemäß der Lerntheorie nur durch die kontinuierliche Auseinandersetzung mit den angstauslösenden Faktoren (negativ assoziierte neutrale Reize) innerhalb der Methode der systematischen Desensibilisierung erfolgen kann[30]. Durch Konditionierung gelernte Strategien sind fatalerweise sehr stabil. Das konsequente Vermeiden der angstauslösenden Situation lässt die betroffenen Frauen nicht die Erfahrung machen, dass auch ohne ihr

---

[27] Vgl. MEERMANN/VANDEREYCKEN 1987

[28] In der Verhaltenstheorie kennzeichnet sich eine Phobie als unangepasste konditionierte Reaktion, die in peinlichen oder angstauslösenden Situationen gelernt wurde.

[29] Vgl. EYSENECK/RACHMANN 1967

[30] Vgl. DIEDRICHSEN 1990, Seite 103

Vermeidungsverhalten keine negative Folge eingetreten wäre. Das Fluchtverhalten verstärkt sich somit selbst[31].

3.1.3. Imitation und Identifikation – die sozialintegrative Theorie des Lernens am Modell

Eine Weiterentwicklung der behavioristischen Reizreaktionsmodelle zur Verhaltensdeutung stellt die sozialintegrative Theorie des Lernens am Modell nach BANDURA (1979) innerhalb der kognitiven Motivations- und Handlungstheorien dar[32].

Verhalten wird außer durch Umweltreize auch durch kognitive Prozesse bewusst gesteuert, z.B. durch Modelllernen abgeschaut. Kognitive Motivationstheorien beziehen sich auf den Begriff der Reaktion als das Verhalten und Erleben des Menschen[33].

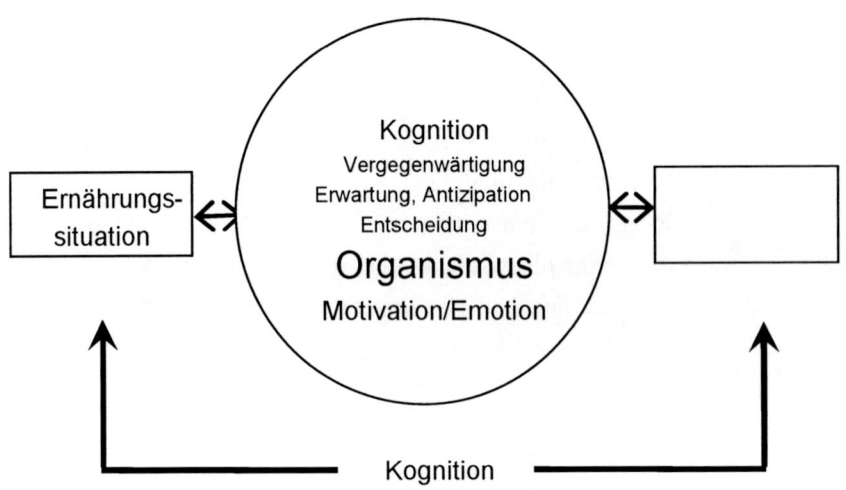

```
                    ┌─────────────────────┐
                    │      Kognition      │
                    │  Vergegenwärtigung  │
  ┌──────────────┐  │ Erwartung, Antizipation │  ┌──────────────┐
  │ Ernährungs-  │⇔ │     Entscheidung    │ ⇔│              │
  │  situation   │  │     Organismus      │  │              │
  └──────────────┘  │  Motivation/Emotion │  └──────────────┘
         ▲          └─────────────────────┘         ▲
         │                                          │
         └──────────────── Kognition ───────────────┘
```

Abbildung 5: Kognitives Motivationsmodell zur Erklärung des Ernährungsverhaltens (aus: DIEDRICHSEN 1990, S. 69)

---

[31] Vgl. PUDEL/WESTENHÖFER 1998, S. 230
[32] Sozial bedeutet, Lernen entsteht im zwischenmenschlichen Kontakt. Integrativ bedeutet die Verknüpfung behaviouristischer und kognitiver Theorien.
[33] Vgl. DIEDRICHSEN 1990, S. 69

Kognitionen sind Erkenntnisvorgänge, die auch in Bezug auf das Erlernen von Essverhalten eine wesentliche Rolle spielen. Gemäß der sozialkognitiven Lerntheorie nach BANDURA werden Verhaltensweisen an einer als Modell fungierenden Person beobachtet und nachgeahmt. Das Erlernen von Modellverhalten lässt sich in 4 Phasen aufteilen[34]: Die Aufmerksamkeits-, die Behaltens-, die Reproduktions- und die Motivationsphase. Das Modell bietet zunächst bestimmte Anreize, die aufmerksam machen und sein Verhalten beobachten lassen (Aufmerksamkeitsphase).

In der nächsten Stufe (Behaltensphase) prägt sich der Lernende das Verhalten ein und kann es über das Langzeitgedächtnis jederzeit wieder abrufen. Die Ausführung des modellhaft Gelernten führt durch dauerhafte Einübung zur Gewohnheiten (Reproduktionsphase).

Auch innerhalb des Lernens am Modell werden Verstärkermechanismen wirksam[35]. War eine erlernte Verhaltensweise erfolgreich, wirkt der Erfolg als Verstärkung motivierend und führt so zur Wiederholung (Motivationsphase).

Nachgeahmt werden Personen, die durch ihr Ansehen oder ihre Kompetenz einen individuellen Anreiz zur Imitation bieten, gleichgültig ob sie anwesend sind oder nicht. Im stellvertretenden Lernen wird aus den Erfahrungen anderer Menschen eine kognitive Lernerfahrung erzielt und für das eigene Verhalten genutzt. Das Identifikationslernen entsteht, sobald sich eine Person anaklitisch Verhaltensweisen eines gewählten Modells zu eigen macht.

Anorektisches Essverhalten kann modellhaft gelernt werden, indem junge Mädchen sowohl das Essverhalten und den Umgang mit Ernährung ihrer Mütter als auch die intensive Auseinandersetzung der Medien mit Schlankheit zum Vorbild für ihr eigenes Verhalten nehmen. Schlank-

---

[34] Vgl. BANDURA 1979
[35] Vgl. Kapitel 3.1.2

sein wird sowohl in der Gesellschaft als auch in vielen Familien mit Erfolg und Glück gleichgesetzt. Sowohl diäthaltende Mütter als auch die Stars der Medienwelt dienen als Identifikationsfiguren für gezügeltes Essverhalten. Auch die überbehütende Mutter kann als negatives Modell zu einem gestörtem Essverhalten führen, indem sie wenig Anreiz bietet, sich positiv mit der künftigen Geschlechtsrolle als Frau auseinander zu setzen.

Anorexiekranke Mädchen erfahren von ihrer Umwelt (Eltern, Bezugspersonen), dass ihr Verhalten pathologisch und schädlich ist. Die Mädchen fühlen sich allerdings aufgrund ihrer kognitiv verzerrten Körperwahrnehmung subjektiv gut. Durch beständiges Hungern befreien sie sich vermeintlich von innerem Druck und Ängsten[36]. Nach PIAGET entsteht ein kognitiver Konflikt[37].

Durch den Antagonismus der Ansichten des Umfeldes und des eigenen Körpergefühls entsteht ein inneres Ungleichgewicht. Bei gesunden Menschen ist diese „*kognitive Dissonanz*"[38] die Voraussetzung zur Äquilibration und Reifung. Die Anorektikerin definiert jedoch gültige Normen für Gesundheit und Schlankheit in eigene subjektive Maßstäbe ihres Körpers um. Dem zugrunde liegt nach PIAGET eine regredierte Denkentwicklung der Betroffenen in der Phase des prä-operationalen Denkens (ca. 2 – 6

---

[36] Vgl. Kapitel 3.3

[37] Der Biologe JEAN PIAGET (1896 – 1980) erforschte innerhalb der genetischen Epistemologie die geistige Entwicklung des Kindes. Jedes Kind durchläuft verschiedene aufeinander aufbauende Phasen der Denkentwicklung, die in unbedingter Abhängigkeit von seiner biologischen Reifung erfolgen. Das kognitive Schema des Kindes wird über die Faktoren der Reifung, Erfahrung und sozialen Übermittlung in einem Äquilibrationsprozess durch Akkumulation und Assimilation neuer Umweltinformationen erweitert. Im Sinne des sogenannten „Gleichgewichtstheorems" ist der Mensch bestrebt, durch Adaption ein höchst mögliches Gleichgewicht zwischen dem eigenen kognitiven Schema – sich selbst – und neuen Umwelterfahrungen und Informationen zu erreichen (vgl. PIAGET 1996 zur Definition der Begriffe).

[38] Vgl. MEERMANN/VANDEREYCKEN 1987, S.57

Jahre). In dieser Entwicklungsstufe ist das Denken noch nicht logisch sondern geprägt von Egozentrismus und magisch phänomenalistischen Vorstellungen. Überzeugungen, gegebene Vorgänge des Lebens oder Naturereignisse durch das eigene Handeln beeinflussen zu können, führen zu „*kognitiven Dysfunktionen*"[39] wie einer verzerrten Körperwahrnehmung und der Assoziation, durch das Gewicht das Leben verändern zu können.

3.2. Die Konfliktfamilie – Magersucht als Ausdruck eines kranken Systems – der familienpsychologisch systemische Ansatz

In Abgrenzung zu individualpsychologischen ätiologischen Modellen sieht die Systemtheorie „*die Störung eines einzelnen Familienangehörigen [...] als Symptom einer pathologischen Systemstruktur, pathologischer Spielregeln und familiärer Interaktionsmuster. [...] Die Entwicklung der Anorexia nervosa wird unter Zuhilfenahme von Annahmen aus verhaltenstherapeutischen und psychoanalytischen Ansätzen erklärt und als gesunde Reaktion auf ein krankes System gewertet.*"[40]

Die Familiendysfunktion drückt sich in der anorektischen Symptomatik der Tochter aus. Sie ist damit der „*Familienrebell*"[41], der so eine „*gesunde Anpassungsunwilligkeit an eine krankmachende Familie*"[42] zeigt.

Systemanalytische Ansätze gehen von gestörten Interaktionsmustern in der Anorektikerfamilie aus[43]. Eine Voraussetzung für ungestörte interfamiliäre Kommunikation ist die Abgrenzung der Teilsysteme einer

---

[39] Vgl. MEERMANN/VANDEREYCKEN 1987, S. 57
[40] KARREN 1990, S. 99
[41] Vgl. MEERMANN/VANDEREYCKEN 1987, S. 46
[42] DIEDRICHSEN 1990, Seite 101
[43] Vgl. SELVINI PALAZZOLI 1982, S.54 ff.

Familie (Eltern gegenüber Kindern). So können Intimsphäre und die Berücksichtigung individueller Bedürfnisse gewahrt werden[44]. Angehörige pathologischer Teilsysteme neigen gerade in Krisensituationen, die Handlungsflexibilität und Einstellungsmodifikationen erfordern, dazu, sich nach gewohnten starren Interaktionsmustern zu verhalten. Konflikte werden untergraben und verdeckt, den individuellen Bedürfnissen kann nicht Genüge getan werden. Als wünschenswertes und konformes Verhalten gilt nicht das jeweilige Selbst mit seinen Vorlieben und Missbilligungen. Stattdessen werden Emotionen verdrängt, Konflikte so vermieden. Damit entsteht gleichzeitig die Basis für psychische Störungen einzelner Familienmitglieder.

Besonders schwierig ist in pathogenen Familiensystemen der Ablösungsprozess des Teenagers von den Eltern. Die Individuation des Kindes widerspricht den starren Rollensystemen der Familie, die Flucht in eine Krankheit scheint die einzige Lösung des Mädchens, ohne Schuldgefühle einen eigenen Weg gehen zu können. Gleichzeitig entspricht die Tochter so vermeintlich den Erwartungen der Familie, die Bindung, wenn auch krankheitsbedingt, in bewährter Form aufrechtzuerhalten[45]. Dennoch drückt das Krankheitsbild der Anorexie eine signifikante Anpassungsunwilligkeit des Mädchens an die krankmachende Familie aus. *„Sie reagiert mit ihrer Essstörung auf aufgezwungene familiäre Lebensbedingungen, denen sie sich ohnmächtig ausgeliefert fühlt."* [46]

Auch die Symptomwahl des Hungerns lässt auf eine spezifische Familienhistorie schließen. Essen ist Kommunikationsmedium und Schlankheit der Wert, der Lebensglück verspricht. Anorektikerinnen haben meist früh gelernt, ihren Körper kritisch zu bewerten. Sie wollen sich nach subjektiven familientypischen Idealen formen, ohne eigene

---

[44] Vgl. DIEDRICHSEN 1990, S. 99
[45] Vgl. KARREN 1990, S. 100f.
[46] DIEDRICHSEN 1990, S. 101

Bedürfnisse zu berücksichtigen. Hunger und Sättigungsmechanismen werden modifiziert. Essen bzw. Nichtessen kann außer physiologischen auch psychische Effekte erzielen. Das Hungern wird zu einem Druckmittel, durch das die Anorektikerin die Familie zwingt, ihr die Aufmerksamkeit zu geben, die sie vermisst.

Nach MINUCHIN, ROSMAN und BAKER (1981) kennzeichnen besonders die folgenden vier Merkmale eine Anorektikerfamilie.

1. Die Verstrickung

    In verstrickten Familien existiert nur wenig Abgrenzung zwischen den einzelnen Teilsystemen. Die Beschäftigung mit dem Kind ist oftmals zu aufdringlich, die gegenseitige Intimsphäre wird nicht beachtet. Alle Interaktionen sind geprägt von einem hohen Maß an Intensität. Durch die fehlende Abgrenzung mischt sich jedes Familienmitglied in die Gefühle und Tätigkeiten des anderen ein. Eine Individuation ist hier kaum möglich.

2. Die Überbehütung

    Eng mit der Verstrickung verbunden ist die Überbehütung. Die Familienmitglieder sind außergewöhnlich stark an dem Wohlergehen der anderen interessiert. In der übersteigerten Form führt das auf der einen Seite zur Verhinderung der Ablösung des Kindes von den Eltern und auf der anderen Seite zu einem großen Verantwortungsgefühl des Kindes gegenüber dem Leben der Eltern. Anorektikerinnen versuchen vermeintlich, die Familie durch ihre Erkrankung vor einer befürchteten „echten" Krisensituation zu schützen.

3. Die Starrheit gegenüber Veränderungen

    In Anorektikerfamilien lässt sich eine Unfähigkeit beobachten, einmal erlernte und gewohnte Denk- und Handlungsweisen zu ändern. Die Lebenseinstellung ist meist leistungsorientiert und asketisch. Es existiert eine ambivalente Haltung zu Genuss und Sexualität. Der unbedingten Notwendigkeit, diesen Status quo der Familie aufrecht zu erhalten, widerspricht das adoleszente Bedürfnis nach Abgrenzung und Individuation des Kindes. Dessen Magersucht wird für die Eltern zu einer Möglichkeit, von den wirklichen Problemen innerhalb der Familie abzulenken und so ein Verharren in alten familiären Mustern beizubehalten[47]. Gleichzeitig sichert sich das Mädchen durch das Hungersymptom ein Stück Individualisierung.

4. Die Konfliktvermeidung

In starren Familiensystemen wird Problemen meist aus dem Weg gegangen, um das System nicht zu gefährden. Psychosomatische Erkrankungen, wie die Anorexie, können entstehen, da keine konstruktiven Strategien zur Konfliktbewältigung vorhanden sind. Gleichzeitig bilden sich Koalitionen einzelner Familienmitglieder untereinander. Das anorexiekranke Mädchen gibt gerade einer mahnenden oder schützenden Elternkoalition die Möglichkeit, zugrunde liegende Konflikte in der Familie hinter dem kranken Kind als alleinigem Problem zu verbergen.

Die beschriebenen Charakteristika bei mangelhafter interfamiliärer Kommunikation können zu verschiedener Psychosomatik führen. Prädisponierend für das Auslösen einer Essstörung ist sicher ein Modellverhalten der Eltern bezüglich Essen, Schlankheit und Ernährung. Essen ist Medium der Interaktion, welches die Anorektikerin nutzt, um den Eltern etwas mitzuteilen, auf Probleme und auf sich selbst aufmerksam zu machen[48].

Die Zurückweisung der Nahrung symbolisiert die Zurückweisung der Zuwendung der Eltern mit deren Lebenskonzept.

---

[47] Anmerkung: Auffallend ist der Vergleich zu Punkt 2: Während das Mädchen durch seine Erkrankung interfamiliäre Probleme aufdecken will, nutzen die Eltern die Erkrankung, um genau von diesen abzulenken.

[48] Vgl. SELVINI PALAZZOLI 1978 und KIPP 1993

3.3. Die Magersucht in der Psychoanalyse nach FREUD

FREUDS Theorien zur Triebdynamik und den Phasen der psychosexuellen Entwicklung im Kindesalter bilden die Grundlage für psychoanalytische Erklärungsansätze der Magersucht. Nach DIEDRICHSEN ist die Anorexie „[....] *ein regressiver Zustand, der durch eine gestörte Triebdynamik und sexuelle Reifungskonflikte entsteht.*"[49] *„Psychoanalytiker sehen Anorexia nervosa als orale Störung und ordnen sie den Neurosen oder Psychosen zu.*"[50]

3.3.1. Die gestörte Triebdynamik

FREUD definiert in der Triebtheorie den psychischen Apparat in einem Instanzenmodell mit den drei ineinander wirkenden Bereichen von Es, Ich und Über-Ich sowie den Bewusstseinsebenen des Unbewussten, des deskriptiv Unbewussten und des Bewussten[51].

---

[49] DIEDRICHSEN 1990, S. 97
[50] KARREN 1990, S. 55
[51] Vgl. FREUD 1940

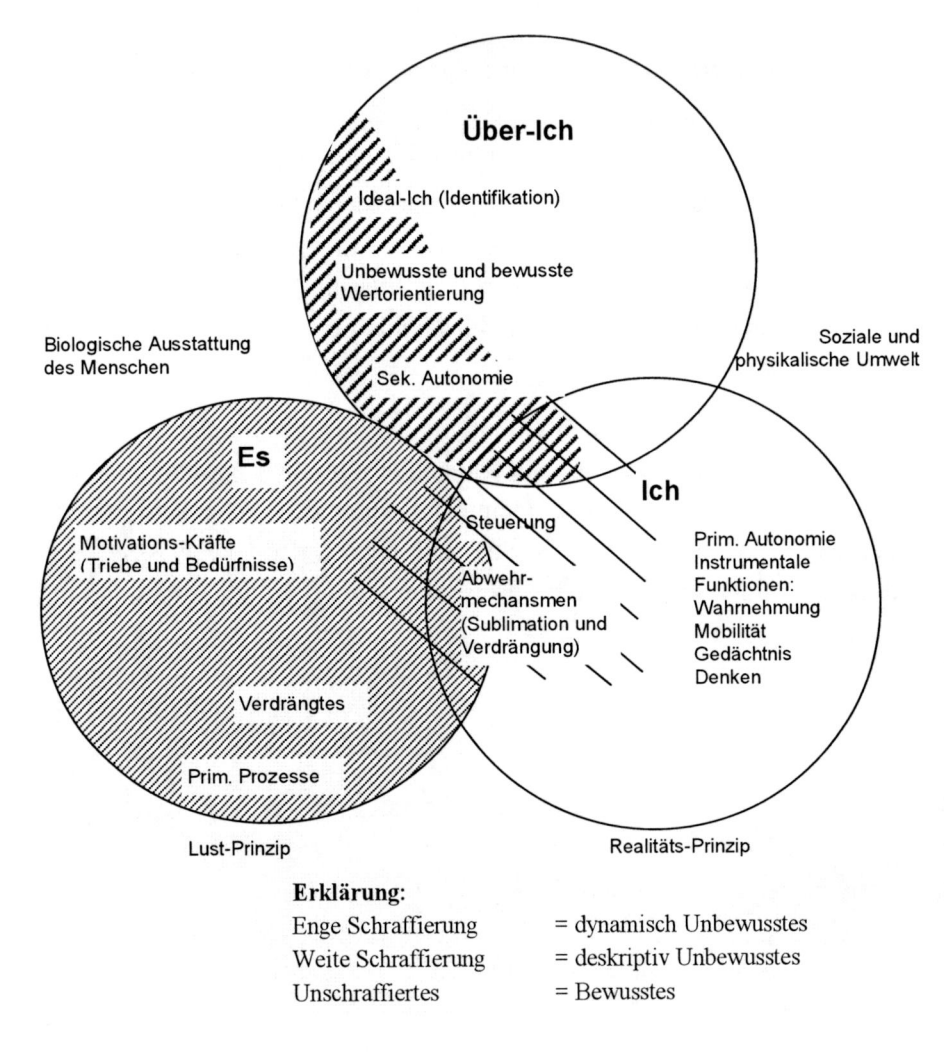

Abbildung 6: Persönlichkeitsmodell der Psychoanalyse (nach SCHRAML 1968, S. 110)

Über-Ich
- Ideal-Ich (Identifikation)
- Unbewusste und bewusste Wertorientierung
- Sek. Autonomie

Es
- Motivations-Kräfte (Triebe und Bedürfnisse)
- Steuerung
- Abwehrmechansmen (Sublimation und Verdrängung)
- Verdrängtes
- Prim. Prozesse

Ich
- Prim. Autonomie
- Instrumentale Funktionen: Wahrnehmung, Mobilität, Gedächtnis, Denken

Biologische Ausstattung des Menschen

Soziale und physikalische Umwelt

Lust-Prinzip — Realitäts-Prinzip

Erklärung:
Enge Schraffierung = dynamisch Unbewusstes
Weite Schraffierung = deskriptiv Unbewusstes
Unschraffiertes = Bewusstes

Innerhalb dieser drei Instanzen laufen seelische Prozesse kausal deterministisch ab.

Grundlage für die Energie sind die menschlichen Triebe, die als Eros (nach Bindung und Einigkeit strebend) und als Destruktionstrieb (Auflösung von Zusammenhängen, Zerstörung) einen psychischen Spannungszustand aufbauen. Eine nachfolgende Reaktion des Ichs soll diesen auflösen. Durch das spezifische Mit- und Gegeneinander der Triebe entsteht eine Vielzahl von individuellen Persönlichkeitsstrukturen. *„Der Ess- und Trinkakt ist nach psychoanalytischer Auffassung eine Zerstörung der Nahrung mit dem Ziel der oralen Einverleibung und Inbesitznahme. Mit der Nahrungszufuhr erreicht der Lebenstrieb eine Befriedigung"*[52].

Der Anorexie liegen Triebkonflikte innerhalb des Instanzenmodells zugrunde. Das Es verfolgt das Lustprinzip und strebt nach Triebbefriedigung. Säuglinge streben nach sofortiger oraler Bedürfnisbefriedigung von Hunger und Durst, da ihr Triebverhalten noch nicht durch Erziehung und Sozialisation gemäß dem Realitätsprinzip erfolgt[53].

Durch die Verbindung zwischen Es, der realen Welt und dem Über-Ich bildet sich das Verhalten des Ich, der autonomen Person. Das Über-Ich stellt die moralische Instanz dar, das Gewissen des Menschen, das im Laufe der Persönlichkeitsentwicklung durch Familie und Gesellschaft, den damit verbundenen Werten und der Identifikation mit denselben (Ich-Ideal) gewachsen ist. Das Ich moderiert auch die Triebansprüche aus dem Es gemäß den geforderten Inhalten seines Über-Ichs und sucht einen Kompromiss.

Triebbefriedigung findet nur mit Erlaubnis des Über-Ichs statt[54]. Da bei Anorektikerinnen dieser Mechanismus gestört ist, werden als gefährlich empfundene Triebansprüche, die scheinbar nicht mit dem sozialen Umfeld und dem Über-Ich in Einklang gebracht werden können, verdrängt.

FREUD definiert in diesem Zusammenhang die Abwehrmechanismen, die ohne Beteiligung des Bewusstseins zur Abwehr unerwünschter

---

[52] DIEDRICHSEN 1990, S.60
[53] Realitätsprinzip: Abwägung zwischen Triebverlangen und realen Bedingungen
[54] Vgl. BRENNER 1976 und FREUD 1923; 1936

Triebe aktiviert werden und nicht bewusst gesteuert werden können. Die verdrängten Triebimpulse existieren im dynamisch Unbewussten weiter und treten über das Über-Ich des Menschen in umgewandelter Form wieder in das Bewusstsein.

Als Konversionssymptome äußern sie sich physisch (das neurotische Hungern), da Anorektikerinnen im Gegensatz zu gesunden jungen Frauen nicht die von der Realität geforderte Frustrationstoleranz besitzen, um emotionale Entbehrungen ertragen zu können.

Infolge des Abwehrmechanismus der Verdrängung entsteht eine Gegenbesetzung des Ichs, um den Triebimpulsen aus dem Es standhalten zu können. Durch die Energien, die die Gegenbesetzung bindet, gehen dem Ich für seine primären Funktionen, wie Wahrnehmen, Denken und Fühlen, Kräfte verloren[55].

Nach FREUD ist das anorektische Hungern auch die Abwehr sexueller Triebimpulse. Aufgrund pubertätsbedingter Körperängste und Identifikationsproblemen mit der adulten Frauenrolle verzögert das Mädchen durch die Anorexie ihre Reifung (z.B. keine Brustentwicklung, Amenorrhöe). Die in ihrer Persönlichkeit meist sehr disziplinierten und perfektionistischen magersüchtigen jungen Frauen[56] erfahren die Körperveränderungen in der Pubertät als totalen Kontrollverlust. *„Die fast wahnhafte Fixierung der Patientin auf ihr Körpergewicht bedeutet einen Versuch, mit dieser Angst fertig zu werden und das Fasten scheint eine gute Methode zu sein, ihren heranreifenden Körper unter Kontrolle zu halten."*[57]

Doch nicht nur sexuelle Triebimpulse werden abgewehrt, sondern aufgrund des dominanten Über-Ichs der Anorektikerin auch der Überlebenstrieb, der dem Hunger durch Sättigung zur Triebbefriedigung ver-

---

[55] Vgl. BRANDSTÄTTER 1975
[56] Vgl. BRUCH 1973
[57] MEERMANN/VANDEREYCKEN 1987, S. 44

hilft. Libido und Destruktionstrieb wirken miteinander, indem die Nahrung vernichtet und zur Selbsterhaltung genutzt wird[58]. Physiologische Reize, wie Hunger und Sättigung werden jedoch von der Anorektikerin nicht mehr wahrgenommen, weil sie für sie unerwünschte und nicht kontrollierbare Impulse sind.

3.3.2. Psychosexuelle Entwicklungsstörungen der oralen, analen und ödipalen Phase – die Neurosenstruktur der Anorexie

Die Psychodynamik der Anorexie hat oralen Charakter. In der gesunden Persönlichkeitsentwicklung bildet sich in der oralen Phase des Säuglings – charakteristisch ist das Saugen an der Mutterbrust – ein Urvertrauen, das Gefühl des Sich-Verlassen-Könnens in die Welt und die eigene Person. Notwendig dafür sind empfundene Nähe und enger Körperkontakt zur Mutter und die Befriedigung oraler Bedürfnisse mit nur geringer Frustration.

Sowohl die Symptomatik des Hungerns, als auch der ausgeprägte Kontrollzwang von Magersüchtigen über den eigenen Körper und die Neigung zu Perfektionismus in allen Lebensbereichen, weisen auf eine Fixierung in der oralen Phase hin. Frühkindliche Bedürfnisse wurden nicht hinreichend befriedigt, so dass das Kind sich verlassen und ängstlich fühlen musste und kein Urvertrauen ausbilden konnte. Die spätere Magersüchtige zeigt in ihrem Kontrollbedürfnis und perfektionistischem Handeln eine Abwehr tief verwurzelter Ängste und Unsicherheiten und den Versuch, diese so zu bewältigen. Das Hungersymptom symbolisiert die Oralität ihrer Störung. Essen ist für den Säugling zentrales Interaktions- und Kommunikationsmedium. Die Anorektikerin gibt ihre eigentlich genitale Entwicklungsstufe auf, weil sie sich den darin enthaltenen

---

[58] Vgl. DIEDRICHSEN 1990, S. 60

Anforderungen nicht gewachsen fühlt und regrediert in den Zustand der Oralität[59].

Der weitere Verlauf der psychosexuellen Entwicklung des Kindes lässt erkennen, dass bei Anorektikerinnen ebenfalls Störungen in der analen Phase vorliegen. Im Alter von ca. 2 Jahren entwickeln Kinder durch das Erlernen der Schließmuskelfunktion die Grundlagen zur Bildung einer autonomen Persönlichkeit. Das Kind begreift, dass es die Mutter durch Verweigerung des Hergebens der eigenen Ausscheidungen binden kann – zu einem selbst bestimmten Zeitpunkt und Ort.

Der Prozess des Hergebens oder Behaltens kann Streit und Strafe zur Folge haben. Da sich Kinder häufig gemäß der Regel „lieber Streit als gar kein Interesse" verhalten, wird anales Verhalten dazu benutzt, die Bezugsperson zu binden. Die Anorektikerin bindet durch Sorge und teilweise auch hilflose Wut, die sie durch ihr schädigendes Hungern auslöst, ihre Mutter auf eine negative Weise an sich, um vermeintlich zu kurz gekommene Zuwendung zu erzwingen[60].

Ein weiteres Kennzeichen der analen Phase ist ein anal sadistischer Entwicklungsschub, die Trotzphase als Entdeckung des eigenen Willens. Die Phantasie des Kindes entwickelt in dieser Zeit sowohl lustvolle Zerstörungswünsche als auch angstbesetzte Gefühle des Zerstörtwerdens, die sich in ungerichteter Aggression gegenüber den Bezugspersonen

---

[59] Vgl. DIEDRICHSEN 1990, S. 97. Anmerkung: In Kapitel 4 werden die orale Störung im Hinblick auf die daraus entstehende narzisstische Persönlichkeitsmerkmale und deren Auswirkungen auf das spezifische Körperschema der Magersüchtigen thematisiert werden.

[60] Hier wird der Konflikt zwischen Autonomie und Abhängigkeit deutlich, indem sich die Magersüchtige befindet. Sie äußert diesen Konflikt in ihrem Symptom des pathogenen lebensbedrohlichen und damit abhängig machenden Symptoms des Hungerns. Zugleich ist die trotzige und eigenwillige Nahrungsverweigerung ein Versuch, sich aus den Formen der Familie und des bisherigen Lebens zu befreien (vgl. Kapitel 3.2).

äußern. In dem Versuch, den Trotz zu brechen, haben sich gerade Mütter von Anorektikerinnen besonders rigide verhalten. Das kann zu Störungen, wie Minderwertigkeitsgefühlen, Angst und Zwangsneurosen[61] oder in unserem Fall zur Entstehung einer Anorexie beitragen. Klinische Studien über die familiäre Situation von Magersüchtigen zeigen, dass die Erziehung meist von dominanten, starken Müttern bestimmt war. Schon vor Ausbruch der Erkrankung verhielten sich Magersüchtige extrem angepasst und pflichtbewusst[62].

Auf die anale folgt die ödipale Phase im Alter von ca. 3 – 4 Jahren, in der Kinder beginnen, sich mit dem eigenen Geschlecht zu identifizieren. Die Symptomatik des „Weghungerns" des weiblichen Körpers bei jungen Frauen weist auf Probleme mit der Geschlechtsrollenidentifikation hin und lässt auf Störungen in der ödipalen Phase schließen.

Mit dem Interesse an den Geschlechtsteilen entdeckt das kleine Mädchen, dass es keinen Penis hat und entwickelt innerhalb des weiblichen Ödipuskonfliktes Neid und Minderwertigkeitsgefühle. Für das Fehlen des Gliedes wird die Mutter verantwortlich gemacht, das Mädchen wendet sich von ihr ab und dem Vater zu. Aufgrund der von FREUD angenommenen Bisexualität des Menschen bilden sich sowohl libidinöse als auch aggressive Objektbeziehungen gegenüber beiden Elternteilen aus[63].

Im Laufe der Zeit wird der unbewusste Wunsch nach Intimität zum Vater jedoch schwächer, da er von den Eltern abgelehnt wird. Das Mädchen findet in eine intensive Mutter-Beziehung zurück und identifiziert sich schließlich mit ihr. Auf dieser Grundlage kann die Frauenrolle erlernt werden. In der Pubertät erfährt der Ödipuskonflikt erneut Wichtigkeit. Das junge Mädchen durchläuft nun den Ablösungsprozess von den

---

[61] Vgl. SCHRAML 1968
[62] Vgl. BRUCH 1973
[63] Zur psychoanalytischen Erklärung typisch weiblicher Individuationskonflikte, vgl. JANSEN/JOCKENHÖVEL-POTH 1998

Eltern als Liebesobjekte mit dem Ziel, einen andersgeschlechtlichen Liebespartner zu finden[64].

Da sich bei Anorektikerinnen aufgrund gestörter oraler, analer und ödipaler Entwicklungsstufen kein Identitätsgefühl bilden konnte, fällt es ihnen schwer, sich in der Pubertät von der Mutter zu lösen. Konflikte der präödipalen Separations-Individuationsphase leben wieder auf. Die jungen Mädchen versuchen, sich der Kontrolle der Mutter zu entziehen, indem sie sich ihr eigenes anorektisches Lebensmuster schaffen, erzielen damit aber gleichzeitig eine pathogene Abhängigkeits- und Fürsorgebeziehung zur Mutter, da sie die vermisste Nähe und Umsorgung nachholen wollen.

Durch das ambivalente Mutter-Tochter-Verhältnis wird die Identifikation mit der eigenen Geschlechtsrolle für die Anorektikerin erschwert[65]. In der pubertären Ablösung von den Eltern erfahren in ihrer psychosexuellen Entwicklung beeinträchtigte junge Mädchen, wie wenig Autonomie sie besitzen. Überbehütende Mütter und starre interfamiliäre Interaktionsmuster ließen keine Selbstkontrolle und Individuation zu. Die nun existente Angst vor Kontrollverlust, wenn die scheinbar schützenden Eltern verlassen werden sollen, und das dennoch starke Bedürfnis nach Ich-Identität führen zum Ausbruch der Anorexie als vermeintlich einzigem Weg, ein autonomes selbst kontrolliertes Leben zu führen.

Das folgende Schaubild enthält psychoanalytische Annahmen zur Ätiologie der Anorexie. Die interaktive Struktur macht die Komplexität der psychischen Störung deutlich.

---

[64] Vgl. SCHRAML, 1968
[65] Vgl. SCHWARZ, 1992

Theoretische Modelle zur Erklärung der Hungerkrankheit 51

```
┌─────────────────────────────┐
│ Traumatische Erfahrungen in │
│ der frühen Mutter-Kind-     │
│ Beziehung, in der das Kind  │
│ nicht zu selbstinitiiertem  │
│ Verhalten ermutigt und      │
│ seine Bedürfnisse nicht     │
│ befriedigt werden           │
└─────────────────────────────┘
              ↓
┌─────────────────────────────┐
│ Orale Fixierung und         │
│ Ambivalenz, defizitäres     │
│ Selbstbild, mangelnde       │
│ Ich-Stärke                  │
└─────────────────────────────┘
              ↓
```

| Erwartung der Eltern, insbesondere der Mutter, dass Tochter ihr Leben vervollständigt, Ersatzfrau des Vaters ist; ablehnende Einstellung der Mutter gegenüber Männern und Sexualität | Unfähigkeit, körperliche Empfindungen und Bedürfnisse differenziert wahrzunehmen, und Angst, Triebimpulse nicht befriedigend kontrollieren zu können, Gefühl eigener Ineffektivität, Ablehnung der eigenen Geschlechtsidentität und Sexualität, ambivalentes symbiotisches Verhältnis zur Mutter | Freisein von bewussten Ängsten, Gefühl der Selbstkontrolle, Eigenständigkeit und Identität, Aufrechterhaltung der symbiotischen Beziehung zur Mutter, verdeckte Rache an der Mutter, Selbstbestrafung |

```
              ↓
┌──────────────────────────┐   ┌─────────────────────┐
│ angstauslösender Konflikt│ → │ Regression auf orale│
└──────────────────────────┘   │ Ebene               │
              ↑                └─────────────────────┘
                                         ↓
┌──────────────────────────┐   ┌─────────────────────┐
│ Bulimische Trieb-        │   │ Symptombildung, Ab- │
│ durchbrüche, körperliche │   │ wehr sexueller Trieb│
│ Veränderungen, erwartete │   │ impulse, Amenorrhöe,│
│ Ablösung von den Eltern  │   │ Hyperaktivität,     │
│ und Zuwendung zu Gleich- │   │ Kontrolle bulimi-   │
│ altrigen, insbesondere   │   │ scher Triebimpulse  │
│ männlichen Geschlechts,  │   │ durch Nahrungs-     │
│ Pubertät und Adoleszenz  │   │ verweigerung        │
└──────────────────────────┘   └─────────────────────┘
```

Abbildung 7: Annahmen zur Ätiologie der Anorexia nervosa aus psychoanalytischen Ansätzen (aus: KARREN 1990, S. 56)

Psychoanalytisch definiert ist Anorexie schließlich das Resultat einer innerpsychischen Energieverschiebung, der Ausdruck unbewusster Konflikte, die entstehen, wenn das junge Mädchen nach frühkindlichen traumatischen Erfahrungen seine Triebansprüche und die internalisierten Erwartungen seiner Umwelt nicht synthetisieren kann und Triebimpulse verdrängt. Die aktivierten psychischen Abwehrmechanismen verhindern die Bewusstwerdung von Konflikten. Folglich ist die Anorexie ein *„regressiver Zustand, der durch eine gestörte Triebdynamik und sexuelle Reifungskonflikte entsteht."*[66]

3.4. Die gesellschaftskritisch-feministische Theorie

In feministischen Ansätzen wird die gesellschaftlich normierte Frauenrolle für das Entstehen einer Essstörung verantwortlich gemacht.

Im Alltag sehen sich junge Frauen gezwungen, sowohl die traditionelle Hausfrauen- und Mutterrolle zu erfüllen als auch die Rolle der leistungsstarken karriereorientierten Superfrau zu meistern. Daraus entsteht ein Leistungsdruck, auf den labile junge Frauen mit Verweigerung reagieren. Die Verweigerung in Form einer Anorexie verweist auf den starken Zusammenhang zwischen Symptom und Konflikt. Magersucht ist eine erschreckende Parodie auf das Schlankheitsideal der Gesellschaft. Über Medien und soziales Umfeld wird jungen Mädchen das Ideal der erfolgreichen, schönen und vor allem schlanken Frau vermittelt. Dünne Models und zahlreiche Diäten in einschlägigen Frauenmagazinen machen vor, wie Frau ist bzw. sein soll.

In der Verweigerungshaltung der Anorektikerin gegenüber dieser Vorgabe liegt aber auch eine übersteigerte Anpassung an das Schlankheitsideal. Die eigentlich abgelehnte Rolle wird von der anorexiekranken Frau in geradezu grotesker Weise durch ihr extremes Dünnsein, über-

---

[66] DIEDRICHSEN 1990, S. 97

triebenen Ehrgeiz und Perfektionismus erfüllt. Eigene Bedürfnisse werden verdrängt und missachtet.

Feministinnen gehen soweit, die Anorexie als gesellschaftlichen Protest junger Frauen gegen das ihnen aufgezwungene Werte- und Schönheitsideal zu betrachten[67].

3.5. Die Wechselwirkungsmechanismen zwischen Körper und Seele – der psychobiologische Ansatz

Die medizinischen Ausführungen innerhalb der diagnostischen Kriterien erweiternd[68] muss die Anorexie auch innerhalb der Ätiologie in ihren somatischen Komplikationen und psychobiologischen Wechselwirkungsprozessen erklärt werden.

Nach derzeitigem Forschungsstand ist die Magersucht nicht somatisch begründbar, so dass auch ihre Primärursachen nicht physiologisch analysiert werden können. Erwiesen ist aber, dass die dauerhafte und für Anorektiker typische Mangelernährung die Funktionsweise von Gehirn und Psyche beeinträchtigt. So tragen psychobiologische Faktoren als Konsequenz der Unterernährung als Verstärker zur Aufrechterhaltung der Magersucht bei. Bei therapeutischen Verfahren sind diese daher wesentlich mit zu berücksichtigen. Im Folgenden werden einige wesentliche somatische Komplikationen infolge der Aushungerung des Körpers erläutert und ihre aufrechterhaltende Funktion für die Erkrankung aufgezeigt.

Eine länger andauernde Mangelernährung hat viele endokrinologisch-metabolische Anpassungsvorgänge zur Folge. Das Hypothalamus-Hypophysen-Schilddrüsen-System (HPT-System) ist für die Regulation der Schilddrüsenhormone Thyroxin (T 4) und Trijodothyronin (T 3) verantwortlich. Schilddrüsenhormone beeinflussen den Sauerstoffverbrauch,

---

[67] Vgl. KARREN 1990
[68] Vgl. Kapitel 2

die Wärmeentwicklung, die Proteinutilisation, das Wachstum und die Gehirnfunktion des Menschen. Dauerhafte Mangelernährung führt zu einer Absenkung von T3, so dass depressive, ängstliche und manische Zustände begünstigt werden. Zudem kann die Körpertemperatur bei Anorektikerinnen auf bis zu 35 Grad sinken. Bei jungen Mädchen stagniert durch die herabgesetzte Funktion des somatropen Systems, das die Sekretion von Wachstumshormonen reguliert, das Längenwachstum[69].

Für die körperlichen Veränderungen in der Pubertät sind Sexualhormone (Östrogene und Androgene) des Hypothalamus-Hypophysen-Gonaden-Systems (HPG-Systems) notwendig. Sie werden bei anorektischen Patientinnen vermindert produziert. Sexualhormone können das Sozialverhalten beeinflussen. Eine weitere Anpassungsreaktion bei dauerhaft verminderter Energiezufuhr ist Amenorrhoe bei jungen Frauen. Sie ist eine Energiesparmaßnahme des Körpers, da der Kalorienverbrauch von Eisprung, Lutealphase und Menstruation bis zu 150 Kalorien verbraucht[70]. Ursache für die Amenorrhoe ist ebenfalls die herabgesetzte Aktivität des HPG-Systems. Die Ausschüttung von Geschlechtshormonen ist vermindert. Die bei vielen anorektischen Patientinnen existente Angst vor dem erwachsenen Leben unterstützt die Überzeugung, Hungern sei gut und sinnvoll; die verzögerte Geschlechtsreife ist willkommen.

Nach SCHWEIGER und FICHTER[71] sind psychotrope Effekte von Insulin noch nicht hinreichend belegt. Dennoch kann bei magersüchtigen jungen Frauen eine verringerte Insulinsekretion und Insulinresistenz festgestellt werden. Die verminderte Insulinintensität führt zu Energieeinsparung des Organismus, *„da die insulinabhängige Natriumkaliumpumpe für etwa*

---

[69] Vgl. SCHWEIGER/FICHTER 2000
[70] Vgl. LAESSLE 1991, S. 240
[71] Vgl. SCHWEIGER/FICHTER. 2000

50% des Grundumsatzes beim Menschen verantwortlich ist."[72] Der Grundumsatz wird herabgesetzt.

Eine ebenfalls wesentliche Rolle bei der Regulation des Stoffwechsels von Proteinen, Kohlehydraten und Lipiden spielen Glukokortikoide des Hypothalamus-Hypophysen-Nebennieren-Systems (HPA-Systems). *„Wichtig sind vor allem die Induktion von Proteinkatabolismus und Glukoneogenese in der Leber, die Veränderungen der vaskulären Reaktivität und die Effekte auf den Wasserhaushalt, auf das Immunsystem und auf das vegetative Nervensystem."*[73] Glukokortikoide haben zudem Einfluss auf psychische Funktionen – depressive Verstimmungen – und Lernfunktionen – Konzentration und Verhalten. Anorektikerinnen zeigen eine Erhöhung der 24-Stunden Kortisolsekretion. Dieselbe Indikation liegt auch bei schweren Depressionen vor.

Die metabolischen und endokrinen Anpassungsvorgänge bei chronischer Mangelernährung werden zentral gesteuert. *„Gestörtes Essverhalten führt zu Veränderung zentraler Neurotransmittersysteme."*[74] Die Neurotransmitter Noradrenalin und Serotonin beeinflussen das Hunger- und Sättigungsempfinden. Insgesamt steuern sie neuroendokrine Systeme wie das HPG-System, das HPA-System und das HPT-System[75].

Die im Folgenden beschriebenen Neurotransmitter-Veränderungen bei Magersucht können daher vielfältige psychische Auswirkungen haben, die zur Aufrechterhaltung der Erkrankung beitragen.

Bisher allerdings nur durch Tierexperimente bewiesen, führt Mangelernährung zu einer verminderten Aktivität des noradrenergen Systems im

---

[72] SCHWEIGER/FICHTER 2000, S. 163
[73] SCHWEIGER/FICHTER 2000, S. 158
[74] LAESSLE, 1991, S. 242
[75] Vgl. oben

Gehirn. Zeigen konnte man, dass auch bei anorektischen Patientinnen die Noradrenalin-Ausschüttung signifikant verringert war[76].

Die Serotoninsynthese im Gehirn wird nicht nur von der Nahrungsmenge sondern insbesondere durch die richtige Zusammensetzung von Proteinen und Kohlehydraten bestimmt. Sie ist abhängig von der Verfügbarkeit der Aminosäure Tryptophan, die mit der Nahrung zugeführt wird. Bei einer kohlehydratreichen Ernährung steigt der Tryptophanstrom in das Gehirn, die Serotoninsynthese nimmt zu. Eine proteinlastige Diät lässt den Tryptophanstrom absinken. In Untersuchungen mit anorektischen Patientinnen konnte festgestellt werden, dass deren Tryptophanquotient nach proteinreichen Testmahlzeiten stark abfällt und selbst nach Gewichtszunahme niedriger gemessen wird, als in der gesunden Kontrollgruppe. Zudem steigt der Tryptophan-Gehalt der anorektischen Testgruppe selbst nach kohlehydratreichen Mahlzeiten nur gering an[77]. Diese Befunde lassen sich außer auf eine gestörte Neurotransmitteraktivität auch auf die verminderte Insulinwirksamkeit (siehe oben) zurückführen.

Den Zusammenhang zwischen serotonerger Aktivität und Depressionen untersuchte LAESSLE im Jahre 1982[78]. Die Ergebnisse unterstützen die Hypothese des Zusammenhangs zwischen kohlehydratarmer Ernährung (typisch für Anorektikerinnen), dadurch verminderte Serotoninsynthese, und depressiven Verstimmungen.

Die folgende Tabelle gibt einen Überblick über die psychobiologischen Anpassungsvorgänge bei Mangelernährung.

---

[76] Vgl. LAESSLE 1991, S. 243
[77] Vgl. LAESSLE 1991, S. 250
[78] Vgl. LAESSLE 1987

Funktion	Indikatoren	Folgen
gesteigerte Aktivität des Hypothalamus-Hypophysen-Nebennieren-Systems	Sekretion von Cortisol und ACTH gesteigert	Pseudoatrophie des Gehirns, Verlust an Muskelmasse, Osteoporose, affektive Störungen (?)
herabgesetzte Aktivität des Hypothalamus-Hypophysen-Gonaden-Systems	Sekretion von LH, Östradiol, Progesteron bzw. Testosteron vermindert	Amenorrhoe, Infertilität, Verlust an Muskelmasse, Osteoporose, verminderter Grundumsatz, sexuelle Funktionsstörungen, verminderter Antrieb, sozialer Rückzug (?)
herabgesetzte Aktivität des Hypothalamus-Hypophysen-Schilddrüsen-Systems	Konzentration von Trijodothyronin vermindert	herabgesetzter Grundumsatz, Kälteintoleranz, affektive Störungen (?)
herabgesetzte Funktion des somatropen Systems	Konzentration von IGF-I vermindert	herabgesetzte Muskelmasse, Osteoporose, vermindertes Größenwachstum, affektive Störungen (?)
verminderte Insulinsekretion und Insulinresistenz	Konzentration von Insulin basal vermindert	herabgesetzter Grundumsatz, veränderte Regulation von Hunger und Sättigung (?)
gestörtes Neurotransmittersystem	Serotonin und Noredrenalinausschüttung signifikant vermindert	depressive Verstimmungen

Tabelle 1: Syndrom der Anpassung an Mangelernährung (nach SCHWEIGER/FICHTER 2000, S.167)

Insgesamt ist ein starker körperlicher Energieverlust durch die dauerhafte Unterernährung von Anorektikerinnen zu beobachten, der einen wesentlichen Einfluss auf deren psychische Verfassung und das Sozialverhalten hat. Durch die extreme körperliche Schwäche entsteht auch eine psychische Labilität mit der Neigung zu Depressionen. Aus diesem Grund und aus körperlicher Unzulänglichkeit durch das Untergewicht geraten Magersüchtige in eine soziale Isolation, was wiederum zur Aufrechterhaltung des Hungersymptoms beiträgt. Hungern wird zum einzigen Lebensinhalt.

Die weit reichenden körperlichen Konsequenzen und teilweise irreversiblen physischen Schädigungen, die bei einer Anorexie auftreten, führen in ca. 10% der statistisch erfassten Fälle auch zum Tode[79]. In einem therapeutischen Vorgehen ist folglich der psychobiologische Faktor wesentlich mit zu berücksichtigen, da je nach Schweregrad der Magersucht vor allen psychoanalytischen und verhaltenstherapeutischen Maßnahmen die Erhaltung des Lebens der Patientin erstes Ziel sein muss.

3.6. *Tabellarischer Überblick zu den explizierten Ansätzen*

Die folgende Tabelle veranschaulicht die explizierten Ansätze in einem Überblick über ihre jeweilige Bestimmung, Symptomatik und Erklärung der Anorexie.

---

[79] Vgl. NEUBECK-FISCHER 1991. Eine neuere Studie bei der Beobachtung einer Gruppe von 84 Patienten zeigt, dass nach 21 Jahren 16% der Patienten an Gründen verstarben, die auf die Magersucht zurückzuführen sind (vgl. LÖWE U.A. 2001).

	psychoanalytisch	Verhaltens-therapeutisch	systemisch	feministisch	Psychobiologisch
Noso-logie	- orale Störung - Regression in orales Entwicklungsstadium - gestörte sexuelle Triebentwicklung - Neurosenstruktur	- gestörtes Essverhalten mit einer - Phobie vor Essen und Körpergewicht	- psychosomatische Erkrankung des Individuums - innerhalb eines gestörten Familiensystems	- soziokulturell begründete Neurose - spezifisch für Frauen	- psychobiologische Disposition - Wechselwirkung von biologischen und organisch-psychischen Funktionen
Sympto-matik	- verzerrtes Körpergefühl und -bild - mangelndes Indentitätsgefühl - gestörtes Essverhalten	- Störung des Essverhaltens - Störung im Sozialverhalten	- unflexible Familienstruktur - starke Bindung der Familienmitglieder untereinander - Konfliktvermeidung und -tabuisierung - anorektisches Familienmitglied	- mangelndes Selbstwertgefühl - Opfergefühl gegenüber der Gesellschaft - nicht konfliktfähig	- Folgen der Mangelernährung wie - kognitive Wahrnehmungsstörungen - Depressionen - metabolische und endokrine Veränderungen
Ätio-logie	- frühkindliches Trauma - mangelnde Ich-Stärke - ambivalente Mutter-Tochter-Beziehung - Pubertätskonflikte mit Konsequenz der Regression durch eine orale Fixierung	- Lernprozesse innerhalb der Entwicklung - Modellverhalten der Bezugspersonen - soziales Umfeld - persönliche Einstellungen	- unflexible Familienstruktur - starke emotionale Bindung der Familienmitglieder untereinander - Konfliktvermeidung und -tabuisierung - Essen als Kommunikationsmittel - Nutzen des Symptoms für die Aufrecherhaltung der Familienstruktur	- gesellschaftliche Erwartung an die Rolle der Frau	- Konsequenzen der Mangelernährung dienen als Verstärker der psychischen und kognitiven Konflikte

Tabelle 2: Überblick über Bestimmung und Erklärung von Magersucht anhand der explizierten Ansätze

3.7. Die Diskussion der einzelnen Modelle

Die komplexe Problematik der Anorexie mit nur einem Erklärungsmodell verstehen zu wollen, ist im Sinne einer multidimensionalen Sichtweise nicht effektiv. Ein multikausaler Ansatz unter Einbeziehung aller richtungsspezifischen Ätiologien sollte im Hinblick auf eine spezifische Individualgenese maßgeblich sein.

Die folgende kritische Reflexion der Ansätze wird zeigen, dass die schulenspezifischen Modelle zwar wesentlich dazu beitragen, die Magersucht aus verschiedenen Perspektiven und Problemfeldern zu verstehen, aber das Phänomen insgesamt doch nicht erfassen können.

Psychoanalytische Ansätze beziehen sich auf die Schule FREUDS. Die Ursachen der Anorexie werden zum einen in einer frühkindlichen psychodynamischen Störung der Triebimpulse und zum anderen in unbefriedigten oralen Bedürfnissen einer gestörten psychosexuellen Entwicklung gesehen. In der Pubertät gewinnen diese Konflikte erneut an Bedeutung, so dass die Nahrungsverweigerung sowohl als Reaktion auf die erlebte Frustration der unbefriedigten Bedürfnisse eine Regression in die orale Phase ist, als auch die Unfähigkeit der Koordination der eigenen Triebimpulse mit der Außenwelt darstellt.

Die aktuellen Konflikte werden insgesamt auf ein frühkindliches Trauma zurückgeführt, so dass deren Aufschlüsselung ausschließlich innerhalb der psychoanalytischen Begründungszusammenhänge für die Entstehung einer Neurosenstruktur – zu der auch die Anorexie zählt – stattfindet. Es wird ausgeschlossen, dass soziale Bedingungen und später auftretende psychische Konflikte dazu beitragen, dass die Erkrankung entsteht. Die gesamte Person wird auf diese Weise in der Genese nicht erfasst. Die bereits vor der individuellen Genese festgelegte Überzeugung, dass die Ursachen der Anorexie in einem frühkindlichen Trauma liegen, führt zudem dazu, dass in der Auseinandersetzung mit der betroffenen Frau deren Individuation durch den stark richtungsweisenden Analytiker behindert wird. Die meist durch eine dominante Mutter und mit starren Wertvorstellungen vorbelastete Anorektikerin soll sich nun wieder nach einer vorgegebenen Zielvorstellung verhalten, nach der des Therapeuten. Es ist fraglich, ob so die hinter der Anorexie verborgene Person in ihrem Konflikt wirklich entdeckt werden kann.

„*Verhaltenstherapeutische Ansätze [...] bestechen auf den ersten Blick durch ihre Einfachheit.*"[80] Bei genauerem Hinsehen muss man jedoch feststellen, dass Behavioristen in ihren ätiologischen Annahmen und ihrem Menschenbild stark reduktionistisch vorgehen, da sie sich auf beobachtbares Verhalten beschränken.

Verhaltenstherapeuten setzen Symptom und Störung gleich, so dass aus der Vielzahl von psychischen, sozialen und familiären Konflikten, denen sich die Magersüchtige ausgesetzt fühlt, eine einzige sichtbare und rein somatische Verhaltensstörung wird. Für Außenstehende ist die Problemerfassung der Anorexie als dysfunktionale Verhaltensweise und konditionierte Gewichtsphobie leichter zu verstehen, als eine mögliche komplexe und ambivalente Persönlichkeitsstruktur der jungen Frau.

Problematisch ist auch die behavioristische Definition des dysfunktionalen Verhaltens in der Magersucht. Denn die Identifikation des Hungerns als abnormes Verhalten braucht einen gesellschaftlichen Verhaltenskodex zur Grundlage. Versucht man die innere Logik der Anorexie zu verstehen, könnte sie statt pathogene Reaktion auch funktionale Aktion im Sinne eines Versuches der Einflussnahme auf ein unbefriedigendes Leben sein.

Eine Genese, die sich ausschließlich damit auseinandersetzt, das gestörte Essverhalten zu korrigieren, missachtet die Probleme und Zusammenhänge, die den Grund liefern, warum die Patientin hungern muss.

---

[80] KARREN 1990, S. 88

Systemtheoretische Ansätze erweitern die Analyse der kranken Einzelperson in ein pathogenes Familiensystem, das es zu entschlüsseln gilt. Durch spezifische familiäre Interaktionsmuster können Merkmalskombinationen festgestellt werden, die pathogenen Charakter haben. Die Entwicklung der Anorexie als Symptom muss jedoch unter Zuhilfenahme psychoanalytischer und kognitiver Ansätze beantwortet werden. So unterscheidet sich der systemische Ansatz in seinem Vorgehen kaum von der Individualanalyse. Anstelle des Individuums tritt das System Familie. Bisher gibt es zudem keine anerkannten Kriterien zur Operationalisierung der typischen Anorektikerfamilie. Empirische Befunde zeigen, dass dasselbe familiäre Umfeld auf Geschwisterkinder eine unterschiedliche Wirkung haben kann. Soziokulturelle Einflussfaktoren auf jedes Familienmitglied[81] und die spezifische Persönlichkeit jedes Einzelnen, lassen eine allein systemische Betrachtungsweise unzureichend erscheinen. Sie kann lediglich helfen zu verstehen, warum und wie die Symptomatik des Hungerns durch das Verhalten der Familie noch verstärkt und weiterhin aufrechterhalten wird[82].

Eine Bereicherung aus soziokultureller Sichtweise stellt zunächst die feministische Theorie dar, die einen Zusammenhang zwischen Kultur, Geschlecht und Nahrung aufdeckt. Feministinnen gehen jedoch soweit zu sagen, dass das Hungern bewusster Protest gegen eine frauenfeindliche Gesellschaft ist. Der Einfluss der Anorektikerin auf ihre Symptomatik wird hier massiv überbewertet. Die zu Beginn bewusste Nahrungsverweigerung erhält demgegenüber eine Eigendynamik, die bald nicht mehr von der betroffenen Frau aufgehalten werden kann.

Den ausgezehrten Körper der Anorektikerin als politischen Protest zu sehen, ignoriert die Verzweiflung und Hilflosigkeit, die kranke Frauen in

---

[81] Vgl. FICHTER 1985
[82] Vgl. MEERMANN/ VANDEREYCKEN 1987, S. 47

dem Teufelskreis des Hungerns empfinden. Feministinnen scheinen zu versuchen, das komplexe Phänomen der Anorexie zu benutzen, um ihre Gesellschaftstheorien einer frauenfeindlichen Welt zu stützen[83]. Maßstab für die Genese ist nicht das Symptom, sondern eine feministische Philosophie, in die die Erkrankung integriert wird.

Der von Feministinnen geradezu unterstützte vermeintlich willentliche Zustand der Auszehrung wird berechtigterweise von Medizinern in seiner ganzen erschreckenden physischen Gefahr gesehen. Jede zehnte Magersüchtige stirbt an den Folgen ihrer Krankheit. Die organischen Störungen, die bei einer Magersucht auftreten, sind jedoch als sekundäre und nicht primäre Faktoren zu bewerten. Es ist kaum anzunehmen, dass nur eine bestimmte Gruppe junger Frauen, die mit Hilfe weiterer Ätiologien definiert werden kann, besondere biochemische Störungen aufweist. Viel nahe liegender ist es, die bei Mangelernährung klassischen physischen Symptome[84] als Konsequenz des Hungerns zu betrachten und sie innerhalb der Genese als persönlichkeitsverändernde Faktoren mit einzubeziehen.

Die hier diskutierten Ansätze versuchen, jeweils aus unterschiedlichen Perspektiven einen Zugang zum Phänomen der Anorexie zu finden. Aber sie bleiben damit gleichzeitig jeweils einseitig und defizitär. Wie bereits einleitend gesagt, ist die Ätiologie der Magersucht nur durch multikausale Begründungszusammenhänge zu entschlüsseln. In der Individualgenese muss daher ein analytischer Ansatz unter Zuhilfenahme aller Ätiologien versucht werden.

Doch auch auf diese Weise bleibt weiterhin verborgen, warum junge Frauen in bestimmten Gesellschaften gehäuft beginnen zu hungern, um

---

[83] Vgl. BRUMBERG 1994
[84] Vgl. oben

damit vermeintlich Probleme zu lösen. Denn die dargestellten Ansätze, die in gegenseitiger Ergänzung eine ganzheitliche Betrachtung des Individuums ermöglichen, erklären noch nicht, warum sich die Magersucht als psychosomatisches Symptom in der Gesellschaft etablieren konnte.

Unter diesem Gesichtspunkt erscheint der soziokulturelle Faktor, der das Einzelschicksal in seiner Interaktion mit der Gesellschaft sieht, signifikant wichtig, um primäre Ursachen der Anorexie als gewähltes neurotisches Symptom zu ergründen. Durch das Verstehen gesamtgesellschaftlicher Begründungszusammenhänge für das Auftreten der Erkrankung kann auch die Individualgenese gezielter entwickelt werden.

Der folgende Teil meiner Arbeit thematisiert daher sowohl die gesellschaftlichen und historischen Bedingungen, denen die weibliche Sozialisation bis heute unterliegt, als auch die von Frauen selbst initiierte Emanzipation und ihre Folgen und versucht so zu rekonstruieren, auf welche Weise die Aushungerung des Körpers zu einer vermeintlichen Problemlösungsstrategie für Frauen werden konnte - zu einem symbolischen Hilferuf, der den Weg in den Tod bedeuten kann.

4. Psychische Struktur und Körpererleben in der Magersucht anhand der Objekt-Beziehungs-Theorie

Bevor wir jedoch im weiteren Verlauf der Arbeit versuchen, die soziokulturellen Bedingungen für die Entstehung und Etablierung der Magersucht zu rekonstruieren, wenden wir uns an dieser Stelle dem spezifischen Körpererleben von Anorektikerinnen zu. Es besteht eine ausgeprägte Psychopathologie der Körperwahrnehmung, die mit Hilfe der so genannten *Objekt-Beziehungs-Theorie*[85] psychoanalytisch gedeutet werden kann, und grundlegende Erkenntnisse über das gestörte Körperempfinden der Magersüchtigen vermittelt, sowie deren spezifisches Selbstverständnis erklärt.

Der Angriff der Anorektikerin auf ihren Körper in seiner gesamten physischen Realität lässt auf Konflikte in der oralen Phase schließen[86], in der sich nach FREUD das Ich zunächst als Körper-Ich entwickelt, welches narzisstisch besetzt ist und noch nicht zwischen Selbst- und Objektrepräsentanz unterscheiden kann[87]. Der Körper ist *„(...) das narzisstisch besetzte Objekt, ist Selbst- und Objektrepräsentanz in einem."*[88] Konflikte bleiben an den Körper gebunden und können sich nicht psychisch repräsentieren. Für die Ausprägung des gesunden und damit integrierten

---

[85] HARTMANN (1972) entwickelte die Objekt-Beziehungs-Theorie als Fortschreibung der traditionellen Narzissmustheorie nach FREUD (1914). In Ergänzung zu den drei Instanzen Es, Ich und Über-Ich, die nach FREUD die Persönlichkeit konstituieren, steht der Begriff des Selbst für die gesamte Persönlichkeit.
[86] Vgl. EBRECHT 1996, S. 23f.
[87] FREUD 1914 und 1923
[88] EBRECHT 1996, S. 24

Selbst[89] – der Ich-Identität – ist die Vereinigung sowohl libidinöser als auch aggressiver Qualitäten grundlegend, um die normale libidinöse Besetzung[90] des Selbst zu gewährleisten. Während sich also im normalen Narzissmus der gesunden Persönlichkeit objektlibidinöse und narzisstische Bindungen für eine erfüllte Objektbeziehung die Waage halten, charakterisiert die narzisstische Störung eine Identifizierung des Selbst mit dem introjizierten Objekt[91] bei gleichzeitiger Projektion des Selbst auf ein äußeres Objekt und innere Objektrepräsentanzen, die es (das Selbst) wiederum repräsentieren. Die pathologische Introjektion eines Objektes und die pathologische Projektion des Selbst nach außen verhindern die Entwicklung einer Ich-Identität und bilden die Grundlage für Charakter- und Symptomneurosen[92].

Die narzisstische Störung in der Magersucht wird zum einen in einer spezifischen psychischen Struktur offensichtlich, zum anderen in einem pathogenen Körperempfinden, welches jedoch aus der Spezifität der psychischen Störung hervorgeht und in das Symptom der Nahrungsverweigerung mündet.

Die Objektbeziehung des Säuglings in der oralen Phase kennzeichnet sich durch die orale Einverleibung des primären Objekts – zumeist die Mutter als primäre Bezugsperson –, da körperliche Empfindungen von Sättigung oder Zuwendung in dieser Entwicklungsstufe die Liebesbeziehung des Kindes zu seiner Mutter definieren. Dabei kann der Säugling

---

[89] Das integrierte Selbst enthält die Teilrepräsentanzen des Ich, die in ihrem Zusammenspiel die Ich-Identität bilden. Vgl. KERNBERG 1978
[90] Die libidinösen Anteile überwiegen gegenüber den aggressiven Anteilen.
[91] Als Objekte werden psychoanalytisch alle Dinge oder Personen bezeichnet, die für das psychische Leben von Bedeutung sind. Vgl. BRENNER 1976
[92] Vgl. KERNBERG 1978

nur bedingt[93] zwischen sich und dem Objekt unterscheiden, so dass das, was die Mutter gibt, einverleibt und als eigenes empfunden wird. Die Libido des Säuglings richtet sich auf die eigene Person, nach FREUD die Phase des primären Narzissmus. In dieser Phase ist die Spiegelung[94] durch die Mutter, das heißt die Empathie der Mutter für die Bedürfnisse des Kindes, die unabhängig von ihren eigenen existieren, von besonderer Wichtigkeit für die Entwicklung eines eigenen Selbst. Gemäß FREUD geschieht die Ich- Entwicklung über die Beziehung zum eigenen Körper innerhalb des primären Narzissmus[95], in dem noch nicht zwischen Selbst und Objektrepräsentanz[96] unterschieden werden kann. Ist dieser Prozess gestört, wird – auch später noch – nicht die Mutter, sondern der eigene Körper, der das böse Mutterobjekt introjiziert hat, als Ursache für alles Schlechte empfunden[97]. Kann die Mutter das Kind nicht spiegeln, miss-

---

[93] Die Erweiterung der FREUD'SCHEN Theorie durch MELANIE KLEIN geht demgegenüber davon aus, dass bereits der Säugling ein rudimentäres Ich hat und eine Grenze zwischen innen und außen wahrnimmt. Weiterhin geht sie in Abgrenzung zu FREUD davon aus, dass die Ich-Entwicklung nicht ein durch verschiedene Phasen der Triebmodifizierung gekennzeichneter zielgerichteter Prozess ist. Sie stellt mit dem Modell der Positionen, welche Ängste, mentale Strukturen oder auch Objektbeziehungen beinhalten, die Theorie auf, dass eine lebenslange Fluktuation zwischen den Positionen nicht nur möglich, sondern als Fähigkeit des Ich auch notwendig ist (vgl. KLEIN 1983).
[94] Vgl. auch: WARDETZKI 1991, S. 37 f.
[95] Vgl. FREUD 1914: Der primäre Narzissmus bezeichnet eine frühkindliche Entwicklungsstufe, in der Säugling sich selbst mit seiner gesamten Libido besetzt, während der sekundäre, pathogene Narzissmus eine Regression der erwachsenen Persönlichkeit in den psychischen Zustand der infantilen Ich-Libido darstellt. Allgemein formuliert wird der Narzissmus in der heutigen Psychoanalyse als dauerhafte Störung des Selbstwertgefühls definiert (vgl. FIEDLER 1999), auf dessen spezifische Ausprägung später genauer eingegangen wird.
[96] Vgl. HARTMANN 1972
[97] *„Psychopathologisches Körpererleben ist unmittelbarer Ausdruck einer libidinösen und aggressiven emotionalen Beziehung zu negativen (erregenden und abweisenden) Aspekten des einverleibten Objekts."* SELVINI PALAZZOLI 1982, S. 107

achtet sie seine Bedürfnisse[98], bleibt dem Säugling die Möglichkeit versagt, sich als Ganzes außerhalb und unabhängig von der Mutter wahrzunehmen. In der weiteren Entwicklung werden diese primären Körpererfahrungen das Selbstbild des Kindes mitbestimmen.

BION[99] hat diesen Prozess innerhalb der Psychoanalyse nach FREUD in seiner Theorie des Fühlens und Denkens analysiert und als Weiterentwicklung der Erkenntnisse FREUDS verstanden. Er geht davon aus, dass sich die Entwicklung des Ich aus Transformationsprozessen von psychischen Zuständen in einen Denkprozess vollzieht. Das Ich kann sich nur durch die Interaktion zwischen Subjekt und Objekt bilden. Psychische Leiden sind dementsprechend in frühkindlichen gestörten Objektbeziehungen begründet[100]. Die oben beschriebene Spiegelung der Bedürfnisse des Säuglings durch die Mutter in ihrer Bedeutung für die psychische Entwicklung des Kindes erklärt BION in erweiterter Form durch das Modell des sog. *Containments*. Die Mutter (*Container*) muss die Fähigkeit haben, die unangenehmen Körperempfindungen des Säuglings in sich aufzunehmen und zu transformieren (*Reverie* als Einfühlung), so dass sie für das Kind erträglich werden. Durch jeden weiteren dieser Transformationsprozesse wird die Fühl- und Denkentwicklung des Kindes entwickelt[101]. Die Fähigkeit der Mutter, die unangenehmen Empfindungen des

---

[98] Anmerkung: Auch Überprotektion ist eine Form der Missachtung wahrer Bedürfnisse des Kindes.

[99] Vgl. BION 1990

[100] Damit betont BION die Bedeutung einer Interaktion zwischen Mutter und Säugling, in der es nicht nur um Triebmodifizierung und emotionale Stabilität geht, sondern in der bereits die Grundlagen zu gedanklichen Prozessen der Verarbeitung psychischer Erregung gelegt werden.

[101] FREUD unterscheidet ebenfalls zwischen dem ersten psychischen System, das auf Triebabfuhr drängt und dem späteren Realitätsprinzip, in dem die Triebimpulse durch das Ich modifiziert werden. BION betont jedoch nicht nur die Bedeutung der gedanklichen Strukturen für diese Entwicklung stärker als FREUD sondern sieht zudem die Interaktion

Kindes zu erkennen und durch eine adäquate Reaktion zu transformieren, bezeichnet BION als *Alpha-Prozess*. Dieser ermöglicht dem Säugling seine unerträglichen Emotionen (*Beta-Elemente*) in benennbare und psychisch verwertbare Erkenntnisse (*Alpha-Elemente*) umzuwandeln[102]. Diese projektive Identifizierung mit der Mutter hilft dem Säugling zunächst, seine momentanen Missempfindungen zu bewältigen, und führt im Laufe der Entwicklung mittels Lernen durch Erfahrung dazu, dass negative Emotionen benannt und gedanklich bearbeitet werden können. Die von der Mutter durch die Alpha Funktion in Alpha-Elemente transformierte Beta-Elemente können nun vom Säugling reintrojiziert werden, so dass er sie besser ertragen kann. Er lernt mit der Zeit, auch negative Empfindungen in sich zu bewahren und selbst zu benennen und gedanklich zu verarbeiten. Ist die Mutter nicht in der Lage, die Missempfindungen des Säuglings zu transformieren, bleiben diese als belastende psychische Elemente im Unterbewusstsein existent und verhindern das Erlernen konstruktiver Denkstrukturen zur eigenständigen Lösung von emotionalen Problemen.

Wir haben bereits gesehen[103], dass Eltern magersüchtiger Mädchen häufig versuchen, das Kind gemäß ihren eigenen Idealen zu prägen[104] und dabei dessen wahre Bedürfnisse missachten. Gerade Mütter versuchen über die Tochter ihre eigene ambivalente Weiblichkeit zu heilen. Dabei können sie jedoch der Tochter aufgrund ihres eigenen gestörten Körpererlebens nicht genügend positive Objektresonanz entgegenbrin-

---

und frühkindliche nonverbale Kommunikation zwischen Mutter und Säugling als die Basis der Ich Entwicklung. Vgl. BION 1990, FREUD 1910

[102] Alpha-Elemente besitzen mentale Qualitäten und können zu Gedanken weitergebildet werden, während Beta-Elemente rein psychisches Energiepotenzial haben, welches transformiert werden muss, um schließlich nicht in pathogener Weise wirken zu können.

[103] Vgl. Kapitel 3.2

[104] Dieser Vorgang wird auch als „narzisstische Ausbeutung" (vgl. WARDETZKI 1991, S. 36f.) bezeichnet.

gen. Stattdessen kann im weiteren Verlauf der Entwicklung der Tochter ihre Weiblichkeit nur als schmerzlich und der Körper als schlecht vermittelt werden, da der Mutter selbst keine anderen Empfindungen zur Verfügung stehen. *„Es fehlt also die narzisstische, körperliche Basis für gesunde objektlibidinöse Beziehungen."*[105] Das Bemühen des Kindes, den Vorstellungen der Eltern zu entsprechen, in dem Wissen nicht für das geliebt zu werden, was es ist, sondern für das, was es darstellt, führt zu einer Verleugnung des wahren Selbst und der Entstehung einer Als-ob-Persönlichkeit[106], welche charakterisiert ist durch pathogene Überanpassung an die Umwelt und schließlich dem Verlust der eigenen Identität. Das Fühlen und Handeln auf diese Weise narzisstisch gestörter Frauen ist geprägt von übersteigerten Ansprüchen an sich selbst und/oder an andere, da die Selbst- und die Objektrepräsentanzen der frühkindlichen Entwicklung im erwachsenen Selbst erhalten bleiben. Für Magersüchtige typisch ist das Streben nach Perfektion, ihr Ehrgeiz, immer überall die Besten sein zu wollen, da sie sich nur durch diese Bestätigung von außen geliebt fühlen. Es dient als Selbst-Schutz, um ein tiefes, entwicklungspsychologisch begründetes Minderwertigkeitsgefühl zu kompensieren. Anorektikerinnen befinden sich in absoluter Hochstimmung, wenn sie die für ihren Selbstwert notwendige Bestätigung von außen erhalten, meist für erbrachte Leistungen. Bleibt die Anerkennung in dem geforderten Maße aus, entsteht ein tiefes Minderwertigkeitsempfinden und eine Abwertung der eigenen Person. Nach KERNBERG[107] gilt diese spezifische Form der Abwehr als Spaltung, bei der die Selbst- und Objektrepräsentanzen getrennt voneinander zum Ausdruck kommen, da sie nicht im Gesamt-Selbst integriert sind. Dieser *dissoziierte Ich-Zustand*[108]

---

[105] EBRECHT 1996, S.25
[106] Vgl. MILLER 1979
[107] Vgl. KERNBERG 1978
[108] KERNBERG 1978, S.55

führt zu einem ständigen inneren Konflikt zwischen dem Empfinden extremer Minderwertigkeit und gleichsam extremer Perfektion. Ursächlich hierfür ist die fehlende Integration sowohl libidinöser als auch aggressiver Introjektionen und Identifikationen in der oralen Phase[109], in der normalerweise gelernt wird, das integrierte Ich durch höher organisierte Abwehrmechanismen wie der Verdrängung, Reaktionsbildung, Isolierung oder des Ungeschehenmachens[110] vor intrapsychischen Konflikten zu schützen. Die folgenden Abbildungen veranschaulichen das integrierte Selbst der normalen Selbstwertregulation sowie demgegenüber die Spaltung des Ich der narzisstisch gestörten Persönlichkeit.

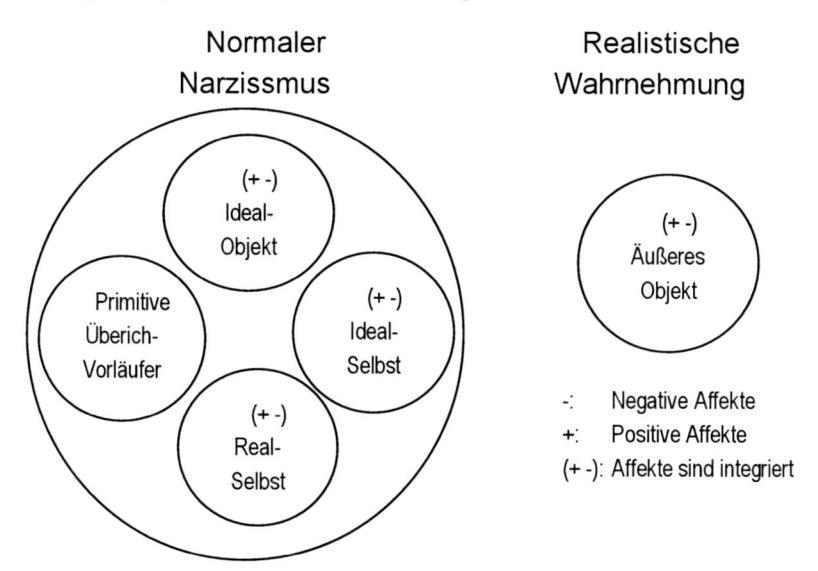

Abbildung 8: Normale Selbstwertregulation nach KERNBERG 1996, S.93

---

[109] Anmerkung: Die Synthese sowohl aggressiver als auch libidinöser Introjektionen und Identifizierungen bilden die Grundlage für ein integriertes Ich, das beide Energien im Einklang konstruktiv umsetzen kann. Im Gegensatz dazu werden in der Ich-Spaltung Libido und Aggression voneinander getrennt herrschen und zu ambivalenten Persönlichkeitszügen führen (vgl. KERNBERG 1978).

[110] Vgl. zu den Abwehrmechanismen: FREUD 1936

Spaltung des Selbst

Grandiosität ⟵⟶ **Minderwertigkeit**

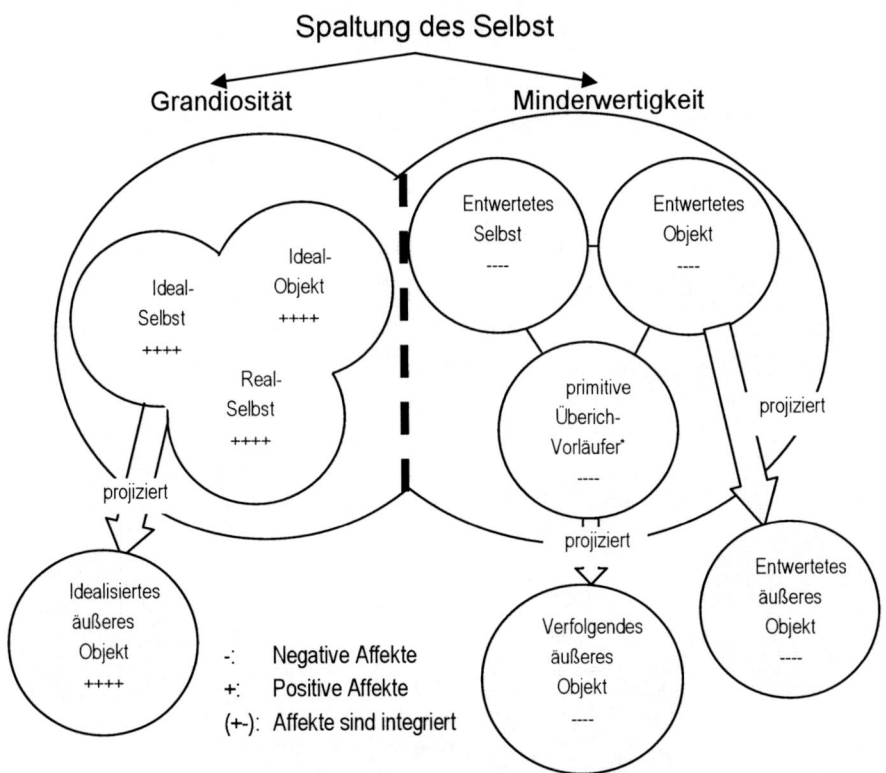

- Ideal-Selbst ++++
- Ideal-Objekt ++++
- Real-Selbst ++++
- Entwertetes Selbst ----
- Entwertetes Objekt ----
- primitive Überich-Vorläufer* ----
- Idealisiertes äußeres Objekt ++++ (projiziert)
- Verfolgendes äußeres Objekt ----
- Entwertetes äußeres Objekt ---- (projiziert)

-: Negative Affekte
+: Positive Affekte
(+-): Affekte sind integriert

* bleiben als prägenital-aggressive Triebstrukturen weiter bestehen, da sich die integrierte Über-Ich-Struktur nur in einer integrierten Ich-Struktur entwickeln kann.

Abbildung 9: Pathologischer Narzissmus nach KERNBERG 1996 und WARDETZKI 1991

Die Anorexie ist in diesem Sinne die Folge einer oral-analen Objekt-Beziehungsstörung mit der Konsequenz einer dauerhaften Beeinträchtigung des Selbstwertgefühls in Form der oben charakterisierten narzisstischen Störung[111].

Im Folgenden soll – ausgehend von diesen Erkenntnissen – das spezifische Körpererleben in der Magersucht erklärt werden.

Wir haben gesagt, dass das Kind die negativen primären Objekterfahrungen inkorporiert hat und sich in der weiteren Entwicklung darüber identifiziert. In der Pubertät muss das Mädchen jedoch die infantile narzisstische Libido endgültig zu Gunsten einer eigenen genitalen Weiblichkeit aufgeben. Nach BLOS[112] wird normalerweise über den *„transitorischen Narzissmus"* die Libido von den primären Objekten gelöst und auf adulte Objekte übertragen. Bei einer Introjizierung von und Identifizierung mit den primären Objekten – der Mutter – kann diese Loslösung jedoch nicht stattfinden, da auf psychischer Ebene keine von der Mutter getrennte Person existiert[113]. Um die psychische Struktur, das Selbst, zu bewahren muss die Bindung an die Mutter weiterhin aufrechterhalten werden[114].

Die unmögliche Autonomieentwicklung gegenüber der Mutter drückt sich auch im Körpererleben der Magersüchtigen aus. Die Inkorporation des schlechten Objektes der Mutter lässt den weiblichen Körper, der dem der Mutter nun mehr und mehr ähnelt, zu etwas Bedrohlichem, Bösen werden, das es zu unterdrücken gilt, um das ursprüngliche Selbst zu schützen. Der Körper wird psychisch von ihrem Ich abgespalten und

---

[111] Vgl. FIEDLER 1999, S.66 ff; KERNBERG 1996; KERNBERG 1978, S. 261 ff. Anmerkung: Definitionskriterien zur narzisstischen Persönlichkeit auf Grundlage des DSM-4 1996

[112] Vgl. BLOS 1973

[113] *„Ich möchte daher betonen, dass der Körper der Magersüchtigen das schlechte Objekt nicht nur enthält, sondern dass er es ist."* SELVINI PALAZZOLI 1982, S.108

[114] Vgl. EBRECHT 1996

fortan als etwas Äußeres, als ein Ding erlebt[115]. Wenn er sich ausdehnt, z. B. in der Pubertät durch die Entwicklung weiblicher Rundungen, scheint ein Identitätsverlust zu drohen, dessen einzige Abwehr der Kampf gegen den Körper ist, vollzogen über den konsequenten Nahrungsentzug, der alles Fleischliche zum Verschwinden bringt[116].

In dem Abspaltungsprozess des Körpers von dem zentralen Ich liegt die Verleugnung der realen Notwendigkeit der Integrität von Körper und Psyche. Das zentrale Ich identifiziert sich mit einem körperlosen, entsexualisierten Ideal (durch das Über-Ich und das Ideal-Ich[117] begründet), zu dessen Schutz körperliche Bedürfnisse wie Sexualität und Hunger, die als Bedrohung für den Bestand des idealisierten Ichs erscheinen, unterdrückt werden müssen. Dennoch kann sich die Magersüchtige durch die fortbestehende Inkorporation des mütterlichen Objekts nicht von der libidinösen Besetzung des Selbst befreien. Durch die Gleichsetzung des Körpers mit dem schlechten Objekt und der Spaltung des gesamten Ich in ein Körper-Ich und ein entkörperlichtes zentrales Ich kann jedoch der schlechte Körper wie ein äußeres Objekt beherrscht werden. Den Einverleibungsvorgang veranschaulicht das folgende Bild.

---

[115] Vgl. SELVINI PALAZZOLI 1982, S.107 ff., STAHR u.A. 1995 S.60 f.

[116] „Damit erhebt sich die Frage, ob die magersüchtige Patientin sich vor der Nahrung oder vor ihrem Körper fürchtet. Meine Antwort lautet, dass sie sich vor ihrem Körper fürchtet, *und dass sie die Nahrungsaufnahme als seine Vergrößerung auf Kosten ihres Ichs erlebt.*" SELVINI PALAZZOLI 1982, S.108

[117] Das Ideal-Ich ist nicht gleichzusetzen mit dem Ich-Ideal des Instanzenmodells (vgl. Kapitel 3.3.2) als eine Vorbildfunktion. Stattdessen bezeichnet es eine intrapsychische Bildung narzisstisch- pathologischen Charakters, durch den der Zustand des infantilen Allmachtsgefühls über die Identifizierung einer mit Allmacht besetzten Person (der Mutter) wieder hergestellt werden soll (vgl. LAPLANCHE 1973).

Totales ursprüngliches Ich

Säuglingsalter:
orale Hilfslosigkeit: ▶ Einverleibung und Verdrängung des schlechten Objekts

Während der Latenzphase: Identifizierung mit der realen Mutter ▶ Willfährige Unterwerfung

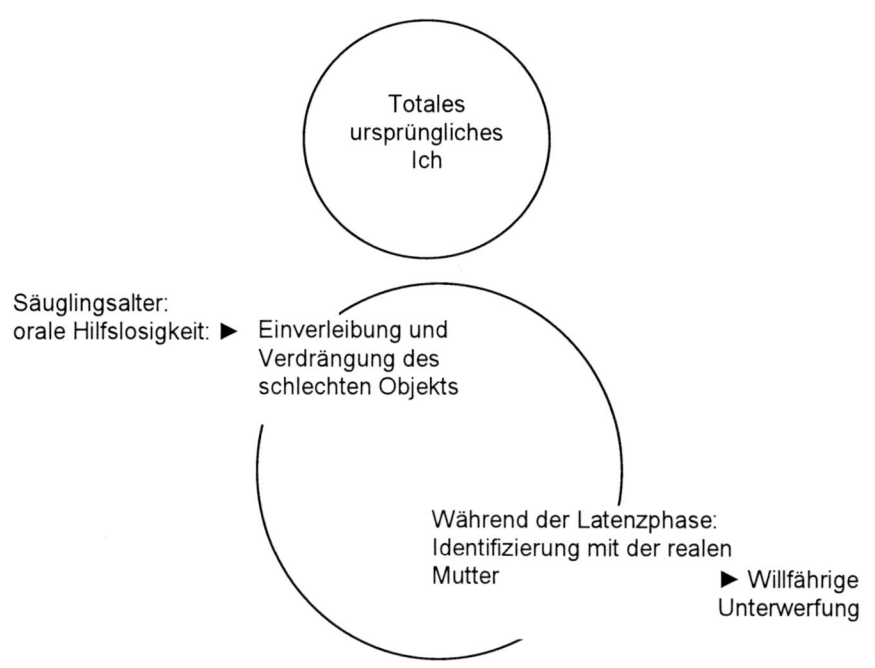

In der Pubertät: Spaltung zwischen dem einverleibenden Ich (dem Körper) und dem identifizierenden Ich (dem zentralen Ich)

schlechtes Objekt: Körper

zentrales Ich: Subjekt

Der libidinöse Anteil des Ichs, der mit dem schlechten einverleibten Objekt verbunden ist, wird abgespalten.

Das zentrale Ich gibt die Identifizierung mit der realen Mutter auf und identifiziert sich mit einem idealisierten Objekt (plus Über-ich-Komponenten).

Abbildung 10: Die Einverleibung des schlechten Objekts (aus: SELVINI PALAZZOLI 1982, S. 113)

Durch die Gefahr der Depersonalisierung bei einem Abzug der libidinösen Besetzung des Körpers als das inkorporierte schlechte Objekt muss dieser kontrolliert und bezwungen werden, damit er das zentrale Ich nicht überwältigt. Hunger[118] wird als Forderung des schlechten Objektes wahrgenommen, und bedeutet eine Bedrohung des Ich, wenn ihm nachgegeben wird[119]. Die Nahrungsverweigerung dient folglich dem Schutz der psychischen Struktur, deren Gleichgewicht in der Magersucht pathologisch und durch den Abwehrmechanismus der Spaltung gleichzeitig außergewöhnlich stabil ist.

Eine narzisstische Persönlichkeitsstruktur, die ihr tiefes Minderwertigkeitsgefühl und ihre Selbstzweifel durch Perfektionismus, Leistung, Attraktivität und dem übersteigerten Bedürfnis nach äußerer Anerkennung kompensieren will, zeigt eine Ich-Spaltung, die nicht nur für anorektische Frauen bezeichnend ist. Im Zuge des letzten Jahrhunderts lässt sich vielmehr ein gesellschaftlicher Narzissmus im Allgemeinen[120], sowie ein weiblicher Narzissmus im Speziellen[121] beobachten, der in der Anorexie seinen pathologischen Ausdruck findet, für den jedoch in seiner gesellschaftlichen und spezifisch weiblichen Ausprägung das mütterliche Fehlverhalten in seiner Ursächlichkeit relativiert werden muss. Durch die Entwicklung einer verstärkt narzisstischen Gesellschaftsstruktur aufgrund einer gesteigerten allgemeinen Lebensangst, sowie der zu beobachtenden Vereinzelung der Menschen, die in ihrer positiven Form die Individualisierung darstellt, erhöht sich die Selbstbezogenheit des Ein-

---

[118] Auch sexuelle Lustgefühle als genitale Form der infantilen oralen Lust nach Nahrungsaufnahme zur Bedürfnisbefriedigung werden als schlecht abgewehrt.
[119] Vgl. SELVINI PALAZZOLI 1983 S. 112 ff.
[120] Vgl. WANGH 1983
[121] Vgl. WARDETZKI 1991

zelnen[122]. Diesbezügliche Werte werden auch von Müttern internalisiert und an die Kinder weitergegeben[123]. Parallel zu dieser gesamtgesellschaftlichen Entwicklung entsteht die Emanzipationsbewegung[124], in der sich Frauen aus dem Patriarchat befreien wollen, aber aufgrund ihres über Jahrhunderte gewachsenen weiblichen Minderwertigkeitsgefühls in einen Zwiespalt von traditioneller Abhängigkeit und moderner Selbständigkeit geraten und die Lösung oft in einer Flucht in Extreme suchen. Eine der pathogenen Arten zu flüchten ist in unserem Zusammenhang die Magersucht.

Die Anwendung der Narzissmustheorie auch außerhalb der Psychoanalyse auf die Gesellschaftsstruktur hilft den Kulturcharakter unserer Zeit, im Sinne von spezifischen Werten aber auch Ängsten und den daraus resultierenden allgemeinen Verhaltensweisen, in ihrem Bezug zu den Veränderrungen der Sozialisationsbedingungen zu verstehen. Hier wird offensichtlich, wie stark die Persönlichkeit des Einzelnen bis hin zu ihren pathogenen Erscheinungen wie der Magersucht durch das Eingebundensein in die Strukturen einer spezifischen Gesellschaft geprägt ist, sich diese Strukturen aber nur durch den Menschen selbst auf diese Weise

---

[122] Die wachsenden Möglichkeiten des Menschen, die Welt durch Atomkraft, Chemie und Technik zu beherrschen, löst Faszination so wie Angst gleichermaßen aus. Denn gerade im Zeitalter von Umweltzerstörung und Nuklearwaffen ist das Bewusstsein für die lebensbedrohlichen Gefahren, in denen wir leben, in besonderem Maße ausgeprägt. Die narzisstische Haltung ist hier regressiv und abwehrbedingt, indem Ängste abgewehrt werden durch eine ausgeprägte Selbstbezogenheit des Einzelnen.

[123] *„Jede Mutter agiert auf einem Angstniveau, das dem ihrer Umgebung entspricht. Sie überträgt dieses auf den Säugling. Durch Ereignisse in der heutigen Zeit wurde das Grundniveau der Angst erhöht* (Anmerkung: Gemeint sind hier atomare Bedrohung, Umweltverschmutzung und ein daraus resultierendes Gefühl von latenter Angst um das eigene Leben.), *deren zersplitternde Wirkung wiederum durch eine der Abwehr und Wiederherstellung dienende Erhöhung des narzisstischen Niveaus kompensiert wird."* WANGH 1984, S.38

[124] siehe Kapitel 12 und 13

bilden konnten.. Diese Feststellung wird auch den folgenden Teil der Arbeit begleiten.

Speziell im Hinblick auf die Auseinandersetzung sowohl mit dem gesellschaftlichen Schönheitsideal, als auch mit allgemeinen Werten bezüglich des Körpers, der Ernährung sowie der Anpassung an den herrschenden Leistungs- und Perfektionsdruck ab Kapitel 8, sei hier darauf hingewiesen, dass dieses Kapitel auch eine Antwort auf die Frage ist, warum nicht alle Frauen an gesellschaftlichen Idealen erkranken, obwohl sie ihnen in gleicher Weise ausgesetzt sind. Denn wie bereits zu Beginn der Arbeit gesagt, sind die Ursachen für die Magersucht multifaktoriell, es gibt nicht *den einen Grund* für ihre Entstehung. In Bezug auf die hier thematisierte Körperschemastörung lässt sich jedoch sagen, dass narzisstisch gestörte Frauen anfälliger sind für die perfektionierte Übernahme von gesellschaftlichen Idealen aufgrund des Bedürfnisses, die für ihren Selbstwert notwendige gesellschaftliche Anerkennung zu erhalten. Der im weiteren Verlauf entwickelte soziologische[125] Ansatz ergänzt in diesem Sinne psychoanalytische Erklärungen und steht keineswegs im Widerspruch dazu.

Die Sozialisationsbedingungen für die Frau heute, mit deren Entstehung und Konflikten wir uns im Folgenden auseinandersetzen, sind demnach keine unabänderlichen Tatsachen, sondern müssen als Teil eines weiblichen Entwicklungsprozesses, der in aktiver Auseinandersetzung mit den gegebenen Strukturen stattfindet, betrachtet werden. Dies wird vor allem Kapitel 12 zeigen.

---

[125] siehe Kapitel 6 ff.

5. Epidemiologie

Die Bedeutung der Magersucht nicht nur als individuelle Psychosomatik, sondern als Phänomen der spezifischen Sozialisationsbedingungen für Frauen moderner Leistungsgesellschaften, spiegeln die Zahlen der folgenden Studien wider.

5.1. Methodische Hindernisse

Alle Studien zur empirischen Untersuchung der Anorexie unterliegen jedoch methodischen Problemen, die die Erhebung von Daten erschweren.

Obwohl es mittlerweile internationale Übereinkünfte für Beurteilungsschemata zur Definition einer Magersucht gibt[126], ist es im Einzelfall oft schwer, die Grenze zu benennen, ab wann Essverhalten als gestört gelten muss, da die Facetten einer Anorexie sehr verschieden sind. Für die Beurteilung werden in den Klassifikationsschemata vorwiegend die physische Symptomatik eines nicht medizinisch begründbaren pathogenen Untergewichts, sowie dessen somatische Konsequenzen zu Grunde gelegt. Dadurch wird zunächst eine hohe Spezifität[127] der Ergebnisse erreicht. Zur Beurteilung der wahren Prävalenz und Inzidenz der Magersucht ist es für die Gesamteffizienz jedoch notwendig, auch die Sensitivität[128] der Untersuchungsergebnisse hinzuzuziehen.

Gegenüber der Spezifität, die sich über die klinisch diagnostizierten Nichtfälle bestimmen lässt, ist die Errechnung der Sensitivität methodisch problematisch, da innerhalb einer Feldstudie sowohl die Erhebung

---

[126] Vgl. Kapitel 2
[127] Spezifität meint die Verwendbarkeit der empirischen Methode zur Erfassung negativer Fälle.
[128] Sensitivität meint die Verwendbarkeit der Methode zur Erfassung positiver Fälle.

positiver Fälle als auch die der noch nicht identifizierten Fälle notwendig ist.

Da die gängigen – meist medizinischen – Klassifikationsschemata jedoch psychische Symptome, wie einen sozialen Rückzug, die Fixierung auf das Körpergewicht, ein übermäßiges Interesse für Ernährung, eine verzerrte Körperwahrnehmung, sowie extremen Ehrgeiz und Perfektionismus nicht als mögliche Zeichen einer beginnenden Magersucht mit in die Diagnose einbeziehen, so lange ein medizinisch definiertes Normalgewicht besteht, werden gerade Frauen im Frühstadium der Erkrankung nicht identifiziert. Ebenfalls nicht erkannt werden die Fälle von Anorexie, die in ihrer Symptomatik atypisch sind und dadurch nicht mittels der standardisierten Klassifikationsschemata erfasst werden können.

Weiterhin treten Schwierigkeiten bei der Feststellung der wirklichen Inzidenz und Prävalenz der Anorexie auf. Da die für die Magersucht typische verzerrte Selbstwahrnehmung und fehlende Krankheitseinsicht, die die Magersüchtige oft erst im kachektischen Stadium[129] eine Klinik aufsuchen lässt, zu einer hohen Dunkelziffer nicht identifizierter Fälle führt, wird der Wert der administrativen Prävalenz, der auf Grundlage von Stichproben behandelter Patienten evaluiert wird, den Wert der wirklichen Inzidenz und Prävalenz vermutlich unterschätzen[130].

5.2. Studien zur Verbreitung der Anorexie

Trotz ihrer möglicherweise eingeschränkten Repräsentativität aufgrund der explizierten methodischen Probleme werden die folgend zitierten Studien über die Zunahme der Inzidenz und Prävalenz der Magersucht in den letzten Jahrzehnten deren Entwicklung zu einer gesellschaftlich relevanten Psychosomatik zeigen können.

---

[129] Das heißt mit lebensbedrohlichem Untergewicht.
[130] Vgl. FICHTER 1985, S. 35 f..

5.2.1. Prävalenz

Gemäß neuerer epidemiologischer Studien leidet fast 1% der weiblichen Jugendlichen an einer diagnostizierten Magersucht[131]. Es ist jedoch aufgrund der explizierten methodischen Probleme bei der Erfassung davon auszugehen, dass die Dunkelziffer der nicht identifizierten Fälle weit höher liegt. Die administrative Prävalenz allein ist in den letzten Jahrzehnten stetig angestiegen, beispielhaft veranschaulicht in der Studie der Universitätsklinik Münster.

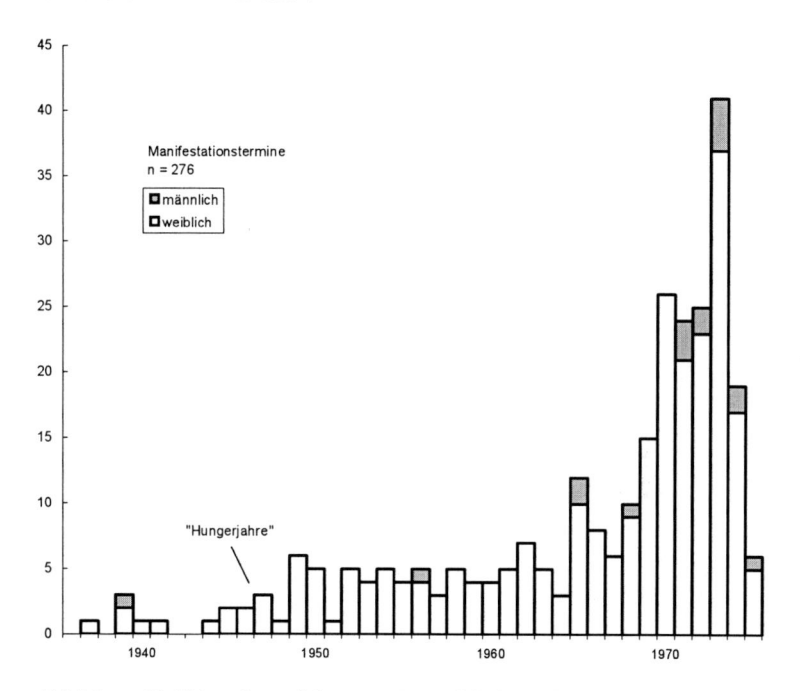

Abbildung 11: Erkrankungsjahr von 259 weiblichen und 17 männlichen anorektischen Klienten, die von 1928 bis 1975 in der Universitätsklinik Münster untersucht wurden (aus: KARREN 1990, S.23)

---

[131] Vgl. BUDDEBERG-FISCHER 2000, S. 7; PUDEL/WESTENHÖFER 1998, S. 225 f.

Unter der Annahme einer gleichmäßigen Zunahme der Anorexia nervosa Fälle ergibt ein Vergleich des ersten und des letzten 5-Jahres Intervalls einen durchschnittlichen Zuwachs der Erkrankungsrate von 110,5%. Folglich nimmt die Zahl der diagnostizierten Fälle um 1,105% im Vergleich zu den Neuerkrankungen des Vorjahres zu.

Bei FICHTER[132] finden sich einige meist administrative Studien aus den 70er und 80er Jahren, die ähnliche Ergebnisse eruiert haben.

Obwohl die öffentliche Diskussion der Magersucht in den letzten Jahren abgenommen hat, zeigen die Zahlen der in Anspruch genommenen medizinischen Leistungen von Anorexiepatientinnen und die Tatsache, dass mit der steigenden Erkrankungsrate auch die Mortalitätsrate der Magersüchtigen größer wird, dass das Problem keineswegs kleiner geworden ist.

	2000	2001	2002	2003	2004
F50 Essstörungen	12.452	13.550	14.116	12.600	11.455

Tabelle 3: Absolute Fallzahl vollstationärer Patienten und Patientinnen mit Essstörungen nach ICD10-F50, in: Deutsches Statistisches Bundesamt, Diagnosedaten der Krankenhäuser, 2005

	2000	2001	2002	2003	2004
F50 Essstörungen	81	82	113	85	81

Tabelle 4: Anzahl der Sterbefälle von Essstörungen nach ICD10-F50 in Deutschland Statistisches Bundesamt, Diagnosedaten der Krankenhäuser, 2005

---

[132] Vgl. FICHTER 1985, S.37 ff.

Vergleicht man zudem die Anzahl der diagnostizierten weiblichen Fälle von Überernährung bzw. Adipositas mit denen von Essstörungen – das heißt von Magersucht und Bulimie – wird deutlich, dass die öffentliche Diskussion über gestörtes Essverhalten nicht mehr vorwiegend im Zusammenhang mit Fettleibigkeit geführt werden sollte.

	2000	2001	2002	2003	2004
F50 Essstörungen	10.857	11.639	12.148	11.040	10.140
E65-E68 Adipositas und sonstige Überernährung	7.224	8.214	7.478	6.635	5.384

Tabelle 5: Absolute Fallzahl weiblicher vollstationärer Patienten und Patientinnen, in: Deutsches Statistisches Bundesamt, Diagnosedaten der Krankenhäuser, 2005

Signifikant ist auch das statistische Sterbealter bei Magersuchtspatienten. Wie die Tabelle zeigt, liegt es mehr als 29 Jahre unter dem statistischen Durchschnitt aller erkrankt verstorbenen Patientinnen.

	2000	2001	2002	2003	2004
Alle Krankheiten und Folgen äußerer Ursachen	79,5	79,7	79,9	80,1	80,0
F50 Essstörungen	54,1	50,3	44,7	53,0	50,2

Tabelle 6: Durchschnittliches Alter weiblicher Gestorbener in Jahren nach ICD10, in: Deutsches Statistisches Bundesamt, Todesursachenstatistik, 2005

Hinzu kommt der im Durchschnitt doppelt so lange stationäre Aufenthalt in Rehabilitationseinrichtungen von Patienten mit Magersucht im Gegensatz zum statistischen Mittel.

	2004
Alle Diagnosen/Behandlungsanlässe	25,9
F50 Essstörungen	48,8

Tabelle 7: Durchschnittliche Verweildauer in Tagen nach ICD10, in: Deutsches Statistisches Bundesamt, Diagnosedaten der Vorsorge- oder Rehaeinrichtungen mit mehr als 100 Betten, 2005

Magersucht tritt vorwiegend in den westlichen Wohlstandsgesellschaften auf[133]. Aufgrund des hier vorhandenen Nahrungsüberschusses erhalten Essen und Nahrungsaufnahme vermehrt außer der physischen eine psychische Funktionalität[134]. Die spezifischen Anforderungen, die in westlichen Leistungsgesellschaften an die Rolle der Frau gestellt werden[135], führen unter jener Voraussetzung zu psychischen Konflikten, die über eine Esssymptomatik, beziehungsweise über die Magersucht nach außen getragen werden[136]. Interessant wäre in diesem Zusammenhang die Kulturspezifität der Magersucht in einem interkulturellen Vergleich nachzuvollziehen. Der Umfang dieses Themas lässt eine Erarbeitung innerhalb dieser Arbeit nicht zu.

5.2.2.   Alters- und geschlechtsspezifische Verteilung

Probleme mit der Übernahme der erwarteten Frauenrolle können auch als Ursache für den sprunghaften Anstieg der Inzidenz in der Altersgruppe von 10 bis 25 Jahren angenommen werden.

---

[133] Vgl. PUDEL/WESTENHÖFER 1998, S.225 f.
[134] Vgl. Kapitel 8.2
[135] Vgl. Kapitel 11 ff.
[136] Vgl DIEDRICHSEN 1991, S.230; PUDEL/WESTENHÖFER 1998, S. 255 f.

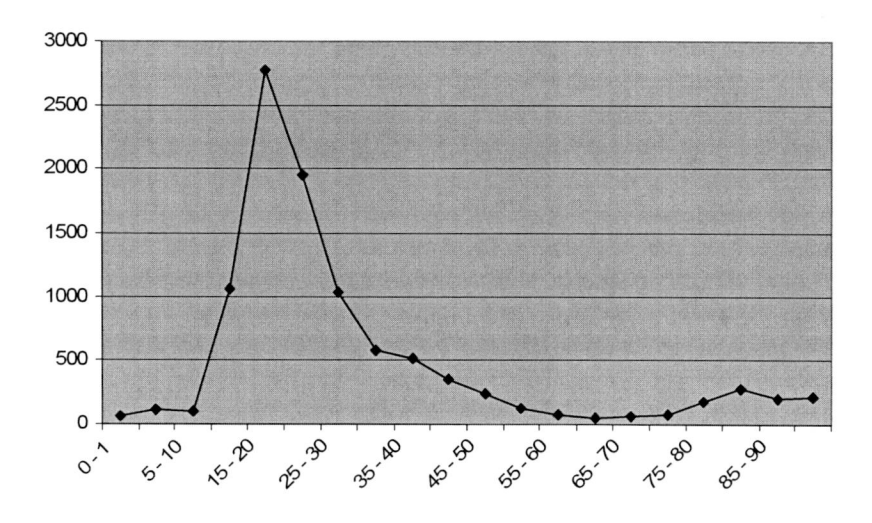

Abbildung 12: Diagnostizierte Essstörungen im Jahr 2004 nach Altersgruppierungen, nach ICD-10, F50, Stat. Bundesamt - Krankenhausdiagnosestatistik, 2003

Durch die biologischen und hormonellen Veränderungen in der Pubertät und einer damit einhergehenden Selbstunsicherheit sind Jugendliche grundsätzlich gefährdet, eine psychische Störung auszuprägen. Gerade junge Mädchen fühlen sich oft ihrem weiblichen Körper noch nicht gewachsen, so dass starke Dissonanzen zwischen Körper und Psyche entstehen können.

Obwohl der Anteil der Magersucht unter Männern in den letzten Jahren angestiegen ist[137], sind noch immer 90% der Fälle weiblich[138]. In welcher Weise die Emanzipationsgeschichte der Frau und die daraus

---
[137] Vgl. Kapitel 13.4
[138] Vgl. DIEDRICHSEN 1990; MEERMANN/VANDEREYCKEN 1987; KARREN 1990

folgende Rollenerwartung diese Zahl erklärt, wird das Thema des folgenden Teils der Arbeit sein.

6. Die Krankheit der Modernität

6.1. Zur Geschichte der Anorexia nervosa

Obwohl die Magersucht meist als moderne Frauenkrankheit etikettiert wird, gibt es das Phänomen des psychisch bedingten Hungerns bereits seit Beginn der Neuzeit. Aber erst seit dem Viktorianischen Zeitalter wird die Anorexia nervosa als klinisches Krankheitsbild erkannt und definiert, so dass eine Interpretation gemäß heutiger Maßstäbe möglich ist[139].

Während der ersten Hälfte des 19. Jahrhunderts bildeten sich die Grundlagen der modernen Medizin und Psychiatrie. Seelische Leiden wurden noch unter dem Begriff der Phrenologie behandelt, der sich vom griechischen „phren" = Geist ableitet. Ende des 19. Jahrhunderts ordnete man die Seele oder Psyche schließlich dem Gehirn zu, von dem ausgehend die Charaktereigenschaften des Menschen gesteuert werden sollten[140]. Die Phrenologie bereitete der Hirnforschung und psychosomatischen Medizin den Weg und war grundlegend für die Entdeckung der Magersucht.

---

[139] Die historischen Dokumente bezüglich bewussten Hungerns vor dieser Zeit bewegen sich eher in religiös spirituellem Raum und werden als seltsame Phänomene des Hungerns gekennzeichnet. Trotz derselben Symptomatik sind sie wenig vergleichbar mit der Anorexie unserer Zeit.

[140] Die Ansicht, dass die verschiedenen psychischen Funktionen je ein spezifisches Teil des Gehirns beanspruchen, wurde von Franz Josef GALL (1758 – 1828) zu einer neuen Wissenschaft der zerebralen Lokalisationslehre entwickelt. Er war davon überzeugt, dass ein direkter Zusammenhang bestehe, zwischen der Schädelform und einigen typischen Charakterzügen des Menschen. GALL nannte seine Lehre „Granologie" oder „Granioskopie". Die Theorie wurde unter dem Namen „Phrenologie" populär, eine Bezeichnung, die sich GALL'S Schüler JOHANN CASPAR SPURZHEIM (1776 – 1832) ausdachte. S. VANDEREYCKEN U.A. 1990, Seite 184.

Mitte des 19. Jahrhunderts veröffentlichte der französische Psychiater LUIS VICTOR MARCEE (1828 - 1864) eine Fallstudie über eine besondere Form „hypochondrischen Wahns"[141], der sich durch bewusste Nahrungsverweigerung kennzeichnete und vorwiegend bei jungen Mädchen auftrat.

Medizinische Bedeutung erlangte die Magersucht jedoch erst durch den englischen Arzt WILLIAM WHITNEY GULL (1816 – 1890) und den französischen Arzt ERNEST CHARLES LASEGUE (1816 – 1883), die zeitgleich und unabhängig voneinander anhand von Fallstudien ein neues Syndrom der psychisch bedingten Nahrungsverweigerung ohne somatischen Krankheitsbefund des Magens erkannten. LASEGUE führte dafür den Begriff der Anorexie ein, der auch heute noch als Bezeichnung für die Magersucht Gültigkeit hat. Der Streit der beiden Mediziner, wer die Krankheit zuerst entdeckt hatte, spielt für uns hier keine Rolle[142]. Die Ärzte diagnostizierten jedoch sowohl in Frankreich als auch in England dieses Phänomen, so dass von einem gehäuften Auftreten von Fällen junger Frauen mit der Psychosomatik der Nahrungsverweigerung zu dieser Zeit auszugehen ist.

Da sich die heutige Psychoanalyse zur Genese der Magersucht auf Theorien SIGMUND FREUDS (1856 – 1939) stützt, soll er hier ebenfalls erwähnt werden. Obwohl er die Anorexie bereits früh kennen gelernt haben muss (durch einen Paris-Aufenthalt 1885 – 1886), fand das Phänomen in seinen Werken wenig Beachtung. In seinem „Entwurf einer wissenschaftlichen Psychologie" beschrieb er eine essgestörte Frau, die zwar als anorektisch bezeichnet wird, jedoch als Beispiel in der Kategorie der phobischen Angst gewählt wurde.

Die wesentlichste Aussage macht FREUD in seiner Studie über die Melancholie, in der er zur Anorexie sagt, dass *„die der Melancholie pa-*

---

[141] Vgl. VANDEREYCKEN U.A. 1990, S.187
[142] Vgl. VANDEREYCKEN U.A. 1990 und SELVINI PALAZZOLI 1982

rallele Essneurose die Anorexie ist. Die berühmte Anorexia nervosa scheint mir nach guter Beobachtung eine Melancholie bei unterentwickelter Sexualität zu sein."[143]

Im Vergleich mit Frankreich und England fällt also auf, dass die Magersucht zu dieser Zeit in Deutschland noch wenig Beachtung fand, obwohl sich zwischen den beiden Weltkriegen die Definition der Pubertätsmagersucht für die Anorexia nervosa auch hierzulande etablierte.

In Amerika konnte sich die Akzeptanz der Magersucht als psychische Erkrankung und nicht als bewusstes, gespieltes Hungern noch viel später als auf dem europäischen Kontinent durchsetzen. Es scheint, als ob amerikanische Ärzte die „europäische Hysterie" nicht für ihr Land akzeptieren wollten und sie deshalb zunächst als absichtliches Schauspiel der Frauen erklärten[144].

Kehren wir zurück zu den Wurzeln der Magersucht in Europa und ihrem Zusammenhang mit dem kulturellen Kontext in dem sie steht. Obwohl RENE DEKARTES (1596 – 1650) bereits lange vor der Medizin des 19. Jahrhunderts ein neues Menschenbild entwarf, in dem Körper und Seele (Soma und Psyche) nicht unbedingt eine Einheit bildet, sondern getrennt voneinander im Menschen wirken, wurde das von ihm aufgeworfene Problem des Dilemmas zwischen Leib und Seele erst in den nachfolgenden Jahrhunderten zur Kernfrage der Psychologie[145].

Ursächlich dafür waren die Umwälzungen sowohl in der Arbeitswelt als auch in der Politik und im Familienleben des späten 18. Jahrhunderts. Durch die Agrarrevolution fanden Hungersnöte ein Ende, die Mortalität der Bevölkerung sank aufgrund demographischer Veränderungen, ihre Dichte wuchs. Die industrielle Revolution brachte die Massenproduktion und im Zuge der sozialpolitischen Reform etablierte sich das Bürgertum.

---

[143] Vgl. FREUD 1895
[144] Vgl. VANDEREYCKEN U.A. 1990
[145] Vgl. VANDEREYCKEN U.A. 1990

Begleitet von den gegensätzlichen Strömungen der Aufklärung und der Romantik gewannen die Humanwissenschaften – also auch die Psychologie – an Bedeutung[146]. So bildeten die industrielle Revolution des 19. Jahrhunderts gemeinsam mit den neuen Erkenntnissen über Psychosomatik den Hintergrund, auf dem wir die Entwicklung der Anorexie seit dem Viktorianischen Zeitalter verfolgen wollen. Schon hier sei darauf hingewiesen, dass die spezifischen soziokulturellen Rahmenbedingungen, denen Frauen sowohl im 19. Jahrhundert als auch heute ausgesetzt sind, sich trotz des unterschiedlichen historischen Kontextes in ihrer deterministischen Struktur gleichen.

Die Perspektiven, unter denen wir die Anorexie der Viktorianischen Zeit im Folgenden betrachten, sollen einen Vergleich mit der Gegenwart möglich machen. Ohne zu weit greifen zu wollen, drängt sich die Frage auf, ob Frauen heute wirklich freier und autonomer in ihrer Lebensgestaltung sind als in früherer Zeit, oder ob sich nicht aufgrund des veränderten sozioökonomischen Kontextes nur die Art der Zwänge, denen sich Frauen unterordnen, geändert hat. Die Dokumentation der historischen Entwicklung der Emanzipation und damit einhergehend die Etablierung der Magersucht, spiegelt wider, dass eine Reihe viktorianischer Denkmuster bezüglich der Frauenrolle noch immer – wenn auch nicht mehr derart aufdringlich – in unserem heutigen Wertesystem verankert sind. Es ist daher wichtig und notwendig, auch hinsichtlich der Entwicklung der Magersucht festzuhalten, dass die Emanzipation der Frau längst noch nicht zu Ende sein kann.

6.2. *Die trügerische Idylle der bürgerlichen Kleinfamilie*

Im Zuge der Industrialisierung verlor die Großfamilie als Arbeits- und Zweckgemeinschaft immer mehr an Bedeutung und wurde von einem

---

[146] Vgl. TÖNNIES 1979

neuen bürgerlichen Familienideal abgelöst[147], welches aus der Kleinfamilie bestand, die sich gegen die übrige Gesellschaft abgrenzte. Dass dieser Familientypus im 18. und 19. Jahrhundert zum maßgeblichen Modell wurde, lag an der durch die Industrialisierung ausgelöste Landflucht junger Menschen in die Städte. Die kleine geschlossene Familiensituation von Mann, Frau und Kind sollte eine Zufluchtsstätte gegenüber den äußeren Streitigkeiten und Bedrohungen der neuen Welt sein. Die Kleinfamilie prägte neue Rollenmuster aus, in denen der Mann zum Hauptemährer der Familie wurde, während die Frau als Hausfrau und Mutter bei den Kindern blieb. Die Erziehung oblag ihr nun ganz, da die Verwandtschaft in der häuslichen Gemeinschaft der früheren Großfamilie nicht mehr da war. Aus der Zwangssituation eine Tugend machend, entwickelte das Bürgertum eine „Heimchen-am-Herd-Romantik", die vollkommene Familienidylle demonstrierte. Um sich gegenüber dem Elendsmilieu der Großstadt abzugrenzen, etablierten sich moralische Werte wie Fleiß, Pflichterfüllung, Mäßigung, Disziplinierung und Gewissensbildung. Hinter der vermeintlichen Idylle verbarg sich jedoch eine Explosivität unterdrückter Emotionen. Die Familienmitglieder waren psychologisch, sozial und wirtschaftlich aneinander gebunden. Das Streben nach moralischer Erhabenheit im Elend der Großstadt verlangte unbedingte Loyalität, duldete keine öffentlichen Konflikte und schuf einen Mutterschaftskult, der das Gefängnis des engen Heims zur moralischen Festung romantisierte[148].

Es wurde eine heile Welt demonstriert, in der kein Platz war für ehrliche Emotionen. Trotz der vermeintlichen Nähe zwischen den Familienmitgliedern konnten keine echten Beziehungen aufgebaut werden, die sowohl für das Zusammensein als auch für Individualität und Intimsphäre Raum ließen.

---

[147] Vgl. VANDEREYCKEN U. A. 1990
[148] Vgl. VANDEREYCKEN U. A. 1990

Diese Haltungen prägten auch den Erziehungsstil des 19. Jahrhunderts. Erziehung war moralisches Training, gekennzeichnet durch ein Strafsystem, das auf das Ausprägen von Fleiß, Pflichtbewusstsein und Mäßigung gerichtet war. So wie die Idylle der Familie eine äußere war, wurde auch die Erziehungspraxis nur vermeintlich verbessert. „An die Stelle der physischen traten jetzt geistige Strafen. Statt brutaler Gewalt übte man subtile Manipulation."[149] Die seelische Verletzung der Kinder auf diese Art wog jedoch mindestens so schwer wie die frühere körperliche Züchtigung.

In der Zeit des überwundenen Hungers begann auch die Instrumentalisierung der Nahrung, auf die in Kapitel 8.2 noch näher eingegangen wird. Bereits in der viktorianischen Erziehung wurde Nahrungsentzug als probates Mittel der Bestrafung entdeckt, und das Essen auf diese Weise funktionalisiert. Selbst die pädagogische Kinderliteratur griff diese Thematik auf, in der der „Struwwelpeter" (1844) von HEINRICH HOFFMANN (1809– 1894) das wohl bekannteste Beispiel ist. Die Geschichte des Suppenkaspers, der aufgrund seiner Nahrungsverweigerung dünn wie ein Strich schließlich stirbt, sollte Kinder davor warnen, Aufsässigkeit zu zeigen. Gegessen wurde, was auf den Tisch kam[150].

Erst Ende des 19. Jahrhunderts im Zuge der Entwicklung der Psychoanalyse durch FREUD rückte das Kind mehr in das Interesse von Eltern und Pädagogen. Dennoch boten die engen Wertevorstellungen der Kleinfamilie wenig Raum zur Entwicklung einer eigenen Persönlichkeit. In dem Bemühen um erzieherische Verantwortung wurde versucht, dem Kind die eigenen idealisierten Werte zu vermitteln, wobei sich besonders

---

[149] Vgl. VANDEREYCKEN U .A. 1990, S. 233

[150] Obwohl in dieser Zeit GULL und LASEGUE darauf hinwiesen, dass Trotzreaktionen von Nahrungsverweigerung auf familiäre Spannungen hindeuteten, scheuten sie sich, dies auch öffentlich zu sagen und befürworteten lediglich ein Behandeln der potentiellen Anorektikerin außerhalb der Familie.

Mädchen mit ambivalenten Rollenerwartungen konfrontiert sahen. Während zuhause die Mutter die traditionelle Hausfrauenrolle verkörperte, entwickelten sich gesamtgesellschaftlich erste Emanzipationsbewegungen. Auch die sexuelle Entwicklung war geprägt von Begrenzungen. Die in bürgerlichen Familien tabuisierte Sexualität versteckte sich in dem Ideal von Moralität und reiner Sexualität, nur erlaubt im Rahmen des ehelichen Kinderzeugens. Realitätsferne Moral erschwerte jungen Mädchen die Identifikation mit der Frauenrolle. Der Rückzug in eine Psychosomatik bot Schutz, dem abgelehnten Ideal entsprechen zu müssen. Warum junge Mädchen in diesem Zusammenhang gerade die Nahrungsverweigerung und das krankhafte Diäthalten als Problemlösungsstrategie empfanden, werden die folgenden Kapitel zeigen.

6.3. Die Gefahr der Pubertät

Dem Kind wurde, wie bereits oben erwähnt, im Laufe des Jahrhunderts immer größere Beachtung geschenkt. Als Wegbereiter dieser pädagogischen Entwicklung gilt der französische Philosoph JEAN-JACQUES ROUSSEAU (1712 – 1778), der in seinem Buch „*Emil ou de l'education*" (1762) scharf die Haltung, Kinder wie Erwachsene zu sehen, kritisierte. Es sollte bewusst zwischen Kinder- und Erwachsenenwelt unterschieden werden. Die Übergangszeit bildete die so genannte Adoleszenz. Das Bürgertum des 19. Jahrhunderts griff diese Anregungen auf und befürwortete eine Erziehung, in der Jugendliche am Besten in Gleichaltrigengruppen, z.B. in Internaten, aufwuchsen.

Damit konnte auch gesichert werden, dass sich die Heranreifenden nicht durch den engen Kontakt zu Erwachsenen abweichend von den hochgehaltenen Moralvorstellungen frühreif entwickelten. Das Leben der Jugendlichen wurde auch in der Freizeit von Erwachsenen organisiert, so dass sich der Status der Adoleszenz immer mehr verfestigte.

Die mit dieser Lebensphase verbundenen Probleme gewannen erst in der Epoche des Sturm und Drang durch das Werk „Adolescence" (1904) von STANLEY HALL (1844 – 1924) maßgeblich an Bedeutung[151]. Sein Werk schließt an die Arbeiten des deutschen Physiologen WILHELM PREYER (1842 – 1897) an, der durch sein Werk „Die Seele des Kindes" (1882) die Grundlagen für die Entwicklungspsychologie des Kindes legte. HALL begann seine Forschungen da, wo PREYER aufhörte (nach der Kindheit) und bestätigte so die durch CHARLES DARWINS (1809-1882) Evolutionstheorie und dessen Aufzeichnungen über die Entwicklung seines kleines Sohnes entstandene Sichtweise des Zusammenhangs zwischen den verschiedenen Entwicklungsstadien der menschlichen Rasse und der in Phasen ablaufenden Entwicklung des einzelnen Menschen vom Kind zum Erwachsenen.

Für die Elterngeneration der Viktorianischen Zeit wurde der neue Jugendliche zum Sorgenkind. Die moderne Schnelllebigkeit und der aufkommende Wohlstand wurden zwar begrüßt, lösten aber gleichzeitig Ängste vor ungebremster jugendlicher Dekadenz aus, der mit besonders rigiden Erziehungsmaßnahmen entgegengewirkt wurde. Aus Angst vor

---

[151] *„Für HALL war die Adoleszenz eine strukturelle Entwicklungsphase, die biologisch bestimmt ist - im Grunde meinte er die Pubertät - und, anthropologisch betrachtet, universell und unveränderlich erscheint. HALL war ein sozialer Darwinist, dessen psychologisches Entwicklungsmodell unverkennbar genetisch evolutionär war, wobei die Rekapitulationstheorie der Kerngedanke war. Jedes Einzelwesen wiederhole in seinen eigenen Entwicklungsphasen die wichtigsten Schritte in der – biologischen – Evolution der menschlichen Rasse. Die Adoleszenz spielt dabei eine wichtige Rolle, weil sie nach dieser Theorie die rezenteste Evolution der Menschheit rekapituliert. In der Adoleszenz offenbare sich der Sturm und Drang in einer empfindlichen Übergangszeit in der gesellschaftlichen Entwicklung. Die Menschheit zu Anfang des 20. Jahrhunderts stehe auf der Schwelle von wichtigen Veränderungen und werde genaue wie die Adoleszenz von einem gewaltigen Potential an Wachstum und Fortschritt gekennzeichnet. Diese können jedoch aus dem Gleis geraten, wenn sie nicht in die richtigen Bahnen gelenkt würden."*
(VANDEREYCKEN U.A. 1990, S. 240).

dem Wegfall der traditionellen Moralvorstellungen und Anstandsregeln verfolgten gerade die höheren sozialen Klassen eine stark rollenspezifische Erziehung. Während der Mann erfolgreich einem Beruf nachgehen sollte, war die Frau für das familiäre Wohl zuständig. Werte, die auch heute noch in konservativen Familiensystemen hochgehalten werden.

6.4. Der Preis des weiblichen Widerstandes

Im Laufe des 19. Jahrhunderts festigte sich die Hegemonie der Bourgeoisie. Doch die Industrielle Revolution um 1900 brachte aufgrund des aufkommenden Kapitalismus, der Massenproduktion und der sich ausdehnenden nationalen und internationalen Handelsmärkte Verschiebungen und Neuordnungen in der Sozialstruktur der Gesellschaft mit sich. Diese Neuerungen stellten eine Gefahr für die traditionellen Werte dar und lösten daher ambivalente Haltungen aus, von denen besonders die Frau betroffen war.

In dieser Zeit des allgemeinen Aufbruchs bildeten sich erste Frauenbewegungen mit dem Ziel einer intellektuellen Selbstverwirklichung. Das bis dahin gültige Ideal der Frau als Hausfrau und Mutter geriet ins Wanken. Gesellschaftlich, vor allem von Männern inszeniert, entstand ein regelrechter Hass auf die neue Frau, die der patriarchalisch professionalisierten Mutterschaft als das wahre „Frau-Sein" und natürlicher Berufung den Kampf ansagte. Mediziner unterstützten die konservative, traditionelle Frauenrolle, indem sie das Leben der Frau von der Pubertät bis zur Menopause durch einen Reproduktionsrhythmus bestimmt sahen, welche diese durch die Menstruation jeden Monat auf ihre Bestimmung zur Hausfrau und Mutter aufmerksam machte.

Die populäre Aufklärungsliteratur enthielt Warnungen, junge Mädchen sollten ihre durch die Geschlechtsreife entstandene Energie allein für die Fortpflanzung bewahren und sich nicht an ihrer weiblichen Natur versündigen, indem sie sich außerhäuslich in intellektuellen oder sportlichen Tätigkeiten engagierten. Da aber gerade die Pubertät mit dem Erwachen von starken Emotionen und sexuellen Gefühlen eine stetige Gefahr für die traditionale Bürgerfamilie bedeutete, bemühten sich Eltern, die Töchter möglichst schnell in den sicheren Hafen der Ehe zu bringen, wo sie sich dann in moralischer Ordnung ihrer vorgegebenen Rolle als Frau widmen sollten.

Dennoch war die Frauenbewegung nicht aufzuhalten. Mit seinem Buch „*The Subjection of Women*" (1869) verfasste der englische Philosoph STEWART MILL (1806 – 1873) ein Werk, das zum Manifest der neuen Frau wurde. Mit seiner liberalen Haltung, dass jeder Mensch seine eigene Identität entwickeln können solle, entkräftete MILL die konservativen Behauptungen, Frauen eigneten sich nicht für öffentliche Ämter und besäßen keine intellektuellen und künstlerischen Fähigkeiten.

Obwohl die emanzipierten Frauen der Viktorianischen Zeit in der so genannten „Suffragetten-Bewegung"[152] zunächst nur für das Frauenwahlrecht kämpften, brachten ihre Bemühungen die gesamten traditionellen Werte ins Wanken.

Im Juli 1848 begann mit der „Seneca-Falls-Convention" im Staate New York die erste feministische Revolte in den Vereinigten Staaten, in der Frauen in einer „Declaration of Rights and Sentiments" Gleichberechtigung im gesamten öffentlichen Leben forderten. Sie wollten das Wahlrecht, ein Recht auf Scheidung, die Gleichbehandlung im Arbeitsleben und das Recht auf eine berufliche Ausbildung. Und mit diesen Forderungen waren die Frauen noch Jahrzehnte von einer sexuellen Befreiung entfernt. In einem öffentlichen Hungerstreik, symbolisch für die Verweigerung der viktorianischen Werte bezüglich der Frauenrolle, eskalierte die Bewegung.

---

[152] suffrage=Stimmrecht

Die Emanzipationsbestrebungen mussten jedoch von vielen Frauen mit einem hohen Preis bezahlt werden. Sowohl physisch als auch psychisch hielten sie dem Druck der Doppelbelastung nicht stand[153]. In dem Interessenkonflikt zwischen familiärer Verpflichtung und Kampf um Gleichberechtigung wurde das Gefühlsleben von Frauen untergraben. Zusätzlich standen sie unter dem seelischen Druck, ihrem Umfeld ständig durch besondere Leistungen ihr Recht auf Gleichberechtigung zu beweisen. Die in dieser Zeit auftretenden hysterischen Krankheiten der Frau des Bürgertums, wie plötzliche Atemnot, Unwohlsein oder Lähmungserscheinungen[154], waren die psychosomatischen Folgen der Überforderung. Die Entwicklung dieser Psychosomatik begründen VANDEREYCKEN U.A. folgendermaßen:

1. *„Die Erziehung konditionierte viele Mädchen zu psychisch verletzlichen Frauen mit einer unzulänglichen Entwicklung ihrer Identität oder eines Selbstwertgefühls.*
2. *Sozialisierungsmuster und kulturelle Werte erhöhten die Hysterie zu einer annehmbaren und attraktiven Alternative.*
3. *Die hysterische Rolle erbrachte einen sekundären Gewinn in Form einer Machtposition innerhalb der Familie."*[155]

Die konservativen Mediziner dieser Zeit versuchten demgegenüber den Leiden der neuen Frau einen biologischen Ursprung zu geben und setzten dabei an den traditionellen viktorianischen Werten der schwachen unzulänglichen Konstitution der Frau an. Die Etablierung der neurologischen Medizin führte nach 1870 dazu, dass die Hysterie statt dem gynäkologischen dem Fachgebiet der Nervenärzte zugeordnet wurde. Aber

---

[153] Deutet sich vielleicht bereits hier an, dass die Emanzipation der Frau eine falsche Intention hat? Statt auf eigene Bedürfnisse zu achten, wird lediglich versucht männliche Ideale zu perfektionieren und mit traditionellen Werten in Einklang zu bringen. Die Suche nach der wirklichen weiblichen Identität wird so verpasst.
[154] Vgl. FREUD/BREUER 1895
[155] VANDEREYCKEN U.A. 1990, S.250

gleich welchen Ursprungs, die hysterische Frau fand kein medizinisches Verständnis. Entweder hatte sie eine biologische Schwäche oder war für ihr Leiden aufgrund eines unweiblichen Lebensstils selbst verantwortlich.

Die typische amerikanische Bezeichnung der Neurasthenie als psychosomatische Erkrankung der Viktorianischen Zeit, geprägt von dem Neurologen George MILLER-BEARD (1839 – 1883), bezeichnete eine Nervenerschöpfung, bei der alle Organe in Mitleidenschaft gezogen werden konnten. Insbesondere traten Verdauungsstörungen und Appetitmangel auf. Dass es sich hierbei um eine Zivilisationskrankheit handelte, beweist ihr epidemisches Auftreten vor dem Hintergrund des stressreichen Lebens der Mittelschicht im Amerika der Industriellen Revolution.

Heilung sollte eine Ruhekur weg von Zuhause mit reichhaltiger Nahrung bringen. Auffallend sind in diesem Krankheitsbild die Parallelen zu der heutigen Form der Anorexie. Mangelernährung und Hyperaktivität mit dem immer noch aktuellen Therapievorschlag der außerhäuslichen Behandlung, zeigen die Gemeinsamkeiten in der Struktur der seelischen Reaktion auf soziale und psychische Konflikte von der Neuzeit bis heute. Damals wie heute flüchteten Frauen auf „*passiv-aggressiv Weise*"[156] in eine Krankheit, um dem psychischen und sozialen Druck, dem sie sich ausgesetzt fühlen, zu entgehen.

6.5. Rebellion innerhalb der Etikette

Der Blick auf die Kultur- wie auch die Literaturgeschichte zeigt, dass die psychisch funktionale Nahrungsverweigerung, die in Medizinerkreisen des 19. Jahrhunderts erstmals offiziell als psychosomatisches Phänomen erkannt wurde, in der Gesellschaft bereits in ihrer Symbolik verstanden werden konnte, auch ohne den Begriff der Anorexie zu kennen.

---

[156] Vgl. VANDEREYCKEN 1990, S. 252

So wird 1809 in J. W. VON GOETHES Wahlverwandtschaften[157] die Nahrungsverweigerung der Ottilie zur Affirmation der herrschenden Gesellschaftsordnung und gleichzeitiger Rebellion gegen diese durch das Hungern bis in den Tod[158]. Ottilies symbolhaftes Hungern stellt sicher nur einen – wenn auch wesentlichen – Aspekt einer vielschichtigen Charakterisierung von Mentalität, Moral und den sozialen Verhältnissen des Landadels im 19. Jahrhundert dar. Es ist jedoch bemerkenswert, in welcher Weise diese sozialen und familiären Umstände, die zu Ottilies pathogener Nahrungsverweigerung führen, mit den heutigen sozialen Bedingungen, in denen die Magersucht auftritt, vergleichen lassen[159].

Diese Flucht von Frauen in eine Essstörung, um dem Druck gesellschaftlicher Erwartungen und den Ansprüchen einer traditionellen Etikette zu entgehen, wird auch in den Biographien verschiedener Prinzessinnen bereits seit dem 19. Jahrhundert deutlich. Bis in die heutige Zeit, in der zusätzlich Stars und Prominente die Funktion der bewunderten und umschwärmten Prinzessinnen übernehmen, existieren für diese ebensolche gesellschaftlichen Erwartungen an ihre Rolle, deren Erfüllung im medialen Zeitalter weltweit beobachtet und öffentlich diskutiert werden.

Zu Beginn des 19. Jahrhunderts zeigte Kaiserin Sissi von Österreich bereits das uns heute bekannte Symptombild einer Magersüchtigen. Sie aß nur ausgewählte Speisen, die ihren Ernährungsvorstellungen entsprachen und trieb exzessiv Sport – für eine Frau dieser Zeit sehr ungewöhnlich –, alles mit dem Ziel einer gertenschlanken Figur. Auf der Suche nach einer Identität jenseits der protokollarischen Pflichten, die keinen Platz für ihr eher unkonventionelles Naturell ließen, hatte sich Sissi

---

[157] Vgl. J: W. VON GOETHE 1809
[158] Vgl. KLEBER 1993, S. 109 ff.
[159] Eine ausführliche Analyse von GOETHES Wahlverwandtschaften aus der Perspektive der hungernden Ottilie in ULRIKE PROKOP 2004.

durch die Beherrschung ihres Körpers einen Bereich geschaffen, in dem sie allein die Kontrolle ausübte[160]. Eine passive Rebellion, die dennoch aus heutiger Sicht als das symbolische Aufbegehren einer unterdrückten Weiblichkeit zu werten ist.

Mehr als ein Jahrhundert später ist die Anorexie zwar als psychosomatische Erkrankung anerkannt, dennoch wird sie häufig von den Betroffenen und auch deren Angehörigen verleugnet. Das willentliche und gleichzeitig zwanghafte Hungern stößt noch immer in der Gesellschaft auf Unverständnis und Ablehnung. Es ist schwierig, die meist aktiven und nach außen so selbstsicheren Magersüchtigen, die ihre Symptomatik teilweise bis in den Tod als richtig verteidigen, mit dem Verständnis für eine Kranke zu betrachten.

Vor diesem Hintergrund steht das öffentliche Bekenntnis der britischen Prinzessin Diana, an einer Essstörung zu leiden, Anfang der 90er Jahre des 20. Jahrhunderts als der Beginn eines neuen Umgangs mit diesem Problem in der Öffentlichkeit. *„[Diana demonstriert] am individuellen Leiden das Schicksal der Frauen, nicht nur ihre Gefühle, sondern ihren Körper in Erwartungen eingesperrt zu sehen, auf die der Körper selbst mit Essstörungen, eating disorder, reagiert."* *„Diana war als Projektionsfläche für eine weibliche Identifikation durch einen exemplarischen Lebenslauf prädestiniert, der alle Elemente des Leidens der Frau an einer halbierten Moderne enthielt."*[161] Bis heute sind seitdem immer mehr Fälle von Magersucht im Hochadel oder unter den Medienstars durch die einschlägige Presse bekannt geworden.

---

[160] Vgl. VANDEREYCKEN U. A. 1990, S.265 ff.
[161] GEPHART 1999, S.166 und S.164. Die spezifische Bedeutung von Diana als Mediengestalt will ich hier nicht weiter vertiefen. Vgl. dazu: GEPHART U.A. 1999

7. Die Anorexie als ethnische Störung

Die Wurzeln der Magersucht in der Industriellen Revolution des 19. Jahrhunderts in Europa und Amerika sowie die Erkenntnisse der epidemiologischen Forschung zeigen, dass die Anorexie in ihrer Symptomatik nur in bestimmten Gesellschaftsstrukturen auftritt. GEORGES DEVEREUX nennt Verhaltensmuster, die nur in einem individuellen Kulturraum auftreten, von diesem definiert und als von der Norm abweichend angesehen werden, kulturgebundene Symptome, so genannte ethnische Störungen

Da die nachfolgenden Kapitel zeigen werden, inwieweit die Magersucht nur durch bestimmte sozioökonomische Bedingungsstrukturen entstehen kann, und der kulturelle Faktor für die Ätiologie daher von elementarer Bedeutung ist, soll die Definition der ethnischen Störung nach DEVEREUX die Grundlage bilden, auf der sich die Analyse aufbaut[162].

Eine ethnische Störung ist eine allgemein bekannte und etablierte Form des Normenverstoßes. Sie widerspricht den gültigen Werten und Regeln der jeweiligen Gesellschaft. Auch die Magersucht verhält sich entgegengesetzt dem normalen Umgang mit Essen und Körpergewicht. Die Verhaltensmuster ethnischer Störungen werden charakterisiert durch das Inszenieren eines Rituals, einer Handlungsweise, die sie von der Gesellschaft abgrenzt, so wie die Magersüchtige ihren ausgezehrten Körper vorführt.

Dadurch dass die ethnische Störung auf der Basis zentraler Themen des kulturellen Kontextes existiert, und diese zum Zweck der intrapsychischen Konfliktabwehr verformt, kann das Individuum in seinen

---

[162] Vgl. DEVEREUX 1974, Anmerkung: Obwohl DEVEREUX nicht explizit auf das Phänomen der Anorexie eingeht, lässt sich seine Definition der ethnischen Störung auf diese anwenden.

Handlungen als krank und nicht als bösartig klassifiziert werden. Die Magersucht wurde im Laufe der Jahrhunderte immer mehr zu einer ethnischen Störung, je mehr ihre Verhaltensweisen, die Körperkontrolle und Diäthalten gesellschaftlich nachvollzogen werden konnten.

So ist die ethnische Störung eine sozial anerkannte Methode, mit psychischen Spannungen umzugehen ohne als verrückt betrachtet zu werden. Sie bedient sich bestimmter Kulturtechniken, die psychischen Abwehrzwecken dienen. Als Elemente der jeweiligen Gesellschaft sind sie auch aus einer soziologischen Perspektive zu beschreiben. Bemerkenswert ist hier, dass die Magersucht in ihrer Symptomatik eine kulturell angepasste Methode des Fehlverhaltens zum Abbau seelischer Spannungszustände darstellt, indem die Körperkontrolle heute zu einer verbreiteten Praktik geworden ist[163].

Aber: Psychoanalytisch betrachtet ist die Anorexie ein Abwehrmechanismus für nicht bewältigte seelische Konflikte, das heißt, dass die Essgestörte möglicherweise von ihrem Umfeld missverstanden wird. Sie trägt nur scheinbar einen Konflikt nach außen. In Wahrheit verstrickt sie sich durch ihr leidvolles Hungern immer mehr in ihrem tief verwurzelten Problem.

Die ethnische Störung fungiert als ein Modell des Fehlverhaltens, das noch im Akzeptanzbereich liegt. Dadurch könnte sie im Laufe der Zeit wieder an Bedeutung verlieren, da die Modellfunktion der Krankheit der Intention Magersüchtiger, einzigartig zu sein, widerspricht. Diese von HILDE BRUCH[164] aufgestellte These ist aber insofern fragwürdig, als dass sie den Zweck in der Anorexie einzig darin sieht, durch die Symptomatik etwas Außergewöhnliches zu sein. Demgegenüber assoziiert die Magersüchtige mit ihrer Nahrungsverweigerung Ideale von geistiger und emo-

---

[163] Vgl. Kapitel 9.2
[164] Vgl. BRUCH 1980

tionaler Besonderheit, die weiter reichen als das Merkmal des ausgezehrten Körpers. Der Grundkonflikt, zu dem die ethnische Störung als Lösung dienen soll, reflektiert traumatische Erfahrungen, die häufig genug in einer Gesellschaft vorkommen, um in Form einer neurotischen Störung wieder aufzutreten. Das Modell des Fehlverhaltens kann für diverse Probleme als Mittel zur Lösung verwendet werden, wobei aber immer eine bestimmte Affinität zwischen den zu Grunde liegenden Problemen und der speziellen Störung vorhanden ist. Die unbewussten Konflikte in der Magersucht sind geschlechtstypische Autonomie- und Identitätsprobleme, die in der Kontrolle des Körpers und der Ernährung bewusst erlebt werden und so das Symptom definieren.

Die Spezifität der ethnischen Störung wird bestimmt durch unbewusste sowie bewusst erlebte Konflikte und durch die kulturell anerkannten Mittel zur Konfliktbewältigung. Die Definition der Magersucht als ethnische Störung erweitert unsere Möglichkeiten der Analyse auf einen zwischen der individuellen und strukturellen Ebene liegenden Bereich von Kulturtechniken und personalen Idealen. Die folgende kulturspezifische und historische Rekonstruktion der Anorexie wird in diesem Sinne erfolgen.

8. Die Soziologie des Essens – vom Umgang zum Umgehen

Indem wir die Anorexie als ethnische Störung definieren, ist ein Weg gewiesen, die verschiedenen Kulturtechniken zu analysieren, mit denen Menschen innerpsychische Konflikte nach außen leiten und zu lösen versuchen.

Magersucht ist in der Symptomatik des physischen Aushungerns eine dekulturierte Form der allgemeinen Funktionalisierung des Essens. Kapitel 8.2 wird diese Zusammenhänge thematisieren. Zunächst soll jedoch das Verhältnis von Person, Kultur und Essen betrachtet werden.

Den Zusammenhang zwischen der Persönlichkeit und soziostrukturellen Veränderungen beschreibt NORBERT ELIAS in seiner Theorie über den Prozess der Zivilisation[165]. Sie soll hier den Hintergrund bilden, vor dem die Wandlung des Umgangs mit Ernährung und Nahrung bis in die heutige Zeit dargestellt wird.

ELIAS entwickelte eine Geschichte der Sitten, durch die er Sozialstruktur und Persönlichkeit miteinander in Beziehung setzt. Der Prozess der neuzeitlichen Zivilisation kennzeichnet sich durch die Entwicklung von Verhaltensstandards, die den allgemeinen Umgang sowohl der Menschen miteinander als auch den Umgang mit den eigenen Triebimpulsen regeln. Seit Beginn der Neuzeit zeichnet sich eine verstärkte Affektkontrolle ab, wie ELIAS anhand der Tischsitten, des Umgangs mit Sexualität und Aggressionen belegt.

Im Rahmen der im Laufe des 17. Jahrhunderts immer stärker werdenden Interdependenzen zwischen den Menschen, die ökonomisch durch die beginnende Globalisierung des Marktes und politisch durch größere Staaten mit zentralisierten Kontrollorganen bedingt waren, wurden diffe-

---

[165] Vgl. ELIAS 1997

renziertere Regeln des individuellen Verhaltens notwendig. Sowohl das aufstrebende Bürgertum als auch die alte herrschende Klasse waren bemüht, sich durch verstärkte Affektkontrolle innerhalb der Anstandsregeln von anderen sozialen Schichten abzuheben. Der fortschreitende Prozess der Rationalisierung und das Bestreben des Bürgertums, sich vom Adel abzugrenzen, durchbrachen diese Tendenz nicht.

Im Laufe der Zeit wurden die zunächst extern herbeigeführten Regeln und Verhaltensstandards durch Bildung internalisiert. Aus dem Fremdzwang wurde ein Selbstzwang. Es herrschte eine starke Diskrepanz zwischen Affekt und Affektkontrolle. Diese Entwicklung erleichterte die immer stärker werdende Interdependenz der Menschen untereinander, indem Verhalten und Reaktion berechenbarer wurden. Zudem entstand ein sozialbedingtes Schamgefühl, das durch internalisierte Normen und deren Verletzung ausgelöst wurde. Eine individuelle kritische Distanzierung von den normierten Standards erwies sich als immer schwieriger.

In diesem Sinne kann die Psychodynamik der Anorexie als perfektionierte Affekthemmung verstanden werden, die zeigt, wie normale Verhaltensstandards unter bestimmten Voraussetzungen psychische Funktionen und Dimensionen annehmen können.

Der moderne Trend der Liberalisierung von Regeln und Umgangsformen und der teilweise proklamierte Verfall der Sitten scheint demgegenüber der vermehrten Präsenz der Magersucht zu widersprechen. Wir werden jedoch sehen, dass sich lediglich die Form der Zwänge, nicht die inneren Zwänge selbst geändert haben.

So lässt sich heute beobachten, dass in einer schnelllebigen und dadurch oftmals orientierungslosen Gesellschaft die Unsicherheit bezüglich des richtigen Umgangs mit äußeren Zwängen wie auch inneren Bedürfnissen schwierig ist und nicht stabil genug internalisiert wird. Zudem befinden sich gerade junge Frauen in der Pubertät in einer psychischen und sozialen Übergangsphase, die den Personalisierungsprozess zusätzlich erschwert. Es entsteht eine Verschiebung der Affektkontrolle, bei der es nicht mehr um die Einhaltung bestimmter sozialer Normen geht, sondern die Selbstkontrolle als solche zum alleinigen Ziel wird. Die Hungersymptomatik, in der die kontrollierten Triebbedürfnisse zum Ausdruck kommen, und auch die Nahrungsaufnahme selbst werden instrumentalisiert. Sie dienen als Kommunikationsmedium und Konfliktlösungsstrategie.

Diese Entwicklung von normalen Verhaltensstandards in Bezug auf Ernährung hin zur psychosomatischen Störung in der Anorexie wird im Folgenden anhand der Geschichte der Ernährung detaillierter dargestellt.

8.1. Zur Geschichte der Ernährung

Die Industrialisierung seit dem 18. Jahrhundert brachte eine Veränderung für die Ernährungssituation der Bevölkerung mit sich. Eine erweiterte Infrastruktur sowie neue Techniken der Lebensmittelkonservierung und die Modernisierung der Agrarwirtschaft ermöglichten die Überbrückung von Missernten und Dürrezeiten, so dass ganzjährig genug Nahrung für alle zur Verfügung stand[166].

Bis zum 20. Jahrhundert stieg die verfügbare Nahrung weiter an. Die Zusammensetzung des Essens änderte sich von fettarmen kohlehydratreichen Speisen (Kartoffeln, Gemüse, Hülsenfrüchte) hin zu einer fettlastigen und von Süßwaren geprägten Ernährung. Der Anteil an Proteinen blieb ungefähr gleich. Im Gegensatz zu früher sind jedoch sowohl die Proteine als auch die Fette heute vorwiegend tierischer Herkunft.

Seit den 50er Jahren des 20. Jahrhunderts besteht in der westlichen Welt eine Überflussgesellschaft. Die Wahl der Nahrungsmittel unterliegt nicht mehr jahreszeitlichen oder ökonomischen Zwängen und die indivi-

---

[166] Im Vergleich mit der Kulturgeschichte fällt auf, dass genau zu diesem Zeitpunkt auch die Anorexie medizinische Relevanz erlangte.

duelle Energieaufnahme liegt im Schnitt über dem errechneten Normalbedarf[167].

Die Vielfalt der Nahrung, die Möglichkeit des Konsums von „Fun-Food" (Imbiss-Essen, Gebäck und Süßwaren) führte zu einem allgemeinen Zustand der Sättigung. Genussmittel erlangten einen neuen Stellenwert unabhängig von ihrer physiologischen Sättigung. Essen wurde instrumentalisiert und gewann verstärkt psychologische Bedeutung[168].

Doch nicht nur die Verfügbarkeit der Nahrung erfuhr eine Wende, auch die Form des Nahrungsaufnahme hat sich geändert. Im Sinne der ELIAS'schen These über den Prozess der Zivilisation sollte sich die Affektkontrolle verstärkt haben, so dass z.B. die Tischsitten und die Ritualisierung der Mahlzeiten zumindest stabil ausgeprägt geblieben wären. Faktisch zeigt sich jedoch eine gegenläufige Entwicklung. Die heutige freie Wahl der Nahrung und auch die Mobilität des Alltagslebens durch den Beruf führen zu einer Deritualisierung der Nahrungsaufnahme[169]. Das bedeutet, dass das tagesübliche Essen verteilt auf drei Hauptmahlzeiten, von vielen Personengruppen aufgegeben wird. Sowohl aus Zeitmangel als auch aufgrund der Lockerung der Verhaltensstandards der Tischsitten finden Mahlzeiten nicht mehr familiär regelmäßig am Tag statt, sondern zweckorientiert gemäß der heutigen flexiblen Arbeitssituation als mehrmalige Imbisse über den Tag verteilt[170].

Während die traditionelle Esskultur noch durch die Etikette der höheren Schichten definiert war, zeichnet sich die Deritualisierung dadurch aus, dass sie sich von unten nach oben verbreitet. Die ökonomischen Bedingungen und die Schnelllebigkeit der heutigen Gesellschaft bezwin-

---

[167] Vgl. TEUTEBERG, 1972
[168] Vgl. Kapitel 8.2
[169] Vgl. HABERMAS 1990, S. 130
[170] „Der Imbiss stellt die latente Negation der offiziellen Esskultur dar." (HABERMAS 1990, S. 134).

gen hier die sozialen Distinktionen. Einige Autoren sprechen auch von einer „Gastroanomie"[171].

Die normative Regelung des Essens verringerte sich in einem Maße, dass dadurch eine Desorientierung und Hilflosigkeit im individuellen Umgang mit Ernährung entstand. Dass besonders äußerlich angepasste junge Mädchen, die gelernt haben, sich konform zu familiären und sozialen Regeln zu verhalten, gerade mit Essstörungen reagieren, wenn sie im adoleszenten Alter beginnen, eigene Verantwortung für ihren Körper zu übernehmen, liegt nahe.

8.2. Psychische Funktionen des Essens – Die Instrumentalisierung der Ernährung

Je mehr Essen im Überfluss da ist, desto mehr kann es – wie wir bereits festgestellt haben – außer der physiologischen Sättigung auch andere Zwecke erfüllen. Durch die Einbindung der Mahlzeiten als menschliches Grundbedürfnis in alle Lebensbereiche eignet es sich als Medium für soziale und individuelle Zwecke.

Von jeher drückte die spezifische Ernährung eine soziale Identität aus. International betrachtet symbolisieren verschiedene Arten der Ernährung noch heute einen Teil der ethnischen Identität, trotz zunehmender Globalisierung der Essgewohnheiten. Innerhalb einer Gesellschaft kennzeichnet die Ernährung die Zugehörigkeit zu einer bestimmten Schicht. Im Europa der Neuzeit unterschieden sich die höheren sozialen Klassen von den niederen zunächst durch ihren Fleisch-, Kaffee- und Schokoladenkonsum, während gegenwärtig der Trend zu luxuriösem und exotischem

---

[171] Vgl. HABERMAS 1990, S. 129; EMIL DURKHEIM versteht unter Anomie den Mangel an gesellschaftlicher Autorität, der einen individuellen Sinnverlust nach sich zieht. Während wir den Anomiebegriff hier nur bezüglich der Umgangsformen verwenden, impliziert DURKHEIM die gesamten moralischen Werte einer Gesellschaft.

Feinkostessen auf der einen und Fast-Food- und Discounter-Ernährung auf der anderen Seite die Klassen trennen[172].

BOURDIEU[173] untersuchte die Funktion der sozialen Unterscheidung im individuellen Geschmack. Er geht dabei von einem „Habitus" aus, der durch ein individuelles Beurteilungsschema den einheitlichen Lebensstil einer Person definiert. Er beinhaltet ästhetische Urteile des Alltagslebens und des allgemeinen Geschmacks. Dazu gehören z.B. Mode, Wohnungseinrichtung und auch die Ernährung. Der Habitus ist bestimmt durch die Zugehörigkeit zu bestimmten sozialen Gruppen und die Position in der soziokulturellen Struktur. BOURDIEU geht davon aus, dass der persönliche Geschmack im Laufe des Lebens internalisiert wird und durch Gewohnheiten und normative Vorgaben von so genanntem guten und schlechten Geschmack geprägt ist. Nahrungsaufnahme als Primärbedürfnis und Primärerfahrung des Menschen im Kontakt mit der sozialen Welt ist der Prototyp für die Entwicklung des individuellen Geschmacks.

Die Habitusdefinition nähert sich in der Internaliserungshypothese der ELIAS'schen Sichtweise der Entwicklung von Zivilisationsprozessen an. Beide Autoren sehen eine sozialdistinktive Funktion von Nahrung. Im Gegensatz zu ELIAS stellt BOURDIEU jedoch keinen historischen Zusammenhang auf. In jeder Klassengesellschaft haben der Geschmack und die Wahl der Ernährung die Funktion sozialer Distinktion. ELIAS hingegen geht davon aus, dass sich die Verhaltensstandards bezüglich des Essens linear noch weiter verfeinern und differenzieren.

Obwohl BOURDIEU im Gegensatz zu ELIAS bereits die freie Wahl des persönlichen Geschmacks untersuchte und sich nicht wie dieser auf Verhaltensstandards einer Etikette bezog, konstatierte er die Deritualisierung und Deformalisierung von Verhaltensstandards als Fluchttendenz der Menschen vor gesellschaftlichen Normen ohne linearen Charakter. Beide

---

[172] Vgl. VANDEREYCKEN U.A. 1990
[173] Vgl. BOURDIEU 1982

Auffassungen widersprechen so der heutigen zu beobachtenden Entwicklung einer Homogenisierung im Geschmack bezüglich der Nahrungsauswahl zwischen den Klassen. Im Gegensatz zu früher herrschen heute für alle Klassen ähnliche Ideale im Hinblick auf sozialen Erfolg und individuelles Glück. Auch die Ernährungsgewohnheiten und die Auffassung eines Schönheitsideals haben sich in Bezug auf ihre normativen Vorgaben in allen Schichten angenähert.

Guten Geschmack nach BOURDIEU und auch die Entwicklung von Ritualen und Sitten innerhalb der Ernährung nach ELIAS „muss man sich leisten können". Das heißt, erst in einer Situation des Nahrungsüberschusses werden Kategorien des Essens wichtig, die über die physiologische Sättigung hinausgehen.

Durch die gestiegenen sozialen und ökonomischen Bedingungen wird Nahrung heute dennoch kaum moralischer Respekt gezollt. Sie trägt nicht mehr zur Verwurzelung in der Welt bei sondern wird „*zum Sinnbild der Modernität*"[174]. Der frühere Bezug zum Alltag und zu säkularen Sitten tritt heute gegenüber neuen Funktionen der Nahrung psychischer und sozialer Art zurück. Während die Nahrung früher als Gottesgeschenk auf den Tisch kam, ist sie heute Ergebnis industrieller Produktionsketten.

Hier lassen sich traditionale und wertrationale von zweckrationalen und affektiven Kategorien der Nahrungsaufnahme unterscheiden. Der Konsument trifft heute zweckrationale affektive Entscheidungen bezüglich seiner individuellen Ernährung. Die Zweckrationalität liegt in der bewussten Auswahl des Essens zum Zwecke von z.B. Genuss, Schönheit oder Gesundheit. Affektiven Charakter hat die Ernährung, indem Nahrungsaufnahme spontan erfolgt und außerhalb der physiologischen Sättigung zum Abbau von psychischen Spannungszuständen (z.B. das Frustessen) dienen soll.

---

[174] Vgl. HABERMAS 1990, S. 142

Demgegenüber steht die frühere traditionale und wertrationale Haltung zur Ernährung. In der Traditionalität liegen die Gott gegebene Auswahl der Nahrungsmittel und die Aufrechterhaltung tradierter Esskonventionen. Wertrationalität stellt die Bedeutung der Art des Essens selbst im Gegensatz zu der heutigen Effektorientierung in den Vordergrund. Essen hatte z.B. in religiösen Ritualen (der Leib Christi) und in dem Konsum von Speisen, die die eigene soziale Position stützten (Fleisch für den starken Mann) direkten symbolischen Gehalt[175].

Die heutige Zweckrationalität führt gegenüber der früheren Wertrationalität zu einer verstärkten Individualisierung der Nahrungsaufnahme, deren Grundlage der Nahrungsüberschuss und die Nahrungsvielfalt bilden. So bietet Nahrung heute in ihrer affektiven Form auch ein Kommunikationsmedium für psychische Belange wie im Symptom der Magersucht deutlich wird.

8.3. Die Theorie des restrained eating

Die bisherigen kulturhistorischen und epidemiologischen Ergebnisse zeigen, dass Magersucht ein Phänomen von Gesellschaften ist, deren Nahrungsauswahl nicht durch Not und Mangel gekennzeichnet ist, sondern die demgegenüber die Möglichkeit bieten, aus einem Nahrungsüberfluss auszuwählen. Die Menschen entwickeln eine neue Art und Weise des Umgangs mit Nahrung, die über den physiologischen Bedarf hinausgeht. WESTENHÖFER bezeichnet sie als *„motivationale Faktoren der Sättigung"*[176], die kognitiv durch den Gesundheitswert der Nahrung, sozial durch ein bestimmtes Prestige des Essens oder affektiv durch den sensorischen Genuss der Nahrung das Essverhalten beeinflussen. Durch diese kognitive Beeinflussung der biologischen Essbedürfnisse kann ein Widerspruch zwischen physiologischem Bedarf und mentalem Bedürfnis

---

[175] Vgl. HABERMAS 1990, S. 122 ff.
[176] Vgl. WESTENHÖFER 1996, S. 5

entstehen, der zu Ernährungsfehlverhalten und schließlich, im Zusammenspiel mit weiteren Faktoren, zu Essstörungen führen kann.

Da der Mensch auf Grundlage seiner Anthropologie so veranlagt ist, in Zeiten des Nahrungsüberflusses ein Fettpolster für schlechte Tage anzulegen, ist Übergewicht ein Problem von Wohlstandsgesellschaften, in denen dauerhafter Überfluss herrscht. Mit der Erkenntnis des Übergewichts als gesundheitlichem Risikofaktor auf der einen Seite und der Bewertung von Schlankheit als Schönheitsideal auf der anderen Seite entsteht ein Schema kognitiv gesteuerten, gezügelten Essverhaltens, welches die Theorie des *restrained eating* erklärt[177].

Durch den Nahrungsüberfluss und die große Auswahl an fun-food, wie Süßigkeiten und Feinkost, ist Nahrungsaufnahme in westlichen Industrienationen heute vorwiegend kognitiv gesteuert. Internale biologische Reize, wie Hunger und Sättigung, werden übergangen. Ein großer Teil der Bevölkerung unterliegt zudem dem Druck eines gesellschaftlichen Schlankheitsideals, dem es nachzustreben gilt. Dies zu erreichen, bedeutet das Essverhalten einzuschränken, zu zügeln.

PETER HERMAN prägt in den 70er Jahren den Begriff des „*restrained eating*" (gezügeltes Essen), um diese kognitive Kontrolle des Essens zu erklären[178].

Den Hintergrund zu der Theorie des gezügelten Essens bilden Erkenntnisse von RICHARD NISBETT. Anhand von Experimenten zwischen adipösen (übergewichtigen) und normalgewichtigen Testpersonen entwickelte er die *Externalitätshypothese* und die *Setpoint-Theorie*. Übergewichtige Personen sind in ihrem Essverhalten stärker von externalen (äußeren) Bedingungen gesteuert als Normalgewichtige[179]. Diese

---

[177] Vgl. PUDEL/ WESTENHÖFER 1998, S. 179

[178] Vgl. HERMAN/MACK 1975

[179] Das Normalgewicht nach BRAY (1978) wird anhand der Formel für den Body Maß Index (BMI) definiert: Gewicht durch die Größe in Metern zum Quadrat. Dabei bedeutet

Externalität kann durch die nachfolgende kognitive Intervention, die ein normales Empfinden von Hunger und Sättigung unterbindet, zu Übergewicht führen. Normalgewichtige richten ihr Essverhalten vorwiegend nach internalen Reizen. NISBETT verglich in weiteren Experimenten adipöse und normalgewichtige Personen und definierte in der *Setpoint-Theorie*, dass es ein individuelles biologisches Idealgewicht gibt, welches sowohl durch die genetische Veranlagung als auch durch die frühkindliche Festlegung der Menge der individuellen Fettzellen bestimmt ist. Liegt das biologische Gewicht über dem kulturell erwünschten und kognitiv gewollten, führt das bei einem Teil der Menschen zu dauerhaftem Diätverhalten, da der Körper ständig versucht, seinen biologischen Status – den *Setpoint* – zu erhalten und damit gegen den Willen der betroffenen Person arbeitet. PETER HERMAN entwickelte anhand dieser Erkenntnisse die *restrained theory*. Er stellte die Hypothese auf, dass auch Normalgewichtige gezügelt essen, um kulturellen Werten zu entsprechen[180]. Innerhalb eines Experiments konnte festgestellt werden, dass gezügelte Esser nach Enthemmung (*dishibition*) der kognitiven Kontrolle mehr aßen als die normal essende Kontrollgruppe, obwohl beide dasselbe Preload (Vorab-Portion) zu sich genommen hatten[181]. Auf Grundlage dieser Ergebnisse beinhaltet die *restrained theory* zwei Hypothesen:

Die *Dishibitionshypothese* besagt, dass gezügelte Esser mehr essen, wenn ihre selbst auferlegte, kognitive Kontrolle enthemmt oder gestört wird. Die zweite Hypothese beinhaltet, dass die erhöhte *Externalität* bei

---

ein Skalenbereich von 19 - 24 Normalgewicht, von 24 - 30 reicht der Bereich des Übergewichts, darüber spricht man von adipösem, pathogenem Gewicht. 19 - 17,5 definiert den Untergewichtsbereich, der unterhalb dieser Werte ein pathogen anorektisches Gewicht kennzeichnet, auch wenn keine Anorexie vorliegt.

[180] Vgl. PUDEL/WESTENHÖFER 1998, S. 179 ff.

[181] Um experimentell gleiche Voraussetzungen zu schaffen, erhielten alle Testpersonen eine identische Vorabmahlzeit

der Nahrungsaufnahme eine Folge des gezügelten Essens ist, und die erhöhte *Externalität* bei vermeintlich Übergewichtigen auf sozialen Druck zurückgeführt werden kann, dem sie sich ausgesetzt fühlen und daher ihre Nahrungsaufnahme einschränken[182].

Das *Boundary-Modell* des Essverhaltens nach HERMAN und POLIVY[183] veranschaulicht die Erkenntnisse über gezügeltes Essverhalten.

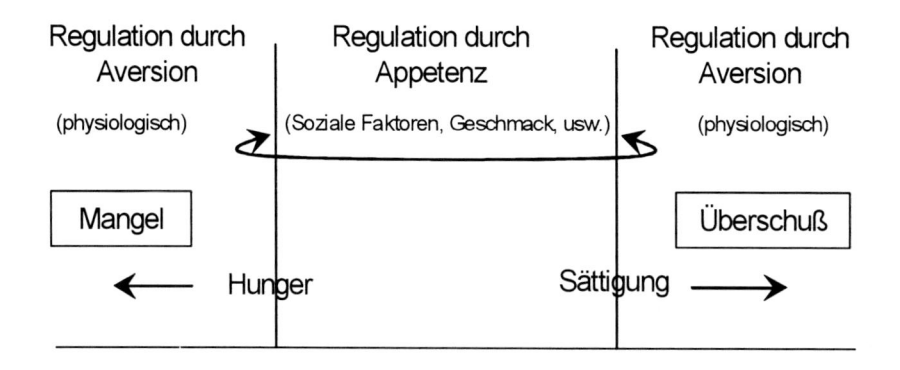

Regulation durch Aversion	Regulation durch Appetenz	Regulation durch Aversion
(physiologisch)	(Soziale Faktoren, Geschmack, usw.)	(physiologisch)
Mangel		Überschuß
←——— Hunger		Sättigung ———→

Abbildung 13 gibt das *Boundary-Modell* des Essverhaltens wider (aus: HERMAN/POLIVY 1984)

Die Nahrungsaufnahme wird innerhalb zweier Grenzen (*boundaries*) reguliert. Hunger auf der einen und Sättigung auf der anderen Seite sind physiologisch aversiv wirkende Grenzen, die der Organismus vermeiden will. Innerhalb des physiologisch indifferenten Bereichs in der Mitte wird das Essverhalten durch kognitive, soziale und emotionale Faktoren

---

[182] Es heißt an dieser Stelle vermeintlich Übergewichtige, weil die Theorie der *Externalität* auf sozialem Druck beruht, der subjektiv empfunden und auf den eigenen Körper übertragen wird, ohne dass ein objektives Übergewicht bestehen muss.
[183] Vgl. HERMAN/POLIVY 1984

bestimmt. Ein weiterer wesentlicher Aspekt des *Boundary-Modells* sind die darin enthaltenen Lernerfahrungen. Durch seine kognitiven Möglichkeiten kann der Mensch präventiv mit Nahrungsaufnahme umgehen, so dass weder die Grenze extremen Hungers noch die des Überessens überschritten werden muss[184].

Um die Unterschiede zwischen normalen und gezügelten Essern zu erfassen, erarbeiteten HERMAN und POLIVY das *erweiterte Boundary-Modell*. Sie gehen davon aus, dass Hunger- und Sättigungsgrenzen individuell unterschiedlich empfunden werden. Gezügelte Esser zeichnet eine tiefere Hungergrenze auf der einen Seite aus, demgegenüber neigen sie aber unter Enthemmung ihrer kognitiven Kontrolle dazu, mehr zu essen als nicht gezügelte Esser. Im Indifferenzbereich kann bei gezügelten Essern außerdem eine selbst festgelegte Diätgrenze *(diet boundary)* festgestellt werden, über die sie ihre Nahrungsaufnahme kontrollieren. Experimentell konnte bewiesen werden, dass die Enthemmung der kognitiven Kontrolle bei gezügelten Essern durch bestimmte Umstände (z.B. durch ein Preload) einen *dishibition-effect* (vgl. oben) auslöst, der zur Folge hat, dass gezügelte Esser nun eine höhere Sättigungsgrenze haben als normale Esser *(counter regulation)*[185].

---

[184] Die Möglichkeit mit Essen – unabhängig von physiologischen Reizen –auch kognitiv umzugehen, bildet die biologisch anthropologische Grundlage, auf der Essstörungen erst möglich sind.

[185] Vgl. HERMAN/ POLIVY 1984

spontaner Esser

[Diagramm: Hunger → Sättigung, mit Pfeilen "kein Preload" und "Preload"]

gezügelter Esser

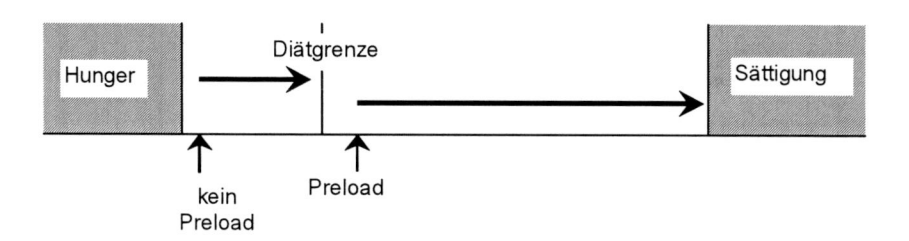

[Diagramm: Hunger → Diätgrenze → Sättigung, mit Pfeilen "kein Preload" und "Preload"]

Abbildung 14 spezifiziert das *Boundary-Modell* des Essverhaltens: Unterschiede zwischen gezügelten Essen und nicht-gezügelten Essern sowie „*regulation*" und „*counter regultation*" (aus: HERMAN/POLIVY 1984)

Das spezifizierte *Boundary-Modell* des Essverhaltens beinhaltet die Unterschiede zwischen gezügelten und spontanen Essern sowie die „*regulation*"- und „*counter-regulation*"-Prozesse.

Der Schritt von gezügeltem Essen zu pathogen gestörtem Essverhalten ist nicht weit, wenn zusätzliche Faktoren, wie psychische oder soziale Konflikte das Leben beeinträchtigen. Anorexia nervosa ist in diesem Sinne ein pathogen übersteigertes gezügeltes Essverhalten.

9. Die gesellschaftliche Kodierung des Körpers – Schlankheit als Ideal weiblicher Körperkultur

Wenden wir uns nun wieder der beginnenden Neuzeit zu, um zu analysieren, inwieweit sich die Situation des Nahrungsüberschusses und der Umgang mit dem eigenen Körper verändert haben.

In der ersten Hälfte des 19. Jahrhunderts begann sich, ausgelöst durch nun für alle reichlich vorhandenes Essen, eine allgemeine Angst vor Übergewicht zu verbreiten. Doch bereits viel früher – kurz vor der Französischen Revolution – hielten sich nach historischen Quellen vornehme Pariserinnen aus Sorge um ihre schlanke Taille beim Essen zurück[186]. Überhaupt wurde der Taille der Frau bereits seit dem 12. Jahrhundert eine besondere Bedeutung beigemessen. Eine Vorform des Korsetts formte sie im 15. Jahrhundert gemäß gotischer Ideale, während sie sich in den folgenden Jahrhunderten noch mehr verengte.

Dennoch war das Schönheitsideal der schlanken Taille keineswegs identisch mit einem insgesamt schlanken Körper. Besonders in der zweiten Hälfte des 19. Jahrhunderts betonte die schmale Taille Brust und Becken. FUCHS[187] definiert vier Phasen des Schönheitsideals im Laufe der Geschichte:

Aufgrund des religiös inspirierten und asketischen Ideals im Mittelalter(1) sollten Frauen schlank und zerbrechlich sein, während in der Renaissance(2) der Frauenkörper der Mutterschaft diente und deshalb ausgeprägte Hüften und Brüste als Ideal galten. Das Schönheitsideal war eine Zweckschönheit zur Erfüllung der normierten Frauenrolle. Die höfische Gesellschaft des Absolutismus(3) distanzierte sich demgegenüber

---

[186] Vgl. HABERMAS 1990
[187] Vgl. FUCHS 1985

vom Bürgertum durch das Zurschaustellen ihres Müßiggangs in dem Ideal des nicht beanspruchten, mädchenhaften Körpers mit schmalen, kleinen Händen und Füßen. Im späteren bürgerlichen Schönheitsideal(4) sollten Brust und Becken wiederum die traditionelle Weiblichkeit betonen.

Obwohl der Schlankheitsbegriff immer innerhalb seiner zeitgenössischen Norm gilt, ist in der gesamten Neuzeit Dicksein verpönt. Die ästhetische Formung des Körpers, in der sich das Grazile mit dem Runden vollendet, sowohl aus optischen als auch aus gesundheitlichen Aspekten und schließlich zur Kennzeichnung der eigenen Schichtzugehörigkeit, hat immer eine wesentliche Bedeutung im sozialen Alltag eingenommen.

9.1. Zur Geschichte der Mode

So wie Essen mehr bedeutet als physiologische Sättigung hat auch Kleidung vielfältigere Funktionen als den Schutz vor Kälte oder das schamhafte Verbergen des Körpers. Mode ist vor allem schon immer ein Mittel sozialer Distinktion.

Während sie in früheren Jahrhunderten den sozialen Status sichtbar machte (z.B. die Perückenmode der Renaissance), gibt die heutige Wahl der Mode eher einen Hinweis auf eine bestimmte Lebenseinstellung, einen „Life Style". Kleidung hat immer einen stark den Körper formenden Effekt, so dass Mode und Körperlichkeit eng miteinander verbunden sind. Im Folgenden werden die Entwicklung und Bedeutung von Modetrends gemäß dem soziologischen Blickwinkel dieses Kapitels in ihrem Zusammenhang zu dem jeweiligen soziokulturellen Kontext betrachtet. Die nachvollzogene Affinität zwischen Emanzipationsbewegung, Körperkult und Modegeschichte weist darauf hin, dass über die Art der Bekleidung Aussagen zu einem zeitspezifischen weiblichen Selbstverständnis oder auch zu einer gesellschaftlich erwarteten Vorstellung von Frausein getroffen werden können. In Kapitel 10 wird die Thematik der

Modellierung des Weiblichen durch die Kleidung daher gesondert aufgegriffen.

Seit der beginnenden Neuzeit half ein Kleidungsstück dem jeweiligen Schönheitsideal gerecht zu werden. Wie wir zu Beginn des Kapitels gesehen haben, war das Zurschaustellen einer schlanken Taille lange Zeit der Inbegriff von körperlicher Schönheit. Das Mittel dorthin war das Korsett. Es wurde teilweise so eng geschnürt, dass die Damen in die heute kaum noch gekannte, damals jedoch übliche Ohnmacht fielen, einfach weil sie bei der Atmung behindert waren. Zu jener Zeit war die Körperformung durch externe (Kleider-)Zwänge aufgrund der vielen Unter- und Oberkleider nahe liegend, aber auch durch die Unkenntnis über die internen Körperfunktionen die einzige Möglichkeit, dem geltenden Schönheitsideal zu entsprechen.

Mit zunehmendem medizinischem Wissen bezüglich der Ernährung und Gesundheit begann um die Jahrhundertwende des 19./20. Jahrhunderts auch ein Wandel der Körperkultur. Frauen trieben vermehrt Sport, um die schlanke Figur zu erhalten. Zusätzlich machte der Nahrungsüberfluss eine bewusste Ernährung notwendig, um nicht über den persönlichen Energiebedarf hinaus zu essen und zuzunehmen. Der Weg hin zur Diät war so vorgezeichnet. Parallel zu dieser Entwicklung wurde der Unterschied von Ober- und Unterbekleidung im Laufe des letzten Jahrhunderts geringer. Der erotische Frauenkörper näherte sich immer mehr dem nackten, natürlichen Körper an. Für Frauen entstand der Druck, dem Schönheitsideal zu entsprechen, indem sie durch den Selbstzwang des Diäthaltens den Fremdzwang des Korsetts ersetzten. Seitdem formt die Koordination der Nahrungsaufnahme den Körper.

Nicht nur politisch, sondern auch in der Mode, waren die Jahre 1789, 1918 und 1968 spezielle Wendepunkte[188]. Mit der Verschiebung der Taille des Kleides unter die Brust der Frau wurde 1789 das Korsett vorübergehend abgeschafft; kam in der Restauration aber umso enger wieder. Zu Beginn des 20. Jahrhunderts fand schließlich eine endgültige Abkehr von der Korsettmode statt. Der androgyne Frauentyp der 20er Jahre des 20. Jahrhunderts symbolisierte mit männlicher Kleidung den Drang nach Gleichberechtigung in einer industrialisierten und urbanisierten Gesellschaft. Demgegenüber scheinen die 50er Jahre mit dem Schönheitsideal der Wespentaille à la Marilyn Monroe ein feministischer Rückschritt in eine traditionale Frauenrolle. In den 60er Jahren durchbrach die Mode mit ultrakurzen Miniröcken und mädchenhaften Körpern alle bisherigen Trends. Frau zeigte Selbstbewusstsein und symbolisierte mit dem Zurschaustellen von allen Körperregionen durch sowohl kurze als auch enge Mode den neuen Feminismus und die Zurückweisung sexueller Restriktionen.

Innerhalb dieses Prozesses sind die modernen Massenmedien Radio, Zeitung und Fernsehen ein wesentlicher Faktor, der die Entwicklung von Modetrends mitbestimmt hat. Während früher das Modellverhalten Trends innerhalb spezifischer Klassen und Kreise verbreitete, können heute alle Menschen auf Zeitschriften und Fernsehen zurückgreifen, um die jeweilige Mode nachzuahmen. Gleichzeitig entsteht ein Wechselwirkungsmechanismus, in dem nicht nur freiwillig eine Mode gewählt wird, sondern aufgrund der Reizüberflutung durch die Medien dem Einzelnen neue Trends geradezu aufgedrängt werden. Den Zusammenhang zwischen Mode und Medien wird hier jedoch nicht weiter verfolgt.

---

[188] Der Zusammenhang zwischen politischen Umwälzungen und der Körperkultur lässt sich bis in unsere Zeit immer wieder beobachten und wird uns auch später noch einmal begegnen.

Insgesamt kann im Gegensatz zu ELIAS' Prognose der Verfeinerung der Sitten- und Verhaltensstandards, ausgehend von den oberen Klassen, eine sinkende Differenz zwischen den Schichten konstatiert werden. Die Leitbilder des Massenkonsums für Ernährung und Modeideale sind heute klassenübergreifend wirksam, nicht zuletzt durch die internationale Vermittlung über die Medien.

9.2. Schlankheit statt Korsett – Diäthalten als neue Form interner Affektkontrolle

Während ELIAS die Tendenz der Informalisierung und den Abbau restriktiver Verhaltensvorschriften als eine Übergangsperiode sah, die seiner Theorie der Differenzierung der Sitten nicht letztendlich widersprach, sehen wir heute dennoch eine gegenläufige Entwicklung.

Der Charakter des Abbaus von normativen Verhaltensstandards, die Tendenz zur Informalisierung statt der Einhaltung eines allgemeinen Verhaltenskodex ist maßgeblich für die heutige Zeit und wird mit der Betonung der inneren Werte statt äußerer Förmlichkeiten gerechtfertigt. Erkennt man jedoch einen kulturbedingten Sitten- und Verhaltenskodex an, stellt sich die Frage, ob die Informalisierung des Umgangs der Menschen miteinander nicht auch einen moralischen Werteverlust mit sich bringt und sich mit diesem gegenseitig bedingt.

Mit DURKHEIM muss dann von einem Zustand der Anomie gesprochen werden, bei dem ein Mangel an gesellschaftlicher Autorität schließlich zu einem individuellen Sinnverlust führt.

Kann also ein Mangel an externen Zwängen nicht nur positive Effekte haben, sondern möglicherweise zu einer internen Affektkontrolle führen, die sogar über den allgemeinen Verhaltenskodex hinausgeht oder diesen neu definiert und pathogene Strukturen annimmt? Als ein erschreckendes Beispiel perfektionierter interner Affektkontrolle ist das Hungersystem der Magersucht zu werten.

Obwohl heute eine Deformalisierung des Umgangs zwischen den Menschen und der Abbau von äußeren sozialen Zwängen zu beobachten ist, entspricht diese Entwicklung lediglich einer Verschiebung der Affektkontrolle von äußeren Zwängen hin zu interner Kontrolle. ELIAS versteht im Prozess der Zivilisation das Über-Ich[189] als Resultat der internalisierten Sitten und Normen. In diesem Sinne ist die heutige informalisierte und egozentrische – im Gegensatz zu einer konventionskonformen – Sozialstruktur nur ihrem Erscheinen nach eine freie Gesellschaft. Da die geltenden Normen und Werte stabil im Über-Ich verankert sind, werden im Laufe der Zeit äußere Repressionen überflüssig, um Affektkontrolle auszuüben. Während ELIAS, aus seiner Zeit heraus denkend, die Konvention und äußere Restriktion für das Aufrechterhalten der Sitten für notwendig erachtete, wird gerade auch in pathogenen Formen der Affektkontrolle der Magersucht deutlich, dass nicht unbedingt äußere Zwänge notwendig sind, um Triebimpulse zu kontrollieren. Die neue Form der Affektkontrolle ist nicht mehr bestimmt durch gesellschaftliche Repressionen, sondern durch internalisierte Werte und Normen, die in der Psyche jedes Einzelnen abgewogen und gemäß individueller Rationalisierung bezüglich Kosten und Nutzen abgewogen werden.

Der gelockerte äußere Verhaltenskodex beinhaltet die Chance zu höherer Selbstbestimmung, erfordert aber gleichzeitig auch ein höheres Maß an subtiler Selbstkontrolle[190]. Die gestiegenen Anforderungen an die Eigenverantwortung bezüglich der Art und Weise des Auslebens von Bedürfnissen innerhalb einer Vielzahl von Möglichkeiten kann neue Schwierigkeiten mit sich bringen, wenn kein offensichtlicher gemeinsa-

---

[189] Vgl. Kapitel 3.3
[190] Vgl. HABERMAS 1990

mer Kodex über Verhaltensnormen mehr zu existieren scheint[191]. So wird zum Beispiel aktuell an einigen Schulen überlegt, ein Verbot der bauchfreien Mode der Teenager zu erlassen, da nach Ansicht der Verantwortlichen diese die gesellschaftliche Norm missachten. Eine sensible Beachtung sozialer Tabus gewinnt verstärkt an Bedeutung. Die Anhäufung von Essstörungen, von denen die Magersucht nur eine ist, und der Trend des „Body-Shapings" veranschaulichen die Probleme der Menschen, ein „richtiges" Maß an Selbstkontrolle zu erreichen.

Nach ELIAS sind Konflikte dieser Art auf nicht ausreichend stabilisierte internalisierte Werte zurückzuführen. Die Affektkontrolle kann nicht in einem angemessenen Maße beherrscht werden. Flexible Affektkontrolle erfordert die Fähigkeit, sowohl in der Interdependenz der Menschen, als auch im Umgang mit dem eigenen Körper subtile Signale sowohl der Sitten und Werte als auch der eigenen Triebbedürfnisse wahrzunehmen und gegeneinander abzuwägen[192]. In der Übergangsphase vom Kind zum Erwachsenen, der Pubertät, ist der angemessene Umgang mit den eigenen Affekten besonders problematisch. Speziell in der Magersucht liegen „*Schwierigkeiten der sekundären Sozialisation*"[193].

Der Sozialisationsschritt vom jungen Mädchen zur Frau muss allein bewältigt werden. Mütter können die Töchtergeneration, die mit neuen Formen der Affekt- und Selbstkontrolle konfrontiert wird, nicht hinreichend auf ihre zukünftige Rolle vorbereiten. Besonders in Familien, die einen normkonformen Lebensstil bevorzugen, treten Konflikte auf. Die Diskrepanz zwischen den Werten der Eltern und denen der Töchter

---

[191] Die Bedeutung der Übernahme von Eigenverantwortung auch für die Ausprägung einer individuellen Identität wird uns in der Emanzipationsgeschichte der Frau erneut begegnen.
[192] Vgl. HABERMAS 1990
[193] HABERMAS 1990, S.180; „*Sekundäre Sozialisation*" wird hier verstanden als der Sozialisationsschritt von der Adoleszenz zur Identität des Erwachsenen, in Abgrenzung zu der primären Sozialisation, des Eintritts des Kleinkindes in die Welt.

ist hier besonders hoch; der Ablösungsschritt besonders schmerzhaft. Die noch instabile Ausprägung eigener Lebensperspektiven und neue Formen moderner Selbstkontrolle können zum Abgleiten normaler Kulturtechniken der Affektkontrolle (z.B. der bewusste Umgang mit dem Körper mittels rationalem Essverhalten und Sport) in pathogene Symptome, wie dem Hungern der Magersucht, führen.

Hier wird deutlich, dass die neuen Formen interner Affektkontrolle, die im Prozess der Zivilisation eigentlich eine Befreiung von externen Zwängen, wie höfischen Normen und sexuellen Tabus sein sollten, lediglich eine neue Form normativer Zwänge in sich tragen, nun nicht mehr nach außen sichtbar, aber unweigerlich in jedem Mann, jeder Frau verankert, so dass sich der innerpsychische Druck, diesen gerecht zu werden, massiv erhöht. Im Gegensatz zu äußeren Repressionen ist eine persönliche Distanzierung von internalisierten Werten kaum möglich.

Kommen wir auf ELIAS' Hypothese der stärkeren Differenzierung der Klassen durch eine Verfeinerung des Verhaltenskodex zurück, kann man diese aus heutiger Perspektive mit Ja und Nein beantworten. Nicht zutreffend ist die Prognose, dass sich die Klassendivergenz verschärft hat und die allgemeinen Sitten weiterhin rein sozial distinktive Funktionen übernehmen. Richtig ist ELIAS' Hypothese aber im übertragenen Sinne, indem externe Normen und Werte zu einer Form interner Zwänge geworden sind, denen sich der Einzelne zwar wenig offensichtlich, aber dennoch mit erhöhtem psychischen Druck unterordnen soll. Die schichtspezifische Trennung durch die Sitten wurde abgelöst von einer trendbestimmten Sozialstruktur, deren distinktive Ordnung durch Variablen, wie Erfolg, Schönheit, Reichtum, Gesundheit und Intelligenz entsteht. In der Magersucht liegt ein Scheitern des Versuchs, dem gesellschaftlichen Ideal zu entsprechen. Warum gerade junge Mädchen verstärkt davon betroffen sind, wird im folgenden Kapitel erläutert.

9.3. Das Schlankheitsideal des 20. Jahrhunderts

Das Bedürfnis der Frau, einen schlanken Körper zu haben, beinhaltet mehr als nur den Wunsch, einem äußerlichen Schönheitsideal zu entsprechen. Schlankheit ist zum kulturellen Ausdruck sowohl von Schönheit als auch von Erfolg und Emanzipation der modernen Frau geworden.

Seit Beginn des 20. Jahrhunderts galt Dicksein nicht mehr als Zeichen von Reichtum. Nahrung war für alle genug vorhanden. Zudem begannen Mediziner die gesundheitlichen Risiken von Übergewicht zu erforschen, gezügeltes Essverhalten wurde allgemein üblich und anerkannt. Viel mehr als der gesundheitliche Aspekt beeinflusste jedoch die Modebranche das Schlankheitsbedürfnis der Frau. Im Gegensatz zu den maßgeschneiderten Kleidern früherer Zeit entwickelte sich ein Trend zur Couture-Mode, bei der ein Designer eine Kollektion für den abstrakten Körper eines Prototyps Frau entwarf. Die Körpernorm, der die Kleider entsprachen war schlank und grazil. Frauen mussten fortan noch stärker als im Zeitalter des Korsetts auf ihre schlanke Linie achten.

1908 entwarf der Franzose Paul Poiret den völlig neuen Modestil einer schmalen Silhouette, die hochtaillierte und flachbrüstige Empire-Linie. Bis in die 20er Jahre setzte sich dieser Trend fort, dessen schlauchartige Kleider mit verschiedenen Lagen neue, weniger stark auftragende Unterwäsche für die Frau erforderlich machten. Auch nach dem 1. Weltkrieg richteten sich modebewusste Frauen Europas und Amerikas nach dem französischen Stil. Coco Chanel kreierte den typischen 20er-Jahre-Look, uniformartige Kleider mit Taillen auf Hüfthöhe und einer Rocklänge bis knapp unter dem Knie. So graziös wie diese Mode war, musste auch der Frauenkörper sein. Das einzige Mittel hierzu war das Einhalten einer Diät[194].

---

[194] In Kapitel 10 wird die Bedeutung der Mode ausführlich thematisiert.

Die Bekleidungsindustrie förderte das sich überregional verbreitende Modeideal und konnte die Produktion enorm steigern. Zur leichteren Vermarktung wurden aus den USA allgemein gültige Konfektionsgrößen eingeführt, die verstärkend auf das Bedürfnis der Frau wirkten, den Körper nach einem vorgegebenen Ideal zu formen. Dicke Frauen sahen nun nicht mehr nur nach allgemeinen Vorstellungen schlechter aus, sondern konnten zudem auch nicht so modisch auftreten, da ihnen die standardisierten Größen oft nicht passten.

Zusätzlicher Druck zum Diäthalten entstand durch die Medien, in deren Werbung ausschließlich der extrem schlanke Prototyp Frau auftrat. Bereits zu Beginn der 20er Jahre erschienen erste Diät-Ratgeber, die den Trend noch bestärkten. Schön und schlank sein avancierte zu einer moralischen Frage. Durch die Möglichkeit, das Gewicht mit Kalorienzählen beeinflussen zu können, wurde Übergewicht in diesem Sinne als ein Mangel an Selbstkontrolle, als Schwäche abgewertet[195]. Schönheitsexpertinnen schon zu Beginn des vorigen Jahrhunderts nutzten diese Einstellung, um Cremes und Kosmetik zu vermarkten, die Schönheitsfehler ausgleichen sollten. Dennoch konnte Dicksein niemals entschuldigt werden. So äußerte Helena Rubinstein[196] in einem Interview mit der Zeitschrift Vogue: *„Überflüssiges Fett ist etwas Abscheuliches und steht nicht im Einklang mit den Prinzipien, auf denen unser Schönheitskonzept beruht."*[197] Heute, fast 100 Jahre später, formuliert der Psychologe IWER DIEDRICHSEN *„Wer sich im Ernährungsverhalten gesellschaftlichen Normen und Wertesystemen nicht anpasst, kann auch nicht mit sozialer Akzeptanz rechnen."*[198]

---

[195] Vgl. BRUMBERG 1994
[196] Helena Rubinstein (1871-1965), Kosmetikunternehmerin
[197] BRUMBERG 1994, S. 210
[198] DIEDRICHSEN 1991, S. 233

Doch nicht nur die Mode beeinflusste das Bedürfnis der Frau nach einem schlanken Körper. Die gesellschaftlichen Veränderungen nach dem 1. Weltkrieg brachten für Frauen, insbesondere in den USA, eine Verbesserung sowohl ihres sozialen als auch ihres politischen Status mit sich. Eine Hochschulbildung, ein Beruf außer Haus und das Wahlrecht zeigten eine Emanzipation der Frau an. Gemäß diesem neuen Frauenbild stellte der schlanke Körper Modernität und Befreiung von der traditionellen Rolle der matronenhaften Hausfrau und Mutter dar. Die Beobachtung der Geschichte zeigt, dass die Veränderung sozio-ökonomischer Bedingungen und die Aufhebung klassen- und rollenspezifischer Grenzen meist mit einer erhöhten Körperkontrolle einhergehen. Diese Tendenz findet sich im wirtschaftlichen und sozialen Umbruch der 20er Jahre bestätigt und zeigt sich erneut in der 68er-Revolution und der damit einhergehenden neuen Mode[199]. Die vermeintliche Befreiung der Frau durch die Selbstkontrolle über ihren Körper nahm jedoch schon damals pathogene Züge an, indem Frauen vermehrt ihren Selbstwert allein über einen schlanken Körper definierten

Der Krieg und die Wirtschaftskrise in den 30er und 40er Jahren brachten so viele äußere Probleme, einschließlich der Nahrungsknappheit, mit sich, dass die Beschäftigung mit der Schönheit des eigenen Körpers vorübergehend in den Hintergrund trat. Das Schönheitsideal einer schlanken Körpersilhouette änderte sich jedoch nicht. Im Laufe dieser Jahre, und verstärkt im wirtschaftlichen Aufschwung der 50er Jahre, wuchs eine neue Generation von Teenagern auf, die sich gegenüber Eltern und konventionellen Normen abzugrenzen versuchte und so eine neue ideale Zielgruppe für Industrie und Werbewirtschaft darstellte. Die jungen Mädchen zeigten sich besonders empfänglich für Produkte und Methoden, mit deren Hilfe ihnen Schlankheit und – gleichbedeutend damit – Erfolg und Schönheit versprochen wurde. Das Diäthalten durch-

---

[199] Vgl. Kapitel 9.1 und 10

zog von nun an alle Altersstufen der Frau. Bei der Verfolgung des Schlankheitsideals von den 60er Jahren bis heute fällt auf, dass die so genannte Idealfigur immer schlanker geworden ist. Gleichzeitig hat sich ein Frauen-Fitness-Trend etabliert, der mit einer Hochkonjunktur der speziellen Lady-Fitness-Studios einschließlich des so genannten Problemzonentrainings in den 80er Jahren seinen Höhepunkt fand[200].

Indem Schlankheit als kultureller Wert besteht, wird sie instrumentalisiert und mit Werten wie Erfolg und gesellschaftlicher Anerkennung assoziiert. Wie bereits der Einblick in die Geschichte der Mode zeigte, konzentrieren sich Frauen von jeher auf ihr Aussehen und interpretieren Erfolg und Misserfolg vielfach über ihren Körper. Diesen zu kontrollieren bedeutet auch, die eigenen Emotionen zu beherrschen. Das Schönheitsideal wurde lange Zeit als äußeres Zeichen der inneren Befreiung der Frau interpretiert. Bedenkt man jedoch die eben aufgezeigte Entwicklung des Bedürfnisses, schlank zu sein, so zeigt sich, dass der Frauenkörper heute durchaus keine politische Haltung mehr ausdrückt – wie vielleicht noch in den 20er Jahren –, sondern heute eher eine innere Autonomie vortäuscht. Das expressive Zurschaustellen von Schlankheit und Körperlichkeit wird gerade von den Frauen instrumentalisiert, die nicht mit dem gesellschaftlichen Wandel und der neuen betont unabhängigen Frauenrolle zurechtkommen[201].

Das völlige Scheitern an den Ansprüchen an die moderne Frau zeigt das Abgleiten in die Anorexie als verzweifelten Versuch, Konflikte über Hungern zu lösen.

Die vorangegangen Abschnitte veranschaulichen, dass Mode und Körperlichkeit eng miteinander verknüpft sind. Während in der beginnenden Neuzeit bis Anfang des letzten Jahrhunderts die Geschichte des Schlankheitsideals auch eine Geschichte der Mode gewesen ist, mit deren Hilfe

---

[200] Vgl. BRUMBERG 1994
[201] Vgl. NEUBECK-FISCHER 1991

Schlankheit erreicht werden konnte, ist seit Beginn des 20. Jahrhunderts die Geschichte der Schlankheit zur Geschichte des Körpers geworden, den es nun zu perfektionieren gilt.

10. Vom Korsagenkleid zur Hüftjeans – Die Modellierung der Weiblichkeit durch die Mode

„Die Mode ist eine besondere unter jenen Lebensformen, durch die man einen Kompromiss zwischen der Tendenz nach sozialer Egalisierung und der nach individuellen Unterschiedsreizen herzustellen suchte."

GEORG SIMMEL 1895[202]

„Mode beinhaltet immer auch eine Spiegelung gesellschaftlicher Prozesse. Eine essentielle Veränderung der Kleidung wird erst dann passieren, wenn es durch äußere Einflüsse notwendig wird."

HELMUT LANG 1999[203]

Die Auseinandersetzung mit der Geschichte der Mode auf unserer Suche nach den Bedingungen für die Magersucht als kulturelles Symptom findet im Folgenden unter dem Aspekt ihrer Funktion der zeitspezifischen symbolischen Repräsentation von Weiblichkeit und weiblichem Selbstverständnis statt. Bereits im vorigen Kapitel wurde deutlich, dass die Art der Bekleidung in den letzten Jahrhunderten den Veränderungen der Frauenrolle und der allgemeinen gesellschaftlichen Neuerungen entsprach. Das Körperbewusstsein von Frauen wandelte sich mit der Mode, die sich bis heute von einer Kleider-Mode zu einer Körper-Mode veränderte. Der Ausdruck von weiblicher Emanzipation, sexueller Befreiung und Selbstbewusstsein in einer Mode, die den Körper in seiner ganzen

---

[202] in: SIMMEL 1894, S. 23
[203] in: SEELING 1999, S. 614

Form zeigt, erzeugt jedoch auch gesellschaftlichen Druck für Frauen, sich auf diese Weise in Szene zu setzen, um dem jeweiligen Weiblichkeitsideal zu entsprechen. Hier herrscht ein Paradoxon: Mode und Körper repräsentieren Befreiung und erscheinen gleichzeitig als Zwänge.

Die so hervorgerufene verstärkte Auseinandersetzung mit der Formung und Manipulation, der Inszenierung und Überhöhung des eigenen Körpers lässt diesen zum nahe gelegenen Mittel für die Bewältigung psychischer Konflikte werden, die sich ebenfalls verkörperlichen.

Die Magersucht entstand in der Zeit erster Emanzipationsbestrebungen von Frauen in der Aufbruchstimmung der industriellen Revolution Ende des 19. Jahrhunderts, so dass hier auch unsere Analyse der Modegeschichte beginnen soll.

Bild 1: Bekleidung einer englischen Dame, um 1880

Die Mode reflektiert die Entwicklung der Befreiung signifikant in der Abkehr von Korsett und Krinoline. Die durch die extreme Hervorhebung von Busen, schmaler Taille und weiten Hüften in Szene gesetzte Weiblichkeit Mitte des 19. Jahrhunderts spiegelt die Reduzierung der Frau auf ihre Bestimmung als erotisches Objekt wider, dessen Leben von Fruchtbarkeit und Mutterschaft bestimmt ist. Das Korsett betonte jedoch nicht nur den Körper, sondern zwängte Frauen in eine feste Stütze, die nicht nur ihre Haltung einengte, sondern symbolisch auch über ihre Moral und Tugendhaftigkeit wachte. Der weite, stoffreiche Rock war eine weitere Barriere, der Trägerin zu nahe zu kommen. Frauen wurde lediglich zugestanden, sich zum Gefallen des – eigenen – Mannes herauszuputzen, wie die aufwendigen Kleiderkreationen wohlhabender Damen veranschaulichen. Zu jeder Tageszeit die richtige Toilette auszuwählen – Frau zog sich mehrmals am Tag um – war eine wesentliche Beschäftigung für Damen aus höheren Kreisen[204].

Die Abkehr von jenem Korsettzwang stellte den Beginn einer Kleiderreform dar, an der das Entstehen eines neuen Frauenbildes offensichtlich wird[205]. Erste Feministinnen wehrten sich gegen das Korsett als modische Versklavung der Frau, während Mediziner auf gesundheitliche Schäden durch das unnatürliche Einschnüren der Taille hinwiesen. Zudem erforderte die neue soziale Rolle der Frau, die in der industrialisierten Gesellschaft als Arbeitskraft im öffentlichen Bereich zum Lebensunterhalt der Familie beitrug, zweckmäßige Kleidung mit mehr Bewegungsfreiheit. Es entbrannte ein Diskurs zwischen Korsettverfechtern und Reformern, der dazu führte, das – auch mit Hilfe der neuen medizinisch-physischen Er-

Bild 2: "Le Jaloux" Abendkleid von Paul Poiret, Zeichnung von Georges Lepape, Gazette du Bon Ton, 1912

---

[204] Vgl. BRATTIG 2004
[205] Größter Designer der Vorkriegszeit und Vertreter der neuen Linie war Paul Poiret.

kenntnisse – eine intensive Auseinandersetzung mit der Anatomie des weiblichen Körpers begann. Trotz ihrer gegensätzlichen Auffassung zur Kleiderreform gingen beide davon aus, dass der Körper der Frau ein Regulativ benötige. Während für die einen das Korsett dem Leib Haltung gab, sahen die Anderen es als Verursacher von Muskelerschlaffung und falscher Fettverteilung und forderten stattdessen, dass der Körper so trainiert werden müsse, dass durch die Kraft der Muskeln keiner weiteren Stütze bedurft wurde[206]. Kleidung sollte fortan dem natürlichen weiblichen Körper folgen und ihm keine Form aufzwingen. Die Definition für das angeblich Natürliche und Ästhetische wurde jedoch durch den Blickwinkel der männlichen Künstler und Wissenschaftler der patriarchalen Gesellschaft entwickelt und war geleitet von erotischen Phantasien und männlichem Begehren.

Vorbild für das Schönheitsideal war die antike Statue der Venus von Milo, grazil weiblich und gleichzeitig sportlich straff. Gemäß dieser Vorstellung sollte der Körper mit Hilfe von Sport und Diätik von innen heraus geformt werden, damit er nach außen vor allem Natürlichkeit im oben beschriebenen Sinn und Gesundheit repräsentierte.

Der Blick auf den Körper als ein gestaltbares Objekt mit Hilfe von Kosme-

Bild 3: Venus von Milo

---

[206] Vgl. GAUGELE 2004

tik[207], Sport und Diätik entsprach den Gesetzen der neu entstehenden Konsumgesellschaft[208]. Hier hatte der bis heute währende Körperkult seinen Anfang. Die Herstellung des definierten Weiblichkeitsideals gelang nur über den Kampf gegen die vermeintlichen Schwächen des individuellen Körpers.

Nach der Zäsur des ersten Weltkrieges entstand ein neues Bewusstsein von Ästhetik, das sich in Kunst und Architektur durch den Konstruktivismus und das Bauhaus verwirklichte. Auch die Mode folgte dem klaren, schnörkellosen Design und repräsentierte so gleichzeitig die veränderte Frauenrolle. Durch die Anforderungen des Krieges waren Frauen stärker und selbstbewusster geworden. Sie nahmen nun mit geändertem Selbstverständnis am öffentlichen Leben teil, das bisher nur Männern vorbehalten war und erlangten durch eine Berufstätigkeit vermehrt Unabhängigkeit. Die Mode war zum einen aufgrund der vielfältigen Aktivitäten, die Frauen nun ausübten, sachlich-funktional. Vielmehr jedoch drückten Frauen über die Mode eine neue Weiblichkeit aus. Der männlich-androgyn anmutende Look mit geraden, kastenförmigen Schnitten, wadenlangen Röcken oder sogar Hosen wurde durch Kurzhaarfrisuren noch verstärkt.

Coco Chanel war Wegbereiterin und Inbegriff dieser neuen Weiblichkeit. Die typisch fraulichen Merkmale von Busen, Po und Hüften wurden mit fließenden Schnitten überspielt. Es entstand ein Körperideal mit kindlich-androgyner Silhouette, das jedoch trotz der scheinbar lockeren Kleidung wieder Körperzwänge mit sich brachte. Da kaum eine Frau von Natur aus so schmal gebaut war, dass sie die neue Linie verkörperte, kehrte das Korsett in veränderter Form zurück, um die weiblichen Run-

---

[207] Ende des 19. Jahrhunderts begann die Karriere Helena Rubinsteins mit der Entwicklung von dekorativer Kosmetik, die das Gesicht der Frau perfektionieren sollte, aber dennoch den Eindruck von Ungeschminktheit bewahrte. Vgl. dazu BURCHARD 1998
[208] Vgl. FEATHERSTONE 2000

Bild 4: Coco Chanel, Aufnahme von Man Ray

dungen nun zu unterdrücken[209]. Dennoch repräsentierte die Mode den Beginn einer weiblichen Emanzipation, die allerdings bereits in den 30er Jahren wieder ihr vorläufiges Ende finden sollte. Durch das soziale Elend in der Weltwirtschaftskrise war die Bevölkerung für nationalistische und faschistische Propaganda besonders empfänglich, da diese versprach, das herrschende Leid zu beenden. Teil der Ideologien war die Veränderung der Frauenrolle zurück zur traditionellen Hausfrau und Mutter. Dementsprechend wurden Busen und Taille wieder stärker betont[210]. Obwohl die Silhouette insgesamt schmal und eher schlicht blieb, entsprachen weichere Formen sowie der Trend zu luxuriösen Accessoires dem immer wieder zu beobachtenden Bedürfnis der Bevölkerung nach äußerem Glamour – gerade in wirtschaftlich schlechten Zeiten.

Die Zeit des zweiten Weltkrieges nimmt eine Sonderstellung in der Modegeschichte ein. Designer mussten ihre Kreativität der Ideologie

---

[209] Vgl. LEHNERT 2000
[210] Vgl. LEHNERT 2000

unterwerfen, und die zur Verfügung stehenden Mittel für die Kleiderherstellung, sowie auch die Kaufkraft der Bevölkerung, waren massiv eingeschränkt. Zudem standen in den Schrecken des andauernden Krieges existentielle Fragen im Vordergrund des Alltags, und nicht die Bekleidung. Auch die Rolle der Frau änderte sich in dieser Zeit gemäß den Erfordernissen. Frauen mussten mitarbeiten und teilweise schwere Männerarbeit bewältigen, um die im Krieg dienenden Soldaten zu ersetzen. Natürlich gab es allen Widrigkeiten zum Trotz – oder vielleicht gerade aufgrund des Elends – Modetrends. Da diese jedoch einen Ausnahmezustand im Krieg repräsentieren und aus der Entbehrung heraus improvisiert wurden[211], liegt die Bedeutung dieser Zeit für die Geschichte der Mode vor allem in den Auswirkungen, die sie auf das Lebensgefühl der Menschen und die daraus resultierende Mode der folgenden 50er Jahre hatte.

Der von Christian Dior kreierte New Look[212] zeichnete sich durch eine die weiblichen Kurven inszenierende Linie mit stark betonten Taillen, wadenlangen und extrem weiten oder sehr schmalen Röcken, sowie schmalen, abfallenden Schultern aus.

Obwohl Frauen sich nun wieder in Korsetts schnüren mussten und die in den 20er Jahren gewonnene Bewegungsfreiheit einbüßten, wurde dieser Stil begeistert angenommen. Dior hatte den Geist der Zeit getroffen. Nach dem Leid und der Zerstörung des Krieges sehnten sich die Menschen nach einer neuen und besseren Zukunft. Der in der opulenten und luxuriösen Mode ausgelebte Konsum erschien wie eine emotionale Befreiung und neue Hoffnung nach den kargen und grauen Kriegsjahren. Frauen nahmen gerne wieder die traditionelle Rolle der wohlbehüteten

---

[211] Vgl. SEELING 1999

[212] Christian Dior revolutionierte die Mode durch eine üppige, weibliche Linie, die sich deutlich von der strengen Vorkriegsmode unterschied und von der amerikanischen Presse New Look getauft wurde (Vgl. LEHNERT 2000).

Bild 5: Christian Dior, New Look

Hausfrau und Mutter an und ordneten sich den traditionellen bürgerlichen Werten unter, mit denen Sicherheit und Geborgenheit assoziiert wurden. Diese Wiederbelebung konventioneller Rollenbilder repräsentierte auch der New Look durch die Betonung der weiblichen Kurven und die sinnbildhafte Eingrenzung der Frau in ein straffes Korsett[213].

Vor allem SIMONE DE BEAUVOIR als die Wegbereiterin des Feminismus[214] kritisierte den neuen Weiblichkeitskult, der Frauen auf die Rolle der schmückenden Begleiterin des Mannes reduzierte. Bereits seit den 40er Jahren bildete der Existentialismus vorwiegend in Frankreich eine intellektuelle Gegenbewegung zu den bürgerlichen Werten, indem er den Sinn der menschlichen Existenz nur durch eine individuelle Selbstbestimmung definiert sah, jenseits der traditionellen Wertvorstellungen. Jean Paul Sartre, Simone de Beauvoir und Albert Camus lebten diese Haltung und drückten sie auch über ihre Kleidung aus, die vorwiegend

---

[213] Vgl. SEELING 1999, LEHNERT 2000
[214] Vgl. auch Kapitel 13

schwarz und schlicht war. Der typische schwarze Rollkragenpullover wurde infolgedessen zum allgemeinen Trendobjekt junger Intellektueller.

In den USA rebellierten Teenager weniger intellektuell, aber sehr ausdrucksstark gegen die überholten Werte der Elterngeneration. Der Rock'n'Roll und Elvis Presley, sowie der Filmrebell James Dean wurden zu Idolen der jungen Generation und vermittelten ein neues Lebensgefühl von Freiheit und Individualität, das sich kindlich-trotzig gegen die traditionellen Werte der Eltern wandte. Markenzeichen der neuen Jugend waren Petticoat und Pferdeschwanz, sowie Baseballjacken und Stirntolle bei den jungen Männern.[215]

Die Generationskonflikte weiteten sich in den 60er Jahren so aus, dass aus der Teenagerrebellion der 50er eine eigene Gegenkultur entstand, in der nicht nur die Selbstverleugnung und Doppelmoral der traditionellen Lebensweise entlarvt und in Frage gestellt, sondern in Abgrenzung dazu neue Lebensperspektiven entworfen wurden. Die erste Nachkriegsgeneration war nicht mehr bereit, sich moralischen und gesellschaftlichen Zwängen unterzuordnen. Individuelle Freiheit, sein Leben und auch seine Sexualität nach dem Lustprinzip zu gestalten[216], waren erklärte Werte der neuen Generation.

Dementsprechend etablierte sich eine neue Mode, die selbstverständlich nicht aus dem Establishment der Haute Couture kommen durfte. Vor allem in London, dem Ausgangsort der Jugendbewegung, wurden Trends kreiert. Während die Beatles und die Rolling Stones das neue Lebensgefühl musikalisch umsetzten, stellte in der Mode der Minirock den Inbegriff der (sexuellen) Befreiung dar. Entgegen der Damenhaftig-

---

[215] Vgl. LEHNERT 2000

[216] Die Einführung der Antibabypille 1961 trug wesentlich zu der sexuellen Revolution bei.

Bild 6: Twiggy 1966 im durchsichtigen Kleid

keit der 50er Jahre wurde die Kindfrau zum Schönheitsideal dieses Jahrzehnts[217].

Sie musste extrem zierlich sein, und durfte kaum weibliche Rundungen aufweisen, so dass gemeinsam mit dem Trendhaarschnitt des Bubikopfes[218]ein androgyner Frauentyp entstand[219]. Bereits in den 20er Jahren symbolisierte diese äußerliche Neutralisierung des weiblichen Geschlechts die Emanzipationsbestrebungen der Frau[220]. Obwohl die Moderevolution ebenfalls unter dem Motto der Befreiung stand, war der Ausdruck dieser Befreiung über die Modellierung des Körpers durch die Mode para-

---

[217] Das Model Leslie Hornby, bekannt als Twiggy, aufgrund ihrer dürren, kindlich-knabenhaften Figur wurde zur Leitfigur dieses Frauenbildes.

[218] Erstmals kreiert von Vidal Sassoon als sog. „Fünf-Punkte-Haarschnitt"

[219] Vgl. LEHNERT 2000; SEELING 1999

[220] Beachtenswert ist hier, dass der Ausdruck von Emanzipation bisher immer über eine Angleichung an das männliche „Ideal" geschieht. So drückt bereits der Modetrend aus, was in Kapitel 13 aus sozio-kultureller Perspektive thematisiert werden wird: Die bisherige Emanzipation konnte nicht zu einer wirklichen Befreiung der Frau führen, da sie nicht nach der weiblichen Identität suchte, sondern lediglich die männliche annektierte. Wir werden noch sehen, in welcher Weise die aktuelle Mode Rückschlüsse auf die Emanzipation der Frau heute zulässt.

dox wieder mit Körperzwängen verbunden, nicht nur um dem zierlichen Ideal nahe zu kommen, sondern auch um in den kindlichen Minikleidchen nicht vollkommen albern auszusehen. Das Ideal des sehr schlanken und eher knabenhaften Frauenkörpers hat sich bis heute nicht verändert. Am Ende des Kapitels werden wir darauf zurückkommen.

Gegen Ende der 60er Jahre wurde die individuelle Befreiung immer mehr zu einer sozial-politischen. Jugendliche protestierten in Demonstrationen gegen soziale Klassenunterschiede und Krieg, deren Höhepunkt in Deutschland die Studentenrevolte 1968 war.

Ausgehend von der amerikanischen Friedensbewegung des „Flower-Power" der Hippies wurden orientalisch-folkloristische Elemente, wie bestickte Stoffe, Tücher und bunte Röcke in die Mode einbezogen, um die Philosophie von „Love and Peace" auszudrücken[221].

Während Anfang der 60er Jahre junge Frauen noch gegen die traditionelle Rolle rebellieren mussten, stellten sie sich Ende der Dekade bereits selbstverständlich neben den Mann. Das neue Selbstbewusstsein wurde nicht nur in der Lebensweise, in der Familie und Kinder nicht mehr den einzigen Inhalt des Frauseins bilden, offensichtlich. Autonomie durch Berufstätigkeit und möglicherweise auch das Leben in einer gemischten Wohngemeinschaft waren Zeichen einer neuen Frauengeneration, die sich auch in der Mode widerspiegelten. Hosen als alltägliche Bekleidung waren immer beliebter, die Einengung des Busens durch den BH wurde regelrecht boykottiert. Das Zur-Schau-Stellen von fraulichen Kurven galt als verpönt, stattdessen wurde Nacktheit provokativ als neue Natürlichkeit inszeniert. Diesen Zeitgeist lebte konsequent zwar nur eine Minderheit – vor allem in den Kommunen der Aussteiger –, er repräsentierte aber dennoch das Lebensgefühl dieser Zeit. Die Mode übernahm die

---

[221] Der geistige Hintergrund dieses Trends liegt in der Hinwendung der Hippies zu fernöstlichen Kulturen auf der Suche nach innerer Erleuchtung und dem Sinn des Lebens.

neue Freizügigkeit der Love-and-Peace-Generation, indem die engen Hosen und durchscheinenden Oberteile oft mehr zeigten als verhüllten.

Anders als früher gab es in den 70er Jahren keine fertigen aufeinander abgestimmten Kleiderkombinationen mehr, sondern es wurden verschiedene Kleidungsstücke zu einem eigenen Outfit zusammengestellt. In Abgrenzung zu der eher schlampigen Hippie-Mode entwickelte sich Ende des Jahrzehnts ein glamouröser Stil mit Schlaghosen, hautengen Lurexblusen und Plateausohlen, der durch die Bühnenoutfits der Musikszene inspiriert wurde. Eine extrem schlanke und androgyne Figur war die Voraussetzung für den gewollten Sex-Appeal dieser Kleidung[222].

Nach dem Vorbild der Hollywoodstars[223] entstand Ende des Jahrzehnts der bis heute andauernde Fitnesstrend, der helfen sollte, den Körper in die gewünschte Form zu bringen.

Während die ehemals um Weltfrieden und soziale Gerechtigkeit bemühten Alt-68er ihre Alternativ-

Bild 7: Lurexpullover, Minirock und Plateausohlen in den 70er

---

[222] *„Um den [Körper] wurde ein Kult entwickelt, der oft in Diäten- und Fitnesswahn ausartete. woraufhin die Kleidung noch enger wurde. Die Hemdblusen trugen sie offen bis zur Taille, damit jeder sehen konnte, dass sie keinen BH brauchten – womit das erste sportliche, am Tage getragene tiefe Dekolleté kreiert war."* (SEELING 1999, S. 419)

[223] Jane Fonda war Vorreiterin des neu entstehenden Fitness- und Aerobictrends, der im Fernsehen und später auch in der Kleidungsindustrie als Sportswear erfolgreich vermarktet wurde.

kultur langsam hinter sich ließen, wuchs die neue Generation in Wohlstand und Freiheit der antiautoritären Erziehung auf und hatte keine Lust auf sozialpolitisches Engagement. Auch in Abgrenzung zu dem als weltfremd empfundenen Zeitgeist der Elterngeneration prägte das neue Jahrzehnt der 80er Jahre das Streben nach Selbstverwirklichung durch Erfolg, Macht und Geld; der Materialismus boomte. Die Mode wurde zum Sinnbild des Lebensstils der so genannten Yuppies[224]. Extrem ausgeformte Schulterpolster bei Anzug oder Kostüm symbolisierten Durchsetzungsvermögen und kämpferischen Ehrgeiz bei Männern und Frauen gleichermaßen. Die neue Frauen-Power fand ihren Ausdruck auch in der Darstellung von Weiblichkeit, die häufig maskulin bis aggressiv erschien.

Bild 9: Grace Jones, Pop-Ikone der 80er Jahre

Die Freizeitmode hingegen war schrill, ausgeflippt und durchsetzt mit Anleihen aus der Mode vergangener Dekaden und Epochen, die verfremdet zu völlig neuen Kreationen verarbeitet wurden[225]. Trotz dieser Trends existierte kein einheitlicher Look mehr, nach dem sich Frau richten konnte oder musste. Das Jahrzehnt des Indivi-

Bild 8: Plattencover von Madonna 1983

---

[224] Young Urban Professionals
[225] Vgl. SEELING 1999

dualismus war auch das Jahrzehnt der narzisstischen Selbstinszenierung. Die Popikone Madonna erfand sich wie niemand sonst ständig neu und vermittelte auf diese Weise, dass Frau jede Identität mit Hilfe des entsprechenden Stylings annehmen konnte. Sex-Appeal und weibliche Erotik wurden nach dem Jahrzehnt der postulierten natürlichen Nacktheit wiederentdeckt, und entsprechend der materialistischen Lebenseinstellung wurde der Körper kalkuliert eingesetzt und inszeniert. Der Körperkult weitete sich aus. Zusätzlich zu dem zur Normalität gewordenen Fitnesstraining und Diät-Halten nutzten vor allem in den USA immer mehr Frauen die plastische Chirurgie, um ihr ideales Körper-Ich zu erreichen.

Anfang der 90er Jahre zeichnete sich jedoch bereits ab, dass die Sorglosigkeit der 80er zu Ende ging. Während in Deutschland zwar noch die Wiedervereinigung gefeiert wurde, lösten gleichzeitig international der Golfkrieg, sowie eine rezessive Wirtschaft und steigende Arbeitslosenzahlen einen allgemeinen Konsumfrust aus. Es schien nicht mehr politisch korrekt, Konsum zu demonstrieren, so dass auch die Mode dieses Jahrzehnts schlicht und unauffällig sein musste. Das Motto „less is more" bestimmte den Trend, was jedoch nicht heißt, dass Luxus nicht mehr gefragt war; er sollte nur nicht direkt offensichtlich sein. Schlichte Eleganz mit hoch-

Bild 10: Look und Accessoires der Businessfrau in den 90er Jahren

wertigen Materialien wie Kaschmir und Seide und gedeckten Farben wurden zu klassischen Kostümen, schmalen Röcken oder Rollkragenpullovern verarbeitet; der Minimalismus war geboren[226].

Trotz des Purismus, oder vielleicht gerade deswegen erlebten Luxusmarken wie Prada, Louis Vuitton, Gucci und Armani einen Aufschwung. Accessoires renommierter Labels werden zum begehrten Zubehör, wenn auch deren Kleidung für viele zu teuer blieb.

Die Jugend im Computerzeitalter passte ihre Mode dem beschleunigten Lebensrhythmus an. Vom Öko-Schick zu Beginn des Jahrzehnts bis zum Girlie-Look an dessen Ende bestimmten ständig wechselnde und nebeneinander laufende Trends die Jugendtrendmode[227]. Sowohl der reduzierte Stil, als auch diese ständige Neuorientierung symbolisierten die Zukunftsunsicherheit und den Mangel an konkreten Perspektiven in einer Zeit der verwirrenden politischen und kulturellen Globalisierung und der individuellen Existenzängste. Doch je unsicherer das äußere Lebensumfeld erschien, desto mehr wurde Sicherheit im eigenen Körper gesucht. In der Weise, in der Jugend für Zukunft, Leistungsfähigkeit, Fitness und Schönheit steht, entstand ein Jugendwahn, der gut vermarktet auch unter dem Begriff „Anti-Aging" in zahlreichen Kosmetikprodukten, Vitaminen, Nahrungsmitteln bis hin zu Schönheitsoperationen seinen Ausdruck fand.

Nach der Emanzipationsbewegung der 60er und 70er Jahre und der euphorischen „Frauenpower" der 80er erlebten Frauen in der wirtschaftlichen Rezession, dass sie die ersten waren, auf die der Arbeitsmarkt verzichtete. Zwischen traditionellen Werten und Emanzipation stehend suchten Frauen Ende des 20. Jahrhunderts noch nach ihrer Identität. Die ständig wechselnden Trends gerade der jungen Mode, aber auch die Flucht in die Sicherheit eines völlig reduzierten und damit wenig aussa-

---

[226] Vgl. SEELING 1999
[227] Vgl. LEHNERT 2000

gestarken Modestils symbolisierten die Unsicherheit vieler Frauen, sich selbst zu definieren[228].

Das neue Jahrtausend ist bisher sowohl von anhaltender wirtschaftlicher Rezession, steigender Arbeitslosigkeit und seit dem 11. September 2001 auch von Angst vor internationalem Terrorismus geprägt und blickt in eine ungewisse Zukunft. Die weltpolitische und soziale Situation hat sich im Hinblick auf die 90er Jahre noch verschärft. Trotzdem, oder vielleicht gerade deswegen, entsteht in der Mode ein neuer Trend zum Glamour. Das Kristallunternehmen Swarowski macht Diamantglitzer für jeden erschwinglich. Nicht nur als Schmuck, sondern auch auf der Kleidung werden reichlich Strasssteine und Pailletten verarbeitet. Dabei entsteht jedoch keineswegs ein Eindruck von billigem Disco-Flimmer.

Bild 11: Hüft-Minirock, Hippie-Style und Kleidchen im Nude-Look 2005

Der gezielte Einsatz von Glamour auf hochwertigen Stoffen ist Teil des neuen Luxus in der Mode. Stoffe – wie bestickter Brokat – werden wiederentdeckt, und Pelz ist nach den der Antipelzbewegung der 90er nicht

---

[228] Die spezifische Emanzipationsproblematik wird ab Kapitel 13 ausführlich behandelt.

nur wieder erlaubt, sondern gefragt wie nie. Sowohl echt als auch als Fake Fur wird er pur, als Futter, Schal oder als modisches Detail in die Kleidung integriert.

Dennoch lässt sich die Mode nicht über einen bestimmten Stil definieren. Vielmehr prägt gerade das nebeneinander verschiedener Stilrichtungen das aktuelle Modegeschehen[229]. Insgesamt ist zurzeit ein so genannter Retro-Trend zu beobachten, der durch die Neu-Interpretation von modischen Stilelementen vergangener Jahrzehnte und deren Integration in die aktuelle Mode charakterisiert wird.

Die Möglichkeiten, sich dem Trend entsprechend zu kleiden, sind so vielfältig und unterschiedlich wie nie und entsprechen auf diese Weise den Ansprüchen der individualisierten Gesellschaft. Die Frage nach dem individuellen Stil an Stelle der genauen Nachahmung von vorgegebenen Trends lässt ein neues Bewusstsein zur Mode entstehen. Doch das, was zunächst wie eine Befreiung zu Gunsten von mehr Individualität erscheint, entlarvt sich als eine Verschiebung der Kleiderzwänge auf die Potenzierung der Körperzwänge. Da Kleidung heute vielfach mehr entblößt als verhüllt, muss der Körper dementsprechend – möglichst perfekt – dem gängigen Schönheitsideal der überschlanken, sportlichen, aber dennoch weiblichen Figur entsprechen. Denn wurde in den letzten Jahrzehnten bereits der Rock immer kürzer, schiebt sich nun auch das Bündchen nach unten. Taille, Bauch und auch Po-Ansatz werden zur Schau gestellt, so dass zusätzlich zu Beinen und Dekolleté nun der gesamte Körper zur Darstellung von Weiblichkeit inszeniert werden kann; oder muss[230]. Nur der entsprechend bezwungene, in Form gebrachte und modellierte Leib kann sich also „frei" durch die Mode gestalten. Dieser Widerspruch zwischen der Freiheit der Wahlmöglichkeiten in der Mode

---

[229] *„Romantisch und cool: Lässige City-Looks, Ethno-Eleganz, Zarte Hippie-Kleider, Marine-Klassiker"*, VOGUE Titel 2/2005
[230] Vgl. BRANDES 2001

einerseits und der gleichzeitigen Anpassung an die Zwänge des Körperkults andererseits repräsentiert die Situation der Frau zu Beginn des neuen Jahrtausends. Der Prozess der Emanzipation der Frau ist offensichtlich noch nicht beendet.

Es scheint paradox, dass vor allem scheinbar emanzipierte Frauen versuchen, dem erwarteten Körperideal zu entsprechen, ohne jedoch die Bezwingung ihres Körpers als gesellschaftlich determinierte Unterordnung zu empfinden. In dem Wissen um die soziale Anerkennung, die ihnen durch einen schlanken, trainierten und gesunden Körper zu Teil wird, ist die Modellierung des Körpers eine zweckorientierte und nicht emotionsgeleitete Entscheidung. Und in Anbetracht der enormen Bedeutung, die physische Attraktivität heute für die gesellschaftliche Positionierung hat, wäre es falsch, jeder Frau, die sich auf diese Weise verhält, eine Essstörung zu unterstellen. Dennoch lässt sich bei psychisch gesunden Frauen dieselbe Trennung zwischen Körper und zentralem Ich beobachten, die in Kapitel 4 als narzisstische Störung besprochen wurde. Der dort konstatierte „alltägliche Narzissmus" spiegelt sich in dem alltäglichen Streben nach dem perfekten Körper wider. Der gesellschaftliche Narzissmus als die übertriebene Fixierung des psychischen Interesses auf die eigene Person ist nicht im psycho-biologischen Sinne pathologisch, sondern auf strukturelle Veränderungen in der Gesellschaft zurückzuführen[231].

So hat mit der industriellen Revolution trotz der Weltkriege eine Zeit des scheinbar unaufhörlichen Wissenszuwachses der Menschen auf allen Gebieten der Wissenschaft begonnen. Gentechnik, Raumfahrt und künstliche Intelligenz bestimmen mittlerweile unser Weltverständnis und führten im Laufe des letzten Jahrhunderts immer mehr zu einem Gefühl von beinahe grenzenloser Macht des Menschen über die Welt. In diesem

---

[231] Vgl. WANGH 1983

Sinne reflektiert die Mode in ihrer gesellschaftlichen Bedingtheit nicht nur den Emanzipationsprozess der Frau, sondern auch das gestiegene Selbstbewusstsein der Menschen, das in der körperbetonten und körperbefreiten Mode seinen Ausdruck findet. Das Streben nach der Beherrschung und Gestaltung der Welt projizierte sich immer mehr auch auf den Körper, der als modellierbares Ding nach rationalen Vorgaben formbar sein muss, um dem erwarteten Schönheitsideal zu entsprechen. Unterstützt von den Erkenntnissen der modernen Medizin über die richtige Ernährung, Fitnesstraining bis hin zur plastischen Chirurgie, hat diese Objektverwendung des Körpers mittlerweile extreme Ausmaße angenommen[232].

Doch je mehr Macht auf der einen Seite gewonnen wird, desto größer scheinen auch deren unvorhersehbare Gefahren. Unweigerlich verbunden mit der Atomkraft ist die Gefahr der atomaren Weltzerstörung. Neben der Industrialisierung stehen Klimakatastrophen, und eine Seite der Gentechnik ist die Möglichkeit zu ideologischer Genmanipulation. Der Glaube an die menschliche Allmacht wird mehr denn je von einer Ahnung der Ohnmacht im Hinblick auf die Gefahren der hoch technisierten Welt relativiert. Die Gefahren, die die alltägliche individuelle Bezwingung der Natur des Körpers beinhaltet, scheinen demgegenüber noch wenig bewusst. Denn außer gesundheitlichen Risiken für den Einzelnen lässt sich gesamtgesellschaftlich eine Verschiebung der kulturellen Körperwahrnehmung von einem ursprünglichen Körper-Sein in ein Körper-Haben feststellen, so dass bereits junge Mädchen in die Strukturen der Körpermanipulation hineinwachsen. In pathologischer Verzerrung findet sich dieses kulturell internalisierte Körper-Haben in der Symptomatik der Anorexie. Und in der Weise, in der eine Psychosomatik sich

---

[232] Besonders deutlich wird dies zum Beispiel in den zahlreichen Verschönerungs-Fernsehshows, die nach dem Motto „Alles ist möglich" auch vor der Fernsehübertragung von Schönheitsoperationen nicht zurückschrecken.

erst dadurch etabliert, dass sie von der Gesellschaft in ihrer Struktur verstanden wird[233], sind die stetig gewachsenen Zahlen von Magersüchtigen auch ein Anzeichen für die immer stärker werdende Objektverwendung des Körpers, deren offensichtlicher Ausdruck im Wandel der Kleider-Mode hin zu der heutigen Körper-Mode zu sehen ist.

---

[233] Vgl. Kapitel 7

11. Zur Geschlechtsrollenidentität adoleszenter Mädchen heute

Mütter, Mode und Medien sind die drei Modelle, die Mädchen bereits früh den Weg zu dem weisen, was Frau sein heißt. Wie die vorigen Kapitel gezeigt haben, wird zu jeder Zeit ein kulturabhängiges Schlankheitsideal mit der Frauenrolle eng verbunden, obwohl das mittlerweile von vielen Frauen, die sich über ihre inneren Werte definiert wissen wollen, abgelehnt wird.

Dem muss man jedoch entgegenhalten, dass es die Frauen selbst waren, die aus den jeweiligen historischen Bedingungsgefügen den Schlankheitstrend vorangetrieben und in stetiger Wechselwirkung mit äußeren Faktoren, wie Mode und Medien, schließlich idealisiert haben. Dass die Mehrheit der Frauen dem Ideal zu folgen versucht, lässt gerade nicht auf eine ausgeprägte Emanzipation und Selbstbewusstsein schließen, was ein Leben nach individuellen Bedürfnissen und Maßstäben möglich machen würde. Die sich daraus ergebenden Probleme sollen im Folgenden im Hinblick auf die Sozialisation der einzelnen Frau Beachtung finden.

In den Kapiteln 13 bis 16 wird die Emanzipationsproblematik in ihrem gesellschaftlichen Kontext und ihrer Geschichte noch einmal aufgegriffen und vertieft, um daraus abzuleiten, inwieweit die Psychosomatik der Magersucht aufgrund einer spezifischen Interaktion zwischen Frauen und den jeweiligen sozioökonomischen Bedingungen der Gesellschaft entstehen konnte.

11.1. Frau werden – Bedingungen der Sozialisation junger Mädchen

Während in früheren Jahrhunderten die Rolle der Frau klar definiert war als Hausfrau und Mutter, hat sich mit der fortschreitenden Emanzipation in den letzten 100 Jahren das Konzept „Frau sein" erweitert.

Frauen erhielten mehr politische und soziale Rechte, die aber gleichzeitig mit Pflichten und Erwartungen, sowohl traditionelle als auch moderne Werte zu vereinen, verbunden waren. Die normierte Frauenrolle ist heute so komplex wie nie zuvor.

In diesem Zusammenhang dient die Anorexie als Konfliktlösungsstrategie für Erwartungen, mit denen sich junge Mädchen konfrontiert sehen und überfordert fühlen. Die Entwicklung der weiblichen Körperkontrolle vom Korsett zum Diäthalten zeigt, dass Schlanksein immer mehr mit Leistung assoziiert wird. Der Körper wird zum Maßstab für Erfolg und Misserfolg.

Gleichzeitig wird es in komplexen Sozialisationsgefügen zunehmend schwerer, gesellschaftlich anerkannten Erfolg zu erzielen, so dass das Gewicht dasjenige bleibt, was gerade für noch unsichere junge Frauen am leichtesten zu beeinflussen und zu beherrschen ist[234]. Die Gewichtskontrolle als Weg zum Erfolg scheint nahe liegend in einer Gesellschaft, in der Frauen verstärkt nach ihrem Aussehen beurteilt werden und von klein auf dazu angehalten sind, sich mit dem eigenen Körper auseinander zu setzen und ihn gemäß einem bestimmten Ideal zu formen. Vielen Frauen fällt es schwer, sich mit den biologischen Gegebenheiten ihrer individuellen Statur abzufinden[235]. Die Magersucht beinhaltet fatalerweise genau das in perfektionierter Form, was gesellschaftlich hinlänglich normal ist – die exzessive Beschäftigung mit dem eigenen Körper gemäß einem normierten Schlankheitsideal[236].

---

[234] Vgl. NEUBECK-FISCHER 1991, S. 139 ff.

[235] Hier sei kurz auf die vergleichsweise konstruktive Möglichkeit von moderaten Diäten oder Schönheitsoperationen hingewiesen, die immer mehr Frauen in Anspruch nehmen. Ohne solches Schönheitshandeln an dieser Stelle werten zu wollen, wird daran deutlich, dass das nicht mehr steuerbare Hungern der Magersucht bis auf das Skelett nichts mit dem gängigen Schönheitsideal zu tun hat, das vielleicht einmal der auslösende Faktor für den Beginn einer Diät war.

[236] Vgl. BRUMBERG 1994

In dem pathogenen und lebensgefährlichen Aushungern liegt aber noch viel mehr eine sichtbar gemachte Verweigerung der vorgegebenen Rollenerwartungen. Die steigende Anzahl der Magersüchtigen und das immer niedriger werdende Gewicht der Betroffenen lassen vermuten, dass die moderne Rolle der Frau Werte beinhaltet, mit denen sich Mädchen nicht identifizieren können, weil sie nicht ihren wirklichen Bedürfnissen entsprechen. Der aktuelle Sozialisationsprozess junger Mädchen macht aber oft keine Distanzierung von den gesetzten Normen möglich[237]. Die sekundäre Sozialisation in der Adoleszenz sollte jedoch die Ausbildung von Autonomie und Ich-Stärke beinhalten, um in die adulte Rolle der Frau hineinwachsen zu können[238].

Das Scheitern an der erwarteten Frauenrolle zeigt die Magersucht in ihrer Verweigerung all dessen, was sowohl körperlich als auch psychisch und sexuell die erwachsene Frau definiert.

Es besteht kein Zweifel, dass der Emanzipationsprozess in den letzten hundert Jahren maßgeblich Befreiung für die Frau bedeutet hat. Dennoch drängt sich die Frage auf, warum Frauen im Gegensatz zu Männern an ihrer neuen Rolle scheitern. Problematisch scheint, dass die Emanzipation der Frau scheinbar nicht darin bestanden hat, befriedigende Lebenskonzepte unabhängig von gesellschaftlichen Vorstellungen zu entwerfen,

---

[237] Vgl. STEINER-ADAIR 1998

[238] HURRELMANN 1985, S.12 definiert die Bedingungen für den Übergang von der Kindheit zum Erwachsenenstatus folgendermaßen:
- der selbstverantwortliche Vollzug einer schulischen und beruflichen Qualifikation bis zur Fähigkeit, durch Erwerbsarbeit die eigene Existenz zu sichern
- Klärung der eigenen Geschlechtsrolle und Befähigung dazu, Bindungen zu Gleichaltrigen des eigenen und des anderen Geschlechts einzugehen, perspektivisch eigene Kinder großzuziehen
- Entwicklung eines selbst angeeigneten Werte- und Normensystems, so dass langfristig möglich wird, verantwortlich zu handeln
- Entwicklung von Handlungsmustern für den Konsum und Freizeit.

sondern demgegenüber nur dazu geführt hat, dass typisch männliche Ideale übernommen wurden[239]. Die traditionelle Frauenrolle in ihrer Erwartung von Mütterlichkeit und Häuslichkeit blieb zudem bis heute in den meisten Frauen erhalten.

Wie wir bereits in den vorigen Kapiteln gesehen haben, entspricht auch das moderne Schlankheitsideal – flachbrüstig und schmalhüftig – eher dem männlichen Körper als dem natürlich weiblichen. Da der Körper immer auch symbolhaft für das steht, was ein Mensch ist oder darstellen will, entlarvt das moderne knabenhafte Schlankheitsideal die Emanzipation der Frau als die Hoffnung, Befreiung zu erreichen, indem die Frau sich auch äußerlich dem Mann annähert. Denn obwohl der modernen Frau sowohl auf politischer als auch sozialer Ebene dieselben Rechte eingeräumt werden wie dem Mann, hat sie in der Realität nicht dieselben Möglichkeiten diese in befriedigender Weise auch zu leben.

Dass besonders unsichere junge Mädchen auf der Suche nach ihrer Identität Halt in einem allseits anerkannten und durch die Medien vermarkteten Ideal einer Superfrau – schön, schlank und autonom – suchen, statt auf ihre innere Stimme bezüglich eines individuellen Lebenskonzeptes zu hören, zeigt auch eine Untersuchung von CAROL GILLIGAN[240]. Darin wurden Schülerinnen bezüglich ihrer Haltung zu den Geschlechtsrollen und kulturellen Werten der heutigen Gesellschaft befragt.

Die Analyse erfolgte mehrschrittig mittels eines analytischen Interviews, eines Testes zu den Essgewohnheiten (EAT – Eating-attitudestest nach GARNER/GARFINKEL 1980), und einer gekürzten Form eines Fragebogens zum Schweregrad einer Essstörung (AWQ nach SURREY).

---

[239] *„Die Idealvorstellung menschlicher Entwicklung wurde gleichgesetzt mit dem was als männlich galt."* STEINER-ADAIR 1998, S. 242

[240] Die Untersuchungsergebnisse sind einer Studie von CAROL GILLIGAN entnommen, die von 1981 – 1984 an der Highschool für Mädchen deren psychische Entwicklung erforschte. Ich beziehe mich auf die gekürzte Fassung von STEINER-ADAIR (1998).

Die Antworten der Mädchen in den klinischen Interviews ergaben zwei unterschiedliche Grundmuster. 60% der Befragten antworteten in dem Schema „*kluge Frau*". Sie waren sich darüber bewusst, dass das moderne Frauenideal Werte wie Autonomie, selbständige Leistung und Attraktivität stärker betont als früher, konnten sich aber von diesem Ideal distanzieren oder lehnten es sogar ab. Stattdessen waren sie in der Lage, ein individuelles Lebenskonzept für sich zu benennen, in dem der Wunsch nach zwischenmenschlichen Beziehungen trotz Eigenständigkeit hervortrat. Diese Form der kulturellen Distanzierung erfordert Selbstreflexion und vor allem Selbstbewusstsein. Die übrigen 40% der Mädchen antworteten in dem so genannten Schema „*Superfrau*". Frauen sollten demnach erfolgreich und unabhängig sein. Attraktivität und Schlanksein gehörten zum Image dieses Ideals wie eine autonome beziehungsunabhängige Lebensweise.

Die Mädchen zeigten keine kritische Reflektion gegenüber den so definierten gesellschaftlichen Erwartungen. Hinsichtlich ihrer Zukunftsperspektiven befragt, erklärten die Mädchen der Gruppe „*kluge Frau*" Zufriedenheit, Selbstvertrauen und Selbstverwirklichung anzustreben, während die Gruppe „*Superfrau*" in übersteigerter Form angab, reich, schön und erfolgreich werden zu wollen.

Für die Persönlichkeitsbildung ist es wichtig, sich von kulturellen Idealen distanzieren zu können, um individuelle Zukunftsvisionen zu entwerfen und sich selbst in Beziehung zu anderen Menschen definieren zu können. Die Mädchen der Gruppe „*Superfrau*" identifizierten sich jedoch mit einem Ideal und versperrten sich so den Weg zu wirklicher personaler Autonomie.

Die nachfolgenden Fragebögen zeigten in der Gruppe „*Superfrau*" hohe Werte auf den Essstörungsskalen, während das bei keinem Mädchen der Gruppe „*kluge Frau*" der Fall war. „*Kluge Frauen*" definierten ihr Selbstwertgefühl weit weniger stark über ihr Aussehen, obwohl auch sie eine bewusste Ernährungsweise für wichtig hielten[241].

Eine Disposition für Essstörungen ergibt sich, wenn junge Mädchen das Ideal von Schlankheit gleichsetzen mit Autonomie, Erfolg und Anerkennung. Gerade adoleszente Mädchen in der Phase des Ablösungs- und Identifikationsprozesses benutzen Ideale als Orientierung für ihr Leben in dem Glauben, mehr zu gelten, wenn sie ihnen entsprechen.

Wie wir gesehen haben, spielte das Schlankheitsideal und die Zügelung des Essverhaltens schon von jeher eine entscheidende Rolle im Sozialisationsprozess der Frau, so dass die Körperkontrolle ein geeignetes Mittel zu sein scheint, Autonomie zu erreichen. Damit werden wir uns im nächsten Kapitel näher befassen.

11.2. Zwischen Autonomie und Abhängigkeit

Die neue Frauenrolle beinhaltet Ambivalenzen bezüglich des Grades der erwünschten Autonomie der Frau und der von ihr erwarteten traditionellen Gebundenheit an die Familie. Vor der Industriellen Revolution lebten Frauen sowohl in finanzieller als auch in moralischer Abhängigkeit von ihrem Mann. Eine allein stehende Frau wurde geächtet. Außer Haus arbeitende Frauen gab es fast nur in Form des Dienstpersonals.

Die Emanzipationsbewegung der letzten hundert Jahre brachte weit reichende Reformen für die Frau sowohl auf politischer als auch auf sozialer Ebene. Doch die Befreiung, die sich Frauen dadurch erhofft hatten, ist nur teilweise eingetreten. Stattdessen sehen sich viele Frauen heute einem Rollenstress ausgesetzt, sowohl dem traditionellen Rollenschema der Frau zu entsprechen als auch ihre neuen Rechte von Autonomie und Unabhängigkeit ständig unter Beweis zu stellen. Gerade bei jungen Mädchen entstehen Individuationskonflikte, da sie sich weder mit den traditionellen noch mit den neuen Erwartungen, wie Frau sein soll,

---

[241] Auf die im Original dargestellten statistischen Ergebnisse habe ich hier verzichtet.

identifizieren können. Bereits in den 1960er Jahren griffen Entwicklungspsychologen diese Ambivalenzen auf und konnten feststellen, dass sich die weibliche Identitätsbildung als Personalisierung innerhalb von Beziehungen vollzieht, während von Männern Autonomie durch Trennung und Ablösung erreicht werden will[242].

Demgegenüber werden Mädchen heute geradezu sozialisiert, Beziehungen als zweitrangig zu betrachten und Unabhängigkeit anzustreben. *„Die Idealvorstellung menschlicher Entwicklung wurde gleichgesetzt mit dem was als männlich galt. Und Männlichkeit wurde über Unabhängigkeit definiert."*[243] Das Ideal männlicher Identitätsentwicklung wurde zum Maßstab gelungener weiblicher Emanzipation.

Kehren wir zurück zu der Feststellung, dass sich Frauen innerhalb von Beziehungsgeflechten definieren, scheint ein Konflikt im adoleszenten Sozialisationsprozess vorgegeben in einer Gesellschaftsstruktur, die geprägt ist von Individualisierung und überzeugt davon, dass Erwachsensein Autonomie im Sinne von Vereinzelung bedeutet[244]. Partnerschaften werden zu Lebensabschnittsbeziehungen, den Freund ersetzt ein Therapeut, das Büro wird zur Familie.

Der Emanzipationskonflikt junger Frauen hat meist schon eine Vorgeschichte in der jeweiligen Familienstruktur. Unter Bezugnahme auf den systemischen Ansatz der Individualpsychologie erweist sich gerade die familiäre Sozialisation als Mikroorganismus innerhalb der Gesamtgesellschaft als maßgeblich für spätere strukturelle Analysen im Sinne des soziologischen Erklärungsmodells gemäß dem Wechselwirkungsprozess zwischen Individuum und Gesellschaft. Die Ergebnisse der GILLIGAN-Studie zeigen, dass die Mädchen mit hohen Werten auf der Essstörungs-

---

[242] Vgl. STEINER-ADAIR 1998
[243] STEINER-ADAIR, 1998 S.242
[244] Vgl. STEINER- ADAIR 1998

skala Idealen einer emotional unabhängigen Superfrau folgen, während die andere Gruppe sich an individuellen Bedürfnissen orientiert.

Werthaltungen und Lebenseinstellungen bei jungen Mädchen lassen sich zu großen Teilen auf die vermittelten Ideale ihrer Eltern zurückführen, so dass diese eine entscheidende Rolle im Individuationsprozess von Frauen spielen. Die patriarchale Kleinfamilie ist typisch für unsere Gesellschaft. Im Gegensatz zur früheren Großfamilie lebt sie nicht mehr von gemeinsamen Produktions- und Erzeugungsaufgaben sondern wird zum vermeintlichen Schonungsraum, der äußere Probleme als Bedrohung auffasst und keine inneren Konflikte zulässt. Die einzelnen Familienmitglieder unterliegen dem Erwartungsdruck, gegenseitig für Glück und Lebenssinn der anderen verantwortlich zu sein, um keine Schuldgefühle zu entwickeln. Frauen sind hier stärker eingebunden, als Männer, da auf ihnen traditionsgemäß immer noch die Verpflichtung lastet, für die Familienharmonie sorgen zu müssen[245].

Die von Müttern vorgelebte Frauenrolle ist häufig geprägt von großer Ambivalenz. Mutterschaft bedeutet für Frauen in industrialisierten Gesellschaften oft auch die Übernahme der Hausfrauenrolle und damit den Verlust von sozialem Status und die Situation finanzieller Abhängigkeit. *„Mütter begegnen vor allem in der Tochter ihren eigenen verlorenen Möglichkeiten und delegieren ihre Wünsche und Hoffnungen an sie."*[246] Auf der anderen Seite wollen sie dennoch eine Vorbildfunktion einnehmen und Bestätigung in ihrer Frauenrolle erhalten. Pubertierende Mädchen entwickeln Schuldgefühle gegenüber der aufopfernden Mutter und versuchen, deren Wünschen zu entsprechen. Gleichzeitig verachten sie diese aber aufgrund ihrer dargestellten Schwäche und versuchen sich abzulösen. In dem Maße, in dem junge Frauen ihren weiblicher werdenden Körper eng mit dem eigenen Leben verbinden, wird er schnell zum

---

[245] Vgl. NEUBECK-FISCHER 1991, S. 149 ff.
[246] NEUBECK-FISCHER 1991, S.153

Verantwortlichen und Ausweg für psychische Individuationsprobleme. Gerade überbehütende Mütter erschweren Jugendlichen eine gesunde Abgrenzung. In Familien, in denen keine Intimsphäre gewahrt wird und in denen die Persönlichkeit jedes Einzelnen in einem allgemeingültigen Ideal von richtigem und falschem Leben untergraben wird, entstehen verzweifelte Abgrenzungsversuche vor allem von Töchtern.

In der Nahrungsverweigerung liegt eine erste Ablehnung der Wünsche der Mutter. Da diese in den meisten Familien für die Versorgung zuständig ist, bezieht sie auch ihre Anerkennung darauf. Die Tochter hat ein geeignetes Kommunikationsmedium, um sich bemerkbar zu machen ohne die Familienharmonie anzutasten. Sie hört auf zu essen und wird krank. Für die jungen Mädchen scheint die einzige Möglichkeit eines eigenen Weges die völlige Lösung von dem elterlichen Vorbild. Fatalerweise stehen den Mädchen, die nie gelernt haben auf innere Signale zu hören, jedoch zur Identitätsfindung wieder nur die von ihren Müttern und der Gesellschaft vorgegebenen Ideale der emanzipierten „Superfrau" zur Verfügung, denen sie nun versuchen nachzueifern. Das gesellschaftliche Ideal der schlanken autonomen Superfrau erwächst im Grunde aus einer tiefen Unsicherheit, aus einem Minderwertigkeitsempfinden von Frauen, die nicht gelernt haben, eigene Bedürfnisse zu achten und danach zu leben.

Nachdem Frauen sich nicht mehr in Korsetts zwängten, begannen sie, für die Schlankheit zu hungern, und als sie mehr Rechte bekamen, wurden diese Rechte zu moralischen Zwängen, weil sie nicht gelernt hatten, anders als in Zwängen zu leben. Die Identitätsfindung junger Frauen muss darauf beruhen, eine Persönlichkeitsstruktur auf Grundlage individueller Bedürfnisse zu entwickeln. Dabei braucht nicht zwischen Bindung und Eigenständigkeit entschieden zu werden.

11.3. Der inszenierte Körper

So wie das Schlankheitsideal im Wandel der Zeit und die Instrumentalisierung der Ernährung in Überflussgesellschaften, dient auch der Körper als Kommunikationsmedium des Individuums in der Auseinandersetzung mit seinem sozialen Umfeld.

Schon immer – und nicht nur in unserer Kultur – wurde der Körper strategisch eingesetzt, um politische, soziale oder religiöse Aussagen zu treffen. So sind sowohl der langhaarige Hippie-Look der 60er Jahre als auch der aktuelle Tattoo- und Piercingtrend heute symbolhafte Erklärungen zu bestimmten Weltanschauungen. Die für uns interessante Körpersymbolik des ausgezehrten Leibes der Magersüchtigen hängt zusammen mit der zentralen Rolle, die weibliche Rundungen einnehmen.

Es ist zu beobachten, dass die Entwicklung eines neuen Schlankheitsideals häufig mit dem Eintreten von politischen und sozialen Reformen einhergeht. Betrachten wir die politischen Wendepunkte 1789, 1918 und 1968[247], fällt auf, dass Frauen gleichzeitig zu der geistigen Emanzipation auch ihren Körper politisierten. Der bevorzugte extrem schlanke, flachbrüstige und schmalhüftige Knabenkörper in Anlehnung an das männliche Ideal wurde zum Symbol der emanzipierten Frau, im Gegensatz zu den weiblichen Rundungen der traditionellen Ehefrau und Mutter. Da wir im letzten Kapitel jedoch sehen konnten, dass Bindungen und Beziehungsgeflechte für Frauen in ihrer Identitätsfindung notwendig sind, lässt sich die Magersucht auch als perfektioniertes und ins Pathogene gesteigertes Schlankheitsideal und als gescheiterten Emanzipationsversuch werten. Magersüchtige junge Frauen suchen zwar die Abgrenzung von der traditionellen Frauenrolle, scheitern aber an den Ansprüchen der neuen Frau. STEINER-ADAIR beschreibt: *„Wenn wir nun das Massenphänomen hungernder Mädchen aus der Mittel- und Oberschicht unserer*

---

[247] Vgl. Kapitel 9.1

Gesellschaft nicht als Krankheitsbild, sondern als Politik des Körpers sehen, werden die abgemagerten Frauen zu Symbolen für eine Kultur, in der die weibliche Entwicklung keine Unterstützung findet (...)."[248]

Es sollte jedoch vermieden werden, den ausgehungerten Körper als bewussten politischen Protest gegen eine frauenfeindliche Gesellschaft zu betrachten. Die Anorexie hat im fortgeschrittenen Stadium der sichtbaren Auszehrung bereits eine Eigendynamik erhalten, die in ihren psychologischen und biochemischen Wechselwirkungen dazu führt, dass die betroffenen Mädchen nicht mehr in der Lage sind, willentlich ihr Körpergewicht zu beeinflussen. Die Nahrungsverweigerung wird von BRUMBERG (1994) definiert als *„... infantile Strategie, die sich vornehmlich gegen die Mutter und die eigene Persönlichkeit und nicht auf gesellschaftliche Zusammenhänge bezieht. Anorektikerinnen sind nicht eben für ihre Schwesterlichkeit berühmt."*[249]

Obwohl beide oben genannten Aussagen zur Symbolik des Ausgezehrtseins ambivalent erscheinen, lassen sie sich miteinander verbinden. Außer Frage steht, dass sich die Anorektikerin offensichtlich mit ihrem stark von der Norm abweichenden Körperbild in Bezug zu ihrer Umwelt setzt. Fasst man die Anorexie zunächst als psychosomatische Erkrankung auf, ist der ausgezehrte Körper psychoanalytisch erklärt ein autoaggressiver Abwehrmechanismus, der innerpsychische Spannungszustände lösen soll. Auf der Beziehungsebene sowohl zu den Eltern als auch zu dem sozialen Umfeld wird der dünne Körper jedoch zum Vorwurf und Hilferuf zugleich gegen Eltern und Gesellschaft, die dem jungen Mädchen scheinbar keine konstruktiven Strategien vorleben konnten, mit den Werten und Idealen unserer Kultur umzugehen. Der Körper ist ein symbolischer Schrei nach Hilfe von jungen Frauen, die irgendwann in ihrem Leben verstummt sind, weil sie lernen mussten,

---

[248] STEINER-ADAIR 1998, S. 249
[249] BRUMBERG 1994, S. 41

dass gesellschaftliche Werte und Rollenerwartungen mehr gelten als ihre eigenen Bedürfnisse.

Die rigide Kontrolle über den Körper wird zum Ausweg, wenn internale Reize nicht mehr wahrgenommen werden können. In dem Gefühl des Ausgeliefertseins gegenüber externen Zwängen und Erwartungen wird die Beherrschung des Körpers zu einer scheinbaren Befreiung und Selbstbehauptung. *„Wenn man so unglücklich ist und nicht mehr weiß, wie man etwas zuwege bringen soll, dann wird es zur Höchstleistung, Kontrolle über den Körper auszuüben. Man macht aus seinem Körper ein Königreich, in dem man als Tyrann, als absoluter Diktator herrscht"*[250], sagt ein anorektisches Mädchen in einem Therapiegespräch. In dem Versuch, sich von den äußeren Werten und Erwartungen zu befreien, schafft sich die Anorektikerin ein neues Gefängnis, indem sich die Macht über den Körper in den Zwang des Hungerns wandelt.

Dass die Körpersymbolik der Anorexie von der Gesellschaft verstanden wird, zeigt deren starke Affinität zu der jeweiligen Kultur. In einem System, in dem Schlankheit idealisiert und selbst zu einem kulturellen Wert erhoben wird, kann Körperlichkeit in diesem Sinne instrumentalisiert werden und eskaliert im neurotischen Symptom des Hungerns. Die Magersüchtige wird von der Gesellschaft als Provokation wahrgenommen, in dem sie deren Werte- und Rollenerwartungen in Frage stellt und zeigt, in welch dramatischer Form man daran verzweifeln kann. In der Anerkennung der Anorexie als Erkrankung liegt gleichzeitig der Beweis, dass die Stimme des Körpers der Anorektikerin in einer von idealistischen Werten und Rollenstrukturen determinierten Kultur als Kommunikationsmedium und Hilferuf gehört wird: *„Sie können ihr Wissen nicht in Worte fassen, da die Kultur ihnen die Wirklichkeit ihrer intuitiven*

---

[250] BRUCH 1980

Wahrheit verächtlich abspricht – so erzählen sie ihre Geschichte mit dem Körper."[251]

---

[251] STEINER-ADAIR 1998, S.250

12. Endstation Essstörung

Auf Grundlage der bisherigen Erkenntnisse über die kulturellen, historischen und sozialen Strukturen, in denen Frauen sich sozialisieren und eine Identität finden müssen, wird im Folgenden dargestellt, inwieweit die Magersucht ein Symptom der pathogenen Überanpassung an unsere Gesellschaft darstellt. Sie ist ein Versuch, sich so vor einem Scheitern an den ambivalenten Rollenerwartungen an die Frau zu schützen.

12.1. Das weibliche Minderwertigkeitsgefühl

Für eine gelungene Sozialisation ist der Aufbau eines Selbstwertgefühls notwendig, mit dem der Welt in allen ihren Anforderungen konstruktiv begegnet werden kann.

Vor allem Frauen sind in der Ambivalenz zwischen traditioneller Frauenrolle und dem Versuch, sich auch sozial und im Beruf zu engagieren, besonderen Belastungen ausgesetzt. Sie erfahren immer wieder, dass es kaum Möglichkeiten der Verbindung von Halt gebenden Beziehungen und gleichzeitiger Unabhängigkeit gibt. In einer Gesellschaftsstruktur in der sich Beziehungen eher auflösen als bilden und auch traditionelle Bindungen wie die Familie an Wert verlieren, kommt es zu einer Vereinzelung des Menschen. Im Zuge zunehmender Arbeitslosigkeit und personaler Konkurrenz wird das Streben nach Erfolg zum vermeintlichen Garant für persönliches Glück.

Frauen unterliegen diesem Druck stärker als Männer, da sie sich in Familie und Beruf gleichzeitig positionieren sollen. Zudem erfahren sie im öffentlichen Leben auch heute noch eine schon beinahe selbstverständlich gewordene Diskriminierung, angefangen bei typischen klischeehaften Frauenfiguren in Film und Fernsehen (schön = dumm = unselbständig und naiv) über die Benutzung des weiblichen Körpers für die Werbung (gemäß der Strategie „sex sells" werden meist fast nackte

Frauenkörper vermarktet) bis hin zu sexuellen Belästigungen (z.B. am Arbeitsplatz). Das auch daraus resultierende Gefühl der Minderwertigkeit bestätigt eine Untersuchung der deutschen Forschungsgesellschaft von 1990. Demzufolge sind Mädchen weitaus unzufriedener mit sich selbst als Jungen. Sie fühlen sich oft in ihrem sozialen Umfeld überflüssig und leiden häufiger unter Ängsten und Traurigkeit[252].

Die Art, wie Frauen ihren Körper erfahren, ist entscheidend an der Entstehung von Minderwertigkeitsgefühlen beteiligt. Schon im Kindesalter müssen Mädchen lernen, dass sie das physisch schwächere Geschlecht sind. Der Beginn der Pubertät bedeutet für Jungen einen Kraftzuwachs und eine Bestätigung ihrer Männlichkeit, während Frauen den Menstruationszyklus häufig sowohl als psychische und physische als auch als moralische Belastung („darüber spricht man nicht") empfinden. Innerhalb der Sexualität müssen Frauen erleben, dass die so genannte sexuelle Befreiung sie zwar durch Erfindungen wie die Pille vor ungewollten Schwangerschaften schützt, aber nicht verhindern kann, weiterhin von Männern als Sexualobjekte degradiert zu werden[253].

Frauen wachsen mit einem Gefühl des Ausgeliefertseins auf, indem die Körperkontrolle das einzige Feld scheint, auf dem sie mit Selbständigkeit und Erfolg frei agieren können. Dass diese scheinbare Selbstkontrolle wieder nur ein Unterordnen an das Ideal der schlanken, leistungsorientierten und disziplinierten Frau ist, fällt meistens erst dann auf, wenn es bereits zu spät ist und die betroffenen Frauen sich nicht mehr aus dem Teufelskreis eines pathogenen Kontrollzwangs wie der Magersucht befreien können.

Das folgende Ätiologiemodell zeigt die Entstehung einer Essstörung in Bezug auf typisch weibliche Sozialisationsbedingungen.

---

[252] Erhebung unter 1.700 Mädchen und Jungen im Alter im Alter von 12 bis 17 Jahren. (Deutsche Forschungsgesellschaft, Presse 12.11.1990, Nr. 38).
[253] Vgl. NEUBECK-FISCHER 1991, S. 144 f.

Kindheit

Kraftlose und herrschsüchtige Mutter + „Held"-Vater

↓

erdrückende Erwartung nach Anpassung

↓

Kind, das sich über wahrgenommene Reaktionen von anderen definiert

↓

Pubertät

unnatürlich niedrige Selbstachtung und Bedürfnis nach männlicher Anerkennung

↓

pubertierendes Mädchen ist unfähig zum Umgang mit Männern

↓

wirkliche oder angenommene Zurückweisung

intensive Beschäftigung mit Körper und Äußerlichkeiten

verstärktes Minderwertigkeitsgefühl und Angst gegenüber Männern

Schlanksein wird nicht belohnt

↓

Anorexia nervosa

Abbildung 15: Ätiologiemodell nach BOSKIND-LODAHL 1976, S. 439

12.2. Leben nach dem Leistungsprinzip

Seit Beginn der Industrialisierung hat in westlichen Industrienationen der Leistungsgedanke im sozialen und öffentlichen Leben eine immer größere Bedeutung erhalten. Nicht mehr die Geburt in einer bestimmten Schicht und Klasse ist maßgeblich für den Lebenslauf, sondern in erster Linie die eigene Leistung in Schule und Beruf. So ist auch die Erziehung wesentlich am Leistungsprinzip orientiert.

Die oben dargestellte Unsicherheit im Lebensgefühl vieler Frauen kann sich zusammen mit dem Leistungsprinzip unserer Gesellschaft zu dem ungesunden Bemühen entwickeln, in allen Lebensbereichen Perfektion anzustreben, um ein inneres Minderwertigkeitsgefühl auszugleichen. Die Magersucht stellt bereits in ihrem Symptom des perfektionierten Hungerns eine Überspitzung des Leistungsgedankens dar. Magersüchtige Frauen haben diesen gesellschaftlichen Wert besonders stark internalisiert. Sie waren meist bereits in der Kindheit besonders ehrgeizig und lernten im Elternhaus externe Erwartungen zu erfüllen.

In der Anorexie wird das gesamte Leben zur Leistungsbilanz. Der Alltag wird zu einem anstrengenden Kampf immer mehr zu leisten, um scheinbare Sicherheit zu gewinnen, in der Überzeugung *„wer perfekt ist, kann nicht verlieren"*[254]. Für Perfektion gibt es keine Begrenzung, so dass Magersüchtige das kapitalistische Gewinnmaximierungsprinzip symbolisieren. Das heißt, immer noch ein Stück perfekter sein zu wollen, ist ihr stetiges Ziel.

Mit diesem Verhalten werden Anorektikerinnen zunächst positiv von ihrer Umwelt wahrgenommen. Durch ihre Angepasstheit, ihren Fleiß und Strebsamkeit entsprechen sie den Vorstellungen unserer normenorientierten Gesellschaft. Erst in der fortschreitenden Symptomatik des körperlichen Ausgezehrtseins wird erkennbar, dass die Frauen an den ge-

---

[254] NEUBECK-FISCHER 1991, S. 147

sellschaftlichen Erwartungen und ihrem eigenen Anspruch scheitern. Magersüchtige konzentrieren ihren Leistungszwang auf das Essen und das eigene Körpergewicht als Maßstab für Erfolg und Misserfolg im Leben. Das Hungern dient, wie vielfach behauptet, nicht dazu ein Schlankheitsideal zu erreichen – das ist nur das auslösende Moment – sondern wird Mittel zum Zweck: Jedes Kilo weniger führt näher an die Perfektion; und perfekt sein heißt anerkannt und gemocht werden[255]. Nirgends empfindet die Magersüchtige einen so sichtbaren Erfolg wie bei der kontrollierten Gewichtsabnahme. Mit der Überzeugung, etwas Außergewöhnliches zu vollbringen, riskiert sie sogar den Tod als Preis für eine perfekte Leistung[256].

12.3. Störfall Gefühle – Die moderne Affektkontrolle

Im Laufe des Zivilisationsprozesses mussten die Menschen lernen, dass das Leben in geregelten maschinellen Abläufen nur unter Einhaltung auch strenger zwischenmenschlicher Konventionen reibungslos möglich war. NORBERT ELIAS[257] setzt dafür vor allem eine Kontrolle der Gefühle voraus, da sie sich standardisierten Regeln am ehesten widersetzen und zum Störfall werden können. So werden spontane Gefühlsäußerungen zugunsten des problemlosen Zusammenlebens unterdrückt und verdrängt.

Da für eine gesunde Ich-Identität aber die Auseinandersetzung mit den eigenen Triebimpulsen mit dem Ziel einer Abwägung zwischen Ich und Es, und schließlich einer Kompromissfindung in der realen Welt notwendig ist[258], hat der Verdrängungsprozess zur Folge, dass verlernt wird, innere Bedürfnisse zur Identitätsfindung zu nutzen, und äußere Zwänge

---

[255] Vgl. BRÄUNLEIN 2003, S.59
[256] Vgl. NEUBECK-FISCHER 1991
[257] Vgl. ELIAS 1997, Bd. 2, S. 323 ff.
[258] Vgl. FREUD 1940

und Regeln die innere Motivation schließlich fast völlig ersetzen. Ein allgemeines Gefühl der Ohnmacht und des Autonomieverlustes verbreitet sich.

Diese gesamtgesellschaftliche Entwicklung findet sich auch auf der Mikroebene der Familienstruktur wieder. Gerade in Familien Magersüchtiger wird großer Wert auf die Einhaltung familiärer Regeln (pünktliche Mahlzeiten, wertgetreue Rollenerwartungen) gelegt, die keinen Platz lassen für die Entwicklung individueller Bedürfnisse und Lebensvorstellungen. Ein derart geregeltes Leben führt dazu, dass selbst hoch affektive Empfindungen wie Hunger und Durst, Trauer, Freude oder Angst irgendwann nicht mehr gespürt werden können[259]. Magersüchtige haben nicht nur in Bezug auf Hunger und Sättigung eine gestörte Wahrnehmung. HILDE BRUCH berichtet von „*Wahrnehmungsverzerrungen*"[260], wenn sich ihre Patientinnen selbst mit objektivem Untergewicht noch als zu dick empfinden. Da sich Anorektikerinnen nur über äußere Werte und die Einschätzungen anderer wahrnehmen, obliegen sie ständig dem Gefühl, nicht gut genug zu sein. Eigene Bedürfnisse können nicht mehr zur Verhaltenssteuerung genutzt werden. Es ist davon auszugehen, dass in Familien Essgestörter die Äußerung von Gefühlen verpönt war und so eine rigide Gefühlskontrolle erzwungen wurde.

Die in der Familie erlebten Handlungsregeln werden in einer auf funktionierender Affektkontrolle basierenden Gesellschaftsstruktur noch verstärkt. Mädchen werden mehr als Jungen dahin erzogen, Emotionen,

---

[259] „*Insbesondere wenn wir (gemeint sind die Therapeuten) sie bitten, uns etwas über ihre inneren Reaktionen auf körperliche Reize wie Hunger und Angstgefühle (oder auch Müdigkeit, Kälte und sogar Blasen- und Darmdruck) zu berichten, scheinen sie bass erstaunt. [...] Sie können sich niemals darauf verlassen, dass ihnen ihre eigenen Empfindungen sagen werden, wann es Zeit ist zu essen und mit dem Essen aufzuhören. Sie fürchten stets, keine Kontrolle zu haben zuviel oder zu wenig gegessen zu haben.*"
(SELVINI PALAZZOLI 1982, S. 66)

[260] Vgl. BRUCH 1981

Aggressionen und Ärger nicht nach außen zu tragen, was sich in autoaggressivem Verhalten wie einer Essstörung manifestieren kann. Die zunehmende Verregelung des Lebens macht es immer schwerer, eine autonome, nicht von außen definierte Identität zu entwickeln.

So lässt sich auch die Zwanghaftigkeit der Magersucht damit erklären, dass jede Regelverletzung, also der Ausbruch aus dem Dauerhungern, zu einer Identitätsaufgabe führen würde, da sich die Persönlichkeit der Anorektikerin über ihre totale Gewichts- und Nahrungskontrolle definiert. Die Nahrungskontrolle gleicht einer Ersatzbefriedigung. Wo keine echten Bedürfnisse mehr empfunden werden können, bietet Essen als grundlegendes orales Bedürfnis ein Gebiet für Ersatz der eigentlichen Lebenslust. Die „Kontrolllust" hat – wie alle Ersatzbefriedigungen – die Struktur der Unersättlichkeit, in dem die Kontrolle schließlich zum nicht mehr zu beeinflussenden Zwang wird.

13. Vom Heimchen zur Superfrau - die verfehlte Emanzipation als Ursache des Phänomens Magersucht

Die Suche nach den Ursachen für das Auftreten der Magersucht führt, wie wir gesehen haben, immer wieder zu Fragen nach der weiblichen Identität. In den Kapiteln 9 und 11 wurden die Konflikte der weiblichen Sozialisation bereits thematisiert. Magersüchtige Mädchen haben Schwierigkeiten, sich in dem gegebenen gesellschaftlichen Rollengefüge zu positionieren. Die Erwartungen an die weibliche Rolle sind mit zunehmender Emanzipation der Frau bis heute nicht etwa gesunken, wie von den Vertreterinnen der Frauenbewegung intendiert war. Stattdessen hat ein neues Frauenideal der alles könnenden „Superfrau" die traditionelle Hausfrau und Mutter abgelöst.

Im Hinblick auf die Magersucht in ihrer gesellschaftlichen Bedeutung ist das Phänomen der Superfrau als das moderne idealisierte Frauenbild von besonderer Wichtigkeit.

Die diachrone Darstellung der Frauenbewegung gibt Aufschluss darüber, wie sehr die Etablierung der Magersuchtssymptomatik mit der weiblichen Emanzipation zusammenhängt[261]. Das Superfrau-Ideal ist eine – und hoffentlich nicht letzte – Station der Frau auf der Suche nach sich selbst. Die Anorexie ist die Krankheit dieser Suche und thematisiert in ihrer Symptomatik die Konflikte, denen sich Frauen ausgesetzt sehen. Je vielfältiger die Konflikte, desto mehr flüchten in die Hungersucht.

---

[261] In diesem Kapitel werden uns die aus Kapitel 5 bis 8 bereits bekannten soziokulturellen Zusammenhänge in einer neuen Perspektive beggegnen. In der Illustration des Emanzipationsprozesses wird mit den bereits gewonnen Erkenntnissen gearbeitet.

Die eigendynamische Verfestigung des Superfrau-Ideals in unserer Gesellschaft wird auch bedingt durch die „*Korrelation zwischen dem Grad des Ausgesetztseins und dem Grad der Abhängigkeit in einer Population*"[262]. Je stärker Frauen dieses Ideal suggeriert wird, desto schwieriger wird es, sich davon zu distanzieren, desto eher wird danach gestrebt und desto mehr Frauen sind prädestiniert zu scheitern.

13.1. Tradition, Feminismus, Moderne – die Geschichte der Frauenbewegung

Seit Beginn der Frauenbewegung gewinnt die Magersucht als Erkrankung der „neuen Frau" immer größere Bedeutung. Der kausale Zusammenhang zwischen dem vermehrten Auftreten der Anorexie und dem Kampf um Emanzipation wird in der folgenden Historie der Frauenbewegung offensichtlich.

Zu Beginn der Neuzeit hatten Frauen zunächst keine Rechte im öffentlichen Leben und waren festgelegt auf ihre Rolle als Ehefrau, Hausfrau und Mutter. Sie wurden nicht nur physisch sondern auch intellektuell als das schwache Geschlecht diskriminiert. Ihnen gehörte nichts, selbst der eigene Körper diente vorwiegend dazu, dem Mann zu gefallen und der Fortpflanzung zur Verfügung zu stehen[263].

Die gesellschaftlichen Umstände der industriellen Revolution, in denen die Ehefrau und Mutter der neuen städtischen Kleinfamilie aus finanziellen Gründen nun mit zum Lebensunterhalt beitragen musste und erstmals Verantwortung und Bedeutung auch außerhalb ihrer Haushaltsverpflichtung erlebte, waren der Beginn der Frauenbewegung.

Die „neue Frau" begann, sich aufzulehnen, und kämpfte um Gleichberechtigung mit dem Mann[264]. Der Kampf um Gleichberechtigung bil-

---

[262] BRUMBERG 1994, S. 225
[263] Vgl. Kapitel 6.3
[264] Vgl. Kapitel 6.4

dete bis in die 60er Jahre des 20. Jahrhunderts das Hauptthema der Emanzipation. In der letzten Zeit hat sich die Bedeutung von Emanzipation gemäß dem veränderten gesellschaftlichen Kontext jedoch verschoben. In Kapitel 13.2 wird darauf noch näher eingegangen.

Parallel zu diesen aufreibenden Bemühungen, sich in einer von oft selbstherrlichen und an eine Schicksalhaftigkeit der weiblichen Unfähigkeit glaubenden Männergesellschaft Gehör zu verschaffen, gewann die Magersucht als typische Psychosomatik von Frauen, die sich aus dem traditionellen Rollengefüge lösen wollten, an Bedeutung. Dabei wäre es falsch zu sagen, dass der Versuch, sich zu emanzipieren, Frauen generell in psychische Krankheiten, speziell in die Magersucht, treibt. Dennoch war der Kampf um Selbstbestimmung für Frauen, die nie gelernt hatten, eine eigene Meinung zu entwickeln oder gar nach außen zu vertreten, so aufreibend, dass manche daran verzweifelten.

Dass die Anorexie die Krankheit einer neuen Frauengeneration ist, drückt sich vor allem in ihrer Symptomatik aus, die sich völlig von den im 19. Jahrhundert bekannten psychischen Leiden der Frauen, wie Schwermut, körperliche Lähmungserscheinungen oder allgemeines Unwohlsein, unterscheidet. Bisher reagierten Frauen auf empfundenes Leid sprachlos, mit passiv introvertierten, physischen Symptomen. Die Magersucht drückt aktive Rebellion aus. Die ausbrechenden Frauen reagierten auch in der Verzweiflung nicht mehr leise sondern auto-aggressiv mit dem bewussten Aushungern ihres Körpers. Ein Symptom, welches nicht mehr zu der angepassten und braven Frau des 19. Jahrhunderts passte. Doch damals wie heute muss die auto-aggressive Zerstörung als pathogene Verzerrung des Wunsches nach Befreiung angesehen werden. Indem die Rebellion sich nicht mehr konstruktiv auf die Gestaltung des Lebens richtet sondern auf die Zerstörung des eigenen Körpers, entlarvt sie sich auf dramatische Weise als gescheitert.

Die Probleme, denen sich Frauen am Anfang der Emanzipation gegenübersahen, waren vielfältig. Ihr Bestreben, sich intellektuell gegenüber den Männern zu beweisen, fand wenig Zuspruch in der männlichen Gesellschaft. Im Gegenteil, Männer fürchteten um ihre Privilegien, als Frauen vermehrt in ihre Herrschaftsgebiete eindrangen und den männlichen Machtanspruch in Frage stellten. Zudem waren sie auch nicht bereit, auf die häusliche Bequemlichkeit und Zuwendung durch eine fürsorgliche Ehefrau zu verzichten[265].

Die gesellschaftliche Anerkennung von mutigen Frauen, die sich aus dem traditionellen Rollenbild zu befreien versuchten, war dementsprechend gering. Schließlich wurden das Meinungsbild und das öffentliche Leben immer noch allein von Männern geprägt. Frauen mussten für ihren Widerstand viel Kraft aufbringen und fanden selbst bei ihrem eigenen Geschlecht nicht immer Rückhalt.

Die neue Frau unterschied sich auch äußerlich von der konservativen, runden und weiblichen Hausfrau und Mutter. Der durch Brust und Hüften betonte Körper symbolisierte Mütterlichkeit und die traditionelle weibliche Lebensweise. Der moderne knabenhafte Frauenkörper hatte einen neuen Symbolwert, indem er durch eine schlanke Linie sowohl des Körpers, als auch der Kleidung sowie kürzeren Haaren[266] eine Androgynität vermittelte, die helfen sollte, von Männern stärker als gleichwertig anerkannt zu werden, ohne bereits durch den äußeren Eindruck auf die Rolle der Hausfrau und Mutter reduziert zu werden. Schlanksein wurde immer mehr zu einem Attribut der Befreiung der Frau. Doch in dem Maße, in dem Schlanksein nun einen neuen gesellschaftlichen Wert darstellte, und neben Bildung und Berufstätigkeit allgemein verbindliche Gültigkeit besaß, wurde aus der Befreiung ein subtiler Zwang. Es entstand ein neues Ideal, dem Frauen entsprechen sollten.

---

[265] Vgl. Kapitel 6.4
[266] Trend seit den 20er Jahren des 20. Jahrhunderts, vgl. Kapitel 9.1 und 10

Zu Beginn der Emanzipationsbewegung waren Frauen noch zu sehr um den Kampf für Gleichberechtigung bemüht, als dass sie erkannt hätten, dass das neue Rollenbild der Frau wieder von Zwängen in dem Wunsch um gesellschaftliche Anerkennung bestimmt war, und damit die neu erlangten Rechte relativieren würde. Echte Autonomie der Frauen konnte so nicht entstehen[267].

Durch den zweiten Weltkrieg zurückgeworfen, fand die Frauenbewegung ihren nächsten Höhepunkt in den 60er Jahren des 20. Jahrhunderts. Trotz vieler Rechte, die Frauen bis dahin hinzugewonnen hatten, waren sie immer noch mehr Hausfrau, Mutter und schmückende Begleiterin im Schatten eines erfolgreichen Mannes als gleichberechtigte Partnerin. Die Frauenbewegung der 60er Jahre wollte dieses Rollengefüge endgültig auflösen.

Bereits kurz nach dem Krieg entwickelte SIMONE DE BEAUVOIR in *„Das andere Geschlecht"*[268] eine feministische Theorie, die zu einer Gleichwertigkeit der Geschlechter unabhängig ihrer natürlichen Unterschiede gelten sollte. Gleichzeitig betont sie, *„dadurch dass man weibliche Attribute ablehnt, erlangt man keine männlichen."*[269] *„Die Frau kann nur dann ein vollständiges Individuum und dem Mann ebenbürtig sein, wenn auch sie ein geschlechtlicher Mensch ist. Auf ihre Weiblichkeit verzichten hieße, auf einen Teil ihrer Menschlichkeit verzichten."*[270]

Dennoch: *„Es muss noch einmal wiederholt werden, dass es in der menschlichen Kollektivität nichts gibt, dass nicht natürlich wäre, und*

---

[267] In der Gestalt des ausgehungerten anorektischen Körpers zeigt sich die pathogene Überzeichnung des Schlankheitsideals, erreicht durch das perfektionistische Bemühen, dem allgemein gültigen Ideal zu entsprechen.
[268] BEAUVOIR 1951
[269] BEAUVOIR 1951, S. 845
[270] BEAUVOIR 1951, S. 844

dass auch die Frau ein Produkt der Zivilisation ist, [...] dass die Frau das ist, wozu man sie gemacht hat."²⁷¹

SIMONE DE BEAUVOIR berief sich auf einen expliziten Kulturalismus, um so der Mystifizierung des „typisch Weiblichen" entgegen zu wirken. Sie sah das Ziel weiblicher Emanzipation schließlich darin, dass es *„die Aufgabe des Menschen [sei], dem Reich der Freiheit inmitten der gegebenen Welt zum Durchbruch zu verhelfen. Damit dieser höchste Sieg errungen werden kann, ist es unter anderem notwendig, dass Männer und Frauen über ihre natürlichen Unterschiede hinaus unmissverständlich ihre Brüderlichkeit behaupten.*"²⁷²

Obwohl sich die nachfolgenden Feministinnen, allen voran ALICE SCHWARZER auf SIMONE DE BEAUVOIR berufen, haben die feministische Bewegung und schließlich das Ideal heutiger Emanzipation den Charakter von Freiheit innerhalb einer Gesellschaft von vielen Möglichkeiten nicht erreicht. Wir werden später noch darauf zurückkommen.

Die Frauenbewegung der 60er Jahre kämpfte vorwiegend immer noch für die Gleichberechtigung der Frau mit dem Mann. BETTY FRIEDAN sagte dem *„Weiblichkeitswahn"*²⁷³ der späten 50er Jahr den Kampf an und rief frustrierte, eingeschüchterte Frauen auf, nicht *„mit dem alten Leitbild der Frauenrolle Kompromisse zu schließen"*²⁷⁴, sondern einen neuen Lebensplan zu entwerfen. Grundsätzlich stellte sie zunächst nicht „typisch weibliche" Tätigkeiten wie Haushalt und Kindererziehung in Frage, relativierte aber deren Wertigkeit zu Gunsten der Teilzeit-Hausfrau und -Mutter. Im weiteren Verlauf ihrer Arbeit plädierte sie für die Änderung der *„überholten weiblichen und männlichen Geschlechtsrol-*

---

²⁷¹ BEAUVOIR 1951, S. 892
²⁷² BEAUVOIR 1951, S. 900
²⁷³ FRIEDAN 1966, S. 238
²⁷⁴ FRIEDAN 1966, S. 239

*len"*²⁷⁵ und für die gerechte Aufteilung von Beruf und Familie von Männern und Frauen, um Gleichberechtigung zu erreichen.

Anfang der 70er Jahre ging ALICE SCHWARZER in ihrer feministischen Theorie noch weiter. Sie rief Frauen agitatorisch dazu auf, sich nicht länger von Männern beruflich und sexuell ausbeuten zu lassen. Dabei unterstellte sie Männern in jeder Beziehung einen Machtmissbrauch gegenüber Frauen und vermittelte ein allgegenwärtiges negatives Männerbild, das nicht viel gemein hat mit der von SIMONE DE BOUVOIR postulierten Brüderlichkeit zwischen Mann und Frau. So *„ist die ausschließliche Heterosexualität des Mannes ein entscheidendes Machtmittel des Mannes im Geschlechterkampf,"*²⁷⁶ und *„Schönheit ist auch und vor allem eine Waffe gegen die Emanzipation."*²⁷⁷ Um sich von der Herrschaft des Mannes zu befreien, gewährt *„nur die Berufstätigkeit [...] der Frau eine relativ ökonomische Unabhängigkeit vom eigenen Mann, nur die Berufstätigkeit lindert die soziale Isolation und hebt das Selbstwertgefühl von Frauen und bricht zumindest partiell die traditionelle Frauenrolle auf."*²⁷⁸

Obwohl ALICE SCHWARZER nach 25 Jahren Frauenbewegung eingesteht, dass die Gleichberechtigung zwischen Männern und Frauen fortgeschritten ist, konstatiert sie noch immer, *„dass der angebliche Unterschied [zwischen Mann und Frau] nichts ist als ein Vorwand für die Hierarchie zwischen den Geschlechtern, und dass diese Hierarchie keineswegs auf Liebe begründet ist, sondern auf Hass. [...] Wir beginnen uns Stück für Stück aus der sozialen Abhängigkeit zu befreien. Aber wir*

---

[275] FRIEDAN 1966, S. 272
[276] SCHWARZER 1975, S.259
[277] SCHWARZER 2002, S.227
[278] SCHWARZER 1975, S.282

stecken noch immer tief in der emotionalen Abhängigkeit: Abhängigkeit von individueller Liebe und gesellschaftlicher Anerkennung."[279]

ALICE SCHWARZER wollte eine Frauengeneration aufrütteln, für ihre Befreiung aus der Herrschaft des Mannes zu kämpfen, um sich in der Gesellschaft eigenständig zu positionieren. Ihre drastische und populistische Ausdrucksweise hat sicher den weiblichen Kampfgeist geweckt und ein Klima des Aufbruchs initiiert, selbst wenn nicht alle Frauen ihre Bücher lasen. Dennoch bleibt SCHWARZER in ihrem radikalen Feminismus eindimensional. Die Befreiung aus dem Patriarchat bedeutet die gleichzeitige Übernahme der von ihr vorgegebenen Rollenstrukturen.

Während SIMONE DE BEAUVOIR von dem Ziel der Gleichheit zwischen Mann und Frau spricht, welches sich auf Gemeinschaftlichkeit und Brüderlichkeit gründet, initiiert ALICE SCHWARZER einen Machtkampf zwischen den Geschlechtern, der in der von ihr geforderten Schärfe um der Freiheit willen auch in Einsamkeit enden kann, denn *„der Preis für Eigenständigkeit, Selbständigkeit und Freiheit ist hoch."*[280]

Dieser radikale Feminismus konnte sich bis heute nicht durchsetzen. Gelebte Eigenständigkeit auf Kosten von Bindung und Liebe können sich die meisten Frauen nicht vorstellen und versuchen stattdessen, sowohl die erkämpften Rechte auf Bildung und Beruf zu realisieren, gleichzeitig aber auch dem traditionellen Frauenbild der sorgenden Hausfrau zu entsprechen. Denn obwohl Frauen in die „männliche" Berufswelt vordringen, sind diese noch lange nicht bereit auch Hausfrauenpflichten zu übernehmen. *„Es ist die Schwierigkeit, die männliche Haltung zu ändern, und es ist der taube Widerstand der Männer gegen die Gleichberechtigung, die ihre Vorstellungswelt durcheinander bringen würde."*[281]

---

[279] SCHWARZER 2002, S.287
[280] SCHWARZER 2002, S.288
[281] BADINTER 2000, S. 32

Die feministische Theorie in dieser Form ist problematisch, da sie die Erfüllung für die Frau ausschließlich in der finanziellen und emotionalen Unabhängigkeit sieht. Es war sicher sinnvoll, unterdrückte Frauen auf solch radikale Weise aufzurütteln. Nach dieser Befreiung muss jedoch das gemeinschaftliche Zusammenleben von Männern und Frauen angestrebt werden, indem die Möglichkeit zu Bindung ohne hierarchische Abhängigkeit gegeben ist, um die Solidarität zwischen den Geschlechtern zu gewährleisten, und nicht deren Spaltung zu provozieren.

Insgesamt hat die Frauenbewegung der 60er Jahre maßgeblich dazu beigetragen, dass Frauen heute selbstbewusst für ihre Rechte und Überzeugungen eintreten. Auch im Bewusstsein der meisten Männer hat sich die Gleichberechtigung als gesellschaftlicher Wert etabliert, wenn auch die Realität für Frauen oft immer noch einen Kampf gegen die gesetzten traditionellen, patriarchalen Strukturen darstellt. Die Frauenbewegung hat zwar starke Frauen hervorgebracht, dabei aber wenig an dem Rollenselbstverständnis der Männer ändern können. Um ein gleichberechtigtes Zusammenleben zu erlangen, müssen sich auch Männer weiterentwickeln und aus alten Rollenstrukturen lösen. Dieser Emanzipationsschritt ist zurzeit allgegenwärtig, und wird in 13.4 noch thematisiert.

13.2. *Die befreite Frau? - Emanzipation heute*

Die Wünsche nach mehr Wahlfreiheit zwischen Beruf und Familie, nach Möglichkeiten der Selbstverwirklichung werden in der Realität zu einer Doppelbelastung für die Frau. In Deutschland finden Frauen in der Vereinbarung von Familie und Beruf sogar noch weniger Unterstützung als in anderen Ländern. Im Vergleich zu Frankreich und den skandinavischen Ländern Dänemark, Schweden und Norwegen fällt auf, dass dort zwischen 70% und 80%[282] der Frauen erwerbstätig sind, in Deutschland sind es nur ca. 40%, bei gleichzeitig niedrigerer Geburtenrate. Im Hin-

---

[282] Vgl. SCHMIDT 2002, S. 158 ff.

blick auf die Unterschiede der organisierten Betreuungsmöglichkeiten ist das nicht verwunderlich. Während in den Nachbarländern für Klein- und Schulkinder eine staatlich geförderte Möglichkeit zur ganztäglichen Betreuung besteht, müssen deutsche Familien ihren Arbeitsalltag vorwiegend auf Halbtagseinrichtungen, die zudem rar und teuer sind, abstimmen[283]. Da die Familienarbeit immer noch vorwiegend Aufgabe der Frauen ist, sind diese auch die Hauptleidtragenden dieser Situation[284].

Auch im beruflichen Arbeitsleben sind Frauen gegenüber Männern noch benachteiligt. Obwohl sie mittlerweile die gleichen Positionen wie Männer besetzen, wird die Kompetenz von Frauen geringer bewertet, wie anhand der folgenden Statistik zur Gehaltssituation von Männern und Frauen zu erkennen ist.

	Männlich	Weiblich
Großhandel	3298	2470
Einzelhandel	2634	2025
Kreditgewerbe	3621	2797
Versicherungsgewerbe	3718	2998

Tabelle 8: Durchschnittliche Bruttomonatsverdienste in Deutschland (€) im Jahr 2003, Quelle: Statistisches Bundesamt, 2004

Viele Arbeitgeber empfinden männliche Angestellte als flexibler und einsatzfähiger als weibliche, da es vorwiegend die Frauen sind, die im Zweifel ihre Prioritäten für die Familie setzen – Kinder lassen sich eben nicht wie eine Akte auf später verschieben. Hier gelangen wir wieder zu dem Problem der fehlenden Betreuungsmöglichkeiten für Kinder, der Kreis schließt sich.

Nicht nur die Wirtschaft, auch das staatliche Rechtssystem trägt zu einer Gleich- oder Ungleichbehandlung von Frauen bei.

---

[283] Vgl. SCHMIDT 2002
[284] Vgl. zur weiblichen Berufsfindung in der Pubertät: HAGEMANN-WHITE 1998

Unsere Gesellschaft gründet sich auf zwei Lebenswelten. Die Lebenswelt der Öffentlichkeit war als bezahlte und qualifizierte Arbeit naturgemäß dem Mann zugeordnet, der keine Familienarbeit leisten musste, und so frei war für die Marktwirtschaft. Davon abhängig, aber zum Fortbestand der Gesellschaft notwendig, war auf der anderen Seite die Welt des Privaten, als der traditionelle Bereich der Frau, die ohne Kosten- und Nutzen-Kalkulation Haushalt und Kinder versorgt. *„Das heißt: Diese geschlechtliche Arbeitsteilung erzeugt ein Herrschaftsverhältnis, indem Ökonomie und Männer Frauen als Ressource für ihre Bedürfnisse konsumtiv nutzen."*[285]

Wir haben bereits im Rahmen der Diskussion der Frauenbewegung festgestellt, dass Männer kaum Interesse haben, dieses Hierarchieverhältnis zu ändern. Insofern erfordert die Beendigung geschlechtlicher Arbeitsteilung ein kollektives Bemühen von Frauen, welches in gesetzlichen Modellen manifestiert dann Änderungen mitbewirken kann, wenn das Bewusstsein über die Gleichwertigkeit von Mann und Frau nicht ausreicht. Es gibt zwar mittlerweile gesetzliche Regelungen, die es Frauen ermöglichen, nach einer Babypause weiterzuarbeiten, eine Teilzeitstelle zu erhalten oder innerhalb der Frauenförderung über eine Quote bevorzugt zu werden. Gerade die „Frauenquote" ist jedoch – abgesehen davon, dass sie nicht zu einer grundsätzlichen Veränderung der Hierarchieverhältnisse beiträgt – in Frage zu stellen, da Frauen so als vermeintliche Randgruppe eher diskriminiert werden, als gefördert. Die theoretische Möglichkeit der Rückkehr auf den alten Arbeitsplatz nach der Babypause endet in der Realität häufig mit einem Karriererückschritt. Das Drei-Phasen-Modell (Beruf - Babypause - Beruf) wird schließlich vorwiegend für Frauen und nicht für Männer vorgeschlagen, so dass auch hier die bestehende Hierarchie unangetastet bleibt[286].

---

[285] PFARR 1991, S. 5 f.
[286] Vgl. PFARR 1991, S. 3 ff.

Diese rechtlichen Grundlagen können nur zu strukturellen Veränderungen führen, wenn sich das Bewusstsein der Männer für Familienarbeit ändert. Gesetzliche Rahmenbedingungen bieten zwar für Männer die Möglichkeit, wie Frauen eine Elternzeit zu nehmen oder Teilzeit zu arbeiten. Aber deren Realisierung scheitert bisher meist an wenig emanzipierten Männern, die den Verlust ihrer Männlichkeit fürchten, wenn sie sich vorwiegend der Familie widmen. Obwohl die Initiative einer Gleichstellungspolitik unterstützend notwendig ist, schafft sie keine zusätzlichen Kinderbetreuungseinrichtungen, die es für beide Elternteile vereinfachen würden, ihren Beruf beizubehalten. Für Alleinerziehende und Geringverdiener bedeuten Teilzeitstellen letztendlich oft gravierende finanzielle Belastungen.

Trotz dieser Hindernisse sind die meisten Frauen heute zu finanzieller Eigenständigkeit in der Lage, ein wesentlicher Schritt der Emanzipation. Das Ideal der Hausfrau und Mutter wurde abgelöst von der selbständigen, gebildeten Frau der modernen Zeit.

Dennoch sind Frauen noch immer auf der Suche nach ihrer Identität. Aufgrund der gerade erst überwundenen Jahrhunderte langen Diskriminierung in einer Männergesellschaft stehen sie unter dem – nicht selten selbst erzeugten – Druck, ihre Stärke und ihre Fähigkeiten zu beweisen. Dabei geht es mit fortschreitender Gleichberechtigung immer weniger darum, der Männerwelt gegenüberzutreten. Stattdessen streben Frauen nach dem neuen Ideal der *„have–it-all woman,"*[287] welches nicht nur männliche, sondern generelle soziale Anerkennung zu sichern scheint. Sie wollen Familie und Karriere und dabei schlank und attraktiv sein. Denn trotz neuer weiblicher Selbständigkeit haben die traditionellen Werte nicht an Bedeutung verloren, eher das Gegenteil ist der Fall[288].

---

[287] GLAMOUR USA, Mai 2004, S. 247

[288] *„Sicher, die Vorurteile des Jahres 2000 unterscheiden sich von denen der Nachkriegszeit, und die patriachale Ideologie hat an Gewicht und Schärfe verloren. Aber*

Die „Superfrau" wird geboren und gewinnbringend von Medien und Wirtschaft vermarktet[289].

13.3. Perfektion statt Emanzipation

Emanzipation im feministischen Sinne, erreicht durch Autonomie und Gleichberechtigung, ist von Frauen bis heute erreicht worden. Das Patriarchat ist nahezu überwunden, und Frauen begreifen sich nicht mehr nur als „*das andere Geschlecht*"[290], sondern als eigenständige Subjekte in der Gesellschaft.

In dem Glauben, auf diese Weise emanzipiert zu sein, haben Frauen jedoch aufgehört, sich auch weiterhin aktiv für ihre Bedürfnisse einzusetzen. Das Ideal der Superfrau zeigt dagegen, wie wenig autonom Frauen wirklich sind, indem sie sich dem Diktat der perfekten Überfrau freiwillig beugen und durch diese stillschweigende Zustimmung noch zu seiner Verfestigung beitragen.

Emanzipation ist jedoch kein Zustand, sondern ein Prozess, der fortwährend weiterentwickelt werden muss, um dauerhafte weibliche Autonomie jenseits von gesellschaftlichen Idealen zu gewährleisten.

Auch durch die Frauenbewegung der 60er Jahre bedingt herrscht verbreitet die Meinung, dass die Faktoren Berufstätigkeit und Gleichberechtigung und die dadurch erreichte Selbständigkeit bereits die emanzipierte Frau kennzeichnen. Das ist aber nur teilweise richtig. Es wird da-

---

die Mystifizierung der Frau [...] ist seit 20 Jahren wieder schleichend auf dem Vormarsch [...]. Die Mutterschaft und die besonderen weiblichen Eigenschaften wie Sanftmut, Altruismus oder Friedfertigkeit wieder hervorzukehren, ist [...] wieder groß in Mode." BADINTER 2000, S.28

[289] Medien und Wirtschaft tragen zwar wesentlich zur Verfestigung dieses Ideals bei, sind aber nicht seine Initiatoren. Die Superfrau wurde maßgeblich durch die problematische Emanzipation der Frau und durch die Frau selbst zum neuen Ideal für perfektioniertes Frausein.

[290] Vgl. BEAUVOIR 1951

bei außer Acht gelassen, dass gesellschaftliche Entwicklungsprozesse immer auch neue emanzipatorische Fähigkeiten notwendig machen, so dass Frauen in veränderten gesellschaftlichen Strukturen ihre Identität neu definieren müssen.

Die komplexen Anforderungen, denen sich Frauen heute gegenüber sehen, und der Druck der Leistungsgesellschaft, die deren perfekte Erfüllung einfordert, haben dazu beigetragen, dass sich die Superfrau zum neuen Leitbild für gelungenes Frau-Sein entwickeln konnte. In dem Bemühen, dieses Ideal zu erreichen, begeben sich Frauen freiwillig in eine von Zwängen geprägte Lebensstruktur. *„Der Kodex der weiblichen Pflichten"*[291] bestimmt, wie Frau sein soll. *„Mit anderen Worten, Kompetenz bedeutet für eine Frau, mit Karriere und Kind so zu jonglieren, dass es keine Spuren in ihrem Erscheinungsbild hinterlässt; sie soll ruhig und gelassen bleiben und sich vollkommen in der Gewalt haben. Nach diesen beiden Forderungen müssen Frauen lernen Superfrau zu sein, ohne zu klagen."*[292] Die Widersprüchlichkeit und häufige Unvereinbarkeit der Inhalte sowie der hohe Leistungsdruck, das Ideal zu erfüllen, lassen viele Frauen an dessen Realisierung verzweifeln. Die steigenden Zahlen magersüchtiger Frauen korreliert mit dieser Entwicklung. Dieser Zusammenhang wird später noch differenzierter thematisiert.

Ohne es zu wollen, haben Frauen die Entstehung des neuen Rollenideals möglich gemacht. Ihre neuen Rechte und ihre berufliche Selbständigkeit täuschen darüber hinweg, dass sie immer noch in der Vorstellung leben, ein definiertes Bild des Frauseins erfüllen zu müssen.

Frauen haben in ihrer Geschichte nie gelernt, eigenständige Entscheidungen zu treffen, die über die Grenzen der traditionellen Geschlechtsrolle hinausgingen. Die neu erlangten Rechte und Möglichkeiten lösten Tatendrang und Verunsicherung zugleich aus. Sie hatten keinen Maßstab

---

[291] BEPKO/KRESTAN 1991, S.25
[292] BEPKO/KRESTAN 1991, S.44

und kein Vorbild für ihre Lebensgestaltung. Das Bestreben, in ihrer Frauenrolle soziale Anerkennung zu erhalten, führte dazu, dass Frausein unter den Prinzipien der erfolgsorientierten Leistungsgesellschaft immer mehr eine zu erbringende emanzipatorische Leistung wurde. In der Konsequenz wurden Rechte zu (Rollen-)Verpflichtungen. Die komplexen und widersprüchlichen Facetten moderner Weiblichkeit werden schließlich gebündelt in dem unerreichbaren Ideal der Superfrau.

Die Distanzierung von diesem Ideal ist, sowohl aufgrund der realen Lebensbedingungen von Frauen[293], als auch aufgrund des psychischen Drucks, der durch die von Medien und Industrie verherrlichte Superfrau ausgeübt wird, nur schwer möglich. In dem Bewusstsein, nicht an das in das Ich-Ideal[294] übernommene Bild der Superfrau heranzureichen, entstehen Gefühle der Unzulänglichkeit und Selbstzweifel.

Gerade die Magersucht wird für einige Frauen die Flucht aus diesem aussichtslosen Kampf um die Illusion der perfekten Frau, des perfekten Körpers. Sie ist das Ende einer falsch verstandenen und verfehlten Emanzipation.

Dennoch wird die Superfrau immer mehr zum Ideal moderner Weiblichkeit. Sie scheint der Schlüssel zu Erfolg, Glück und sozialer Anerkennung. Medien und Industrie, die die Superfrau gewinnbringend über diese Assoziationen vermarkten, tragen entscheidend zu ihrer Etablierung in der sozialen Wertestruktur bei.

Das Ideal der Superfrau lässt sich über drei grundsätzliche Faktoren definieren:

- berufliche Eigenständigkeit, d. h. finanzielle Unabhängigkeit
- körperliche Attraktivität, d. h. schön, schlank, fit
- Familienbewusstsein, d.h. Kindererziehung, Haus- und Beziehungsarbeit

---

[293] siehe oben
[294] Vgl. SCHRAML 1976, S. 110 ff.

Alle drei Bereiche unterliegen dem Leistungsprinzip unserer Gesellschaft.

13.3.1. Attraktivität als Schlüssel zum Erfolg

Körperliche Attraktivität ist ein wesentlicher Faktor des Ideals der Superfrau.

Der Attraktivitätsdruck, dem Frauen ausgesetzt sind, hat im Laufe der letzten dreißig Jahre eine neue Dimension erhalten, die nicht primär mit der Emanzipation zu begründen ist, sondern ihre Ursachen in der Veränderung der Gesellschaftsstruktur hat.

Das äußere Erscheinungsbild dient wesentlich dazu, sich in der Gesellschaft zu positionieren. Die Erfüllung eines spezifischen Schönheitsideals ist also kein Selbstzweck, sondern wird zum Mittel für Erfolg und soziale Anerkennung. Bereits im Geschlechterkampf der 70er und in der karriereorientierten Generation der 80er Jahre setzten Frauen ein männliches, androgynes Äußeres (kurze Haare, Hosenanzüge, breite Schulterpolster, knabenhafte und sportliche Körperform) ein, um in der männerdominierten Gesellschaft ihre intellektuellen Fähigkeiten besser beweisen zu können[295].

Mittlerweile lässt sich wieder ein Trend zu bewusst weiblicher Betonung des Körpers beobachten. Zwar bleibt die gewünschte Silhouette schlank und sportlich, aber sowohl Kleidung als auch Frisuren sollen Weiblichkeit hervorheben. Feministinnen sehen darin einen Rückfall in die Mystifizierung der Frau[296]. Vielleicht ist es aber viel eher der überwundene Geschlechterkampf, der Frauen in dem Bewusstsein, dem Manne ebenbürtig zu sein, vermehrt selbstbewusst ihren weiblichen Körper darstellen lässt, ohne befürchten zu müssen, allein aufgrund dessen als inkompetent zu gelten.

---

[295] Vgl. Kapitel 10
[296] Vgl. BADINTER 2000, S. 34

Dabei ist das äußere Erscheinungsbild jedoch keineswegs weniger bedeutend für die Einschätzung der persönlichen Fähigkeiten oder das zwischenmenschliche Urteil geworden. Im Gegenteil, der ständig wachsende Konkurrenzkampf führt zu dem Bedürfnis, sich bereits auf den ersten Blick positiv von anderen abzuheben, um die eigenen Chancen zu verbessern. Attraktivität wird vermehrt mit Leistungsfähigkeit verbunden. Das entspricht dem Anspruch unserer Gesellschaft nach Perfektion[297]. Menschen, die nicht dem geltenden Schönheitsideal entsprechen, werden als schwach und damit fehlerhaft abgewertet.

Zudem ist das moderne Leben geprägt von vielen und ständig wechselnden, neuen sozialen Kontakten, die aufgrund ihrer Anzahl aber weniger intensiv sind. Der erste Eindruck – das heißt, das äußere Erscheinungsbild, sowie Mimik, Gestik und spontanes Verhalten – bestimmt vermehrt die Einschätzung durch andere[298].

Die neuen Funktionen körperlicher Attraktivität sind nicht mehr auf Frauen beschränkt. Männer wie Frauen streben nach allgemeingültigen Schönheitsidealen, um sich gesellschaftlich zu positionieren. Das Streben nach Attraktivität stellt einen sozialen Akt dar. Die Inszenierung der eigenen Person dient dazu, Erfolg und soziale Anerkennung zu erhalten. DEGELE bezeichnet *„Schönheitshandeln als erfolgsorientiertes Handeln"*[299]. Für Männer ist der Druck, attraktiv zu sein, neu. Seitdem diese sich verstärkt um ihr Äußeres bemühen, lässt sich auch eine steigende

---

[297] *„Schlankheit ist zu einem Wert an sich geworden, zu einer erstrebenswerten Zielvorstellung. Schlankheit ist gleichzeitig Voraussetzung und äußerer Ausdruck von dynamischer Leistungsfähigkeit, begehrenswerter Attraktivität und persönlichem Glück. In nahezu der gesamten Medienlandschaft von Zeitungen, Zeitschriften und Büchern, von Film und Fernsehen ist Schlankheit allgegenwärtig."* (PUDEL/WESTENHÖFER 1998, S.194)
[298] Vgl. BRIGITTE 09/2004, S.88 ff.
[299] BRIGITTE 09/2004, S.88

Anzahl von Fällen männlicher Magersucht messen. In Kapitel 13.4 wird diese Korrelation noch differenziert betrachtet.

Die meisten Frauen geraten über eine Diät, den Wunsch schlanker, und damit schöner zu werden, in die Magersucht. Die Schuld dafür dem herrschenden Schönheitsideal und dem dazugehörenden Diätwahn unserer Gesellschaft zu geben, ist nahe liegend, aber nur bedingt richtig. Denn der schlanke Körper dient nur als Mittel zum Zweck. Indem er mit Erfolg und Anerkennung gleichgesetzt wird, scheint der Schlüssel zu persönlichem Glück, Diät zu halten. Das Problem dabei ist die Assoziation von Schlankheit mit den Idealen der Leistungsgesellschaft. Je mehr eine Frau ihren Selbstwert über ihre erbrachte Leistung definiert, desto stärker wird sie sich bemühen, durch das Hungern für den so erwarteten Erfolg, ihrem Anspruch an sich gerecht zu werden.

Der am Ende ausgezehrte Körper der Magersüchtigen ist weder Rebellion gegen noch Anpassung an das herrschende Schlankheitsideal. Er ist die Folge einer gefährlichen Sucht – die Sucht nach dem Hunger – und wird in trauriger Weise das Versprechen für Glück.

Magersüchtige Frauen orientieren sich in besonderem Maße an gesellschaftlichen Wertvorstellungen. Weil sie ihre Identität, ihren Selbstwert allein über deren perfekte Realisierung definieren, wird die Magersucht im oben beschriebenen Sinne eine Konfliktlösungsstrategie.

Die entwicklungsbedingten Ursachen dieser spezifischen Werteinternalisierung thematisiert das folgende Kapitel.

13.3.2. Das normierte Selbst

Die Psychosomatik der Magersucht ist die mögliche Konsequenz des Bestrebens, sich dem emanzipatorischen Leistungsprinzip unterzuordnen. Der ausgehungerte Körper der Magersüchtigen ist nicht nur sichtbar gewordener Ausdruck eines individuellen psychischen Konfliktes, sondern stellt auch einen sozialen Akt dar. Er hat die Funktion übernommen, auf dramatisch verzerrte Weise die Zerrissenheit von Frauen zwischen Autonomie und Abhängigkeit, zwischen dem Bedürfnis nach individueller Identität und gesellschaftlichen Zwang zu normierter Perfektion nach außen zu tragen. Die Magersucht ist die übersteigerte Anpassung an das Leistungsprinzip unserer Gesellschaft, und zugleich dessen Verweigerung.

Die Magersüchtige scheitert an ihrem perfektionistischen Anspruch, ohne ein alternatives Lebenskonzept entwickeln zu können. In dem Empfinden, keine Autonomie über den Fortgang ihres Lebens zu haben, beginnt sie, ihren eigenen Körper zu kontrollieren. Die Macht über sich selbst, die sie in der Bezwingung ihrer Körpersignale ausübt, gibt ihr das Gefühl von Stärke, Erfolg und Perfektion. Sie flüchtet vor den vermeintlichen Ansprüchen der Realität in eine selbst konstruierte Welt aus Kalorien, in der sie jedoch nicht die erhoffte Befreiung findet. Vielmehr setzt sie nun ihren Anspruch von Leistung und Perfektion in pathogener Weise gegen den eigenen Körper ein.

Die Ursachen für den ausgeprägten Leistungsanspruch gegenüber der eigenen Person, sowie die Identitäts- und Rollenkonflikte liegen meist bereits in der Kindheit der Magersüchtigen. Hier werden die psychischen Grundlagen für die Ausprägung der individuellen Persönlichkeit gelegt[300].

Anorektikerinnen wachsen in Familien auf, in denen Leistung, Erfolg und gesellschaftliche Anerkennung wichtiger sind als individuelle Bedürfnisse. Die Tochter soll stellvertretend für ihre Mutter, die meist die traditionelle Hausfrauenrolle lebt, deren eigentliches Ideal einer erfolgreichen und autonomen Karrierefrau erfüllen[301]. Ein erfolgreicher Vater wird zum Vorbild für die Tochter, die Mutter in ihrer Frauenrolle wird demgegenüber abgewertet. Die Wertestruktur unserer Gesellschaft, signifikant vermittelt von Werbung und Medien, trägt zudem dazu bei, dass bereits kleine Mädchen die Bedeutung von Erfolg und Leistung erfahren,

---

[300] Vgl. Kapitel 3.3
[301] Vgl. Kapitel 3.2 und SELVINI PALAZZOLI 1982

die ihnen soziale Anerkennung sichern. Diese Werthaltung manifestiert sich im Ideal der Superfrau.

Der Überbetonung von Leistung in der Familie widerspricht der Austausch von bedingungsloser Zuneigung. Liebe und Anerkennung werden Mittel zum Zweck der Belohnung eines messbaren Erfolges in einem gesellschaftlich als wertvoll erachteten Bereich. In dem natürlichen Bedürfnis, den Eltern zu gefallen, bemühen sich Kinder deren Erwartungen zu entsprechen. Individuelle Bedürfnisse werden als Störfaktor nicht mehr zugelassen und verdrängt. Da sowohl Eltern als schließlich auch die Tochter – aus Mangel an anderen Erfahrungen – von der Richtigkeit ihres von Erfolg, Leistung und sozialer Anerkennung beherrschten Lebens überzeugt sind, wird dieser psychische Verdrängungsmechanismus jedoch nicht bewusst wahrgenommen[302].

Die Adoleszenz als Phase der Ablösung von den Eltern und der Entwicklung eines eigenen Lebenskonzeptes ist für alle Teenager mit Ängsten und Unsicherheiten behaftet, wird jedoch für Mädchen, die nie gelernt haben, eigene Bedürfnisse zuzulassen, noch schwieriger. In ihrer Selbstunsicherheit sind sie besonders anfällig dafür, dem von Industrie und Medien vermarkteten Ideal der schönen, schlanken und erfolgreichen Superfrau nachzustreben und es als Vorbild für die eigene, noch unklare Frauenrolle zu übernehmen. Sie orientieren sich auf diese Weise an denselben Wertvorstellungen, die ihnen bereits von zu Hause bekannt sind.

Je weiter dieses Ideal jedoch von den persönlichen Möglichkeiten der Realisierung entfernt ist, desto wahrscheinlicher wird das Scheitern und infolgedessen mangels alternativer Lebensperspektiven die Flucht in die

---

[302] Verdrängte innere Triebimpulse bleiben aber im dynamisch Unterbewussten weiterhin vorhanden und treten häufig in Form einer Psychosomatik wieder an die Oberfläche (sog. Konversionssymptome, vgl. SCHRAML 1976). Auch die Magersucht bezieht sich unter anderem auf verdrängte Inhalte aus dem dynamisch Unterbewussten.

Magersucht als spezifische Psychosomatik einer misslungenen weiblichen Identitätsentwicklung.

13.4 Der Adonis Komplex – Magersucht bei Männern

Die Emanzipation der Frau hatte in zunehmenden Maß auch Auswirkungen auf die Rolle des Mannes. Mit der fortschreitenden Gleichberechtigung waren Männer gezwungen ihre traditionelle gesellschaftliche Position aufzugeben. Das Rollenideal des harten, disziplinierten Mannes, der keine Schwäche eingesteht und als Alleinverdiener die Verantwortung für den Wohlstand der Familie trägt, nicht aber für deren emotionalen Zusammenhalt, wird aufgeweicht[303].

Der „neue" Mann teilt nicht nur die Arbeitswelt mit Frauen, sondern übernimmt auch einen Teil der familiären Aufgaben. Emotionale und soziale Kompetenz und „typisch weibliche" Eigenschaften, wie Sensibilität und Sanftheit, werden notwendig, um den neuen Anforderungen, die durch eine gleichberechtigte Gesellschaftsstruktur entstehen, gerecht zu werden. Männer definieren sich nicht mehr ausschließlich über Macht, Erfolg und Geld, sowenig wie sich Frauen lediglich über ihr Äußeres identifiziert wissen wollen. Der alte Satz *„Männer haben einen Körper, Frauen sind ihr Körper"*[304] gilt nicht mehr.

Die Bedeutung von Attraktivität als geschlechtsunabhängigen Faktor für beruflichen Erfolg und soziale Anerkennung gab bereits einen Hinweis darauf, dass auch das Streben nach Schönheit nicht mehr auf Frauen beschränkt ist. Männer bemühen sich heute mehr denn je um ihre äußere Erscheinung. Offensichtlich wird dieser Trend in der Werbung, die ver-

---

[303] *„Es traten plötzlich immer mehr prominente Männer auf, die nicht mehr dem soldatischen Bild von Disziplin und Härte entsprachen."* (BRIGITTE 24/2003, S.74)
[304] LANGSDORF 1996, Stuttgarter Zeitung

stärkt den attraktiven Mann mit „Waschbrettbauch"[305], der die weibliche Zielgruppe aufgrund der damit assoziierten Erotik ansprechen soll, während Männer ihn im Hinblick auf ihr eigenes Prestige als Identifikationsobjekt annehmen.

Obwohl ein durchtrainierter Körper ein wesentliches Merkmal männlicher Attraktivität darstellt, benutzen Männer vermehrt Kosmetikprodukte, die speziell auf ihre Bedürfnisse zugeschnitten werden. Herrenkosmetiklinien erzielen mittlerweile einen Marktanteil von 25% an der Gesamtkosmetik[306], den das Marktforschungsinstitut Euromonitor in den nächsten Jahren noch um 27% wachsen sieht[307]. Auch der Gang zu einer Kosmetikbehandlung, sowie das Sonnenstudio, die Wellness-Oase, oder die Durchführung von Schönheitsoperationen bleiben heute nicht mehr allein Frauen vorbehalten.

Die Extremform männlicher Eitelkeit wird mit dem Trendbegriff des metrosexuellen Mannes (Metro-Mann) definiert[308]. Obwohl sie nicht so wirken, sind Metro-Männer heterosexuell. Sie inszenieren sich wie weibliche Diven, ohne dabei an Männlichkeit zu verlieren. Prominente Beispiele sind der Latino Sänger Enrique Iglesias und der Fußballer David Beckham.

Denn männlich im traditionellen Sinn von Stärke, Macht und Erfolg will auch der neue Mann sein. Und trotz des Entdifferenzierungsprozesses von Frauen- und Mutterrolle sowie Männer- und Vaterrolle haben der berufstätige Mann als Haupternährer, sowie die Mutterrolle vor der

---

[305] Der Waschbrettbauch wurde 2000 als Begriff in den Duden aufgenommen, was einen Rückschluss auf seine gesellschaftliche Relevanz zulässt.

[306] BRIGITTE 24/2003, S. 73ff.

[307] WIRTSCHAFTSWOCHE 4.12.2003, S. 47ff.

[308] Definiert von MARK SIMPSON, der sich bereits 1994 mit dem Einfluss von Industrie und Medien auf das traditionelle Männerbild befasste. Metrosexuell ist abgeleitet von „metro-", wegen des großstädtischen Lebensstils dieser Männer und „sexuell" aufgrund ihres vermeintlichen Sexappeals.

Berufstätigkeit weiterhin Verbindlichkeit[309]. Wie bei Frauen können auch bei Männern die Widersprüche zwischen und die Unvereinbarkeit von traditioneller und moderner Rolle zu Identitätskonflikten führen.

In dem Maße, in dem die Rolle des Mannes an Komplexität gewinnt, erhöht sich die Anzahl männlicher Magersuchtsfälle[310]. In den letzten Jahren um 5% gestiegen, liegt die Prävalenz männlicher Magersüchtiger heute bei 10% der diagnostizierten Fälle[311].

Auf der Suche nach seiner neuen Identität wird auch der Mann empfänglich für suggerierte Rollenideale. Er erlebt einen Rollenstress, wie ihn bisher nur Frauen in ihrem Emanzipationsbestreben kannten. Im Rahmen der Aufweichung der Geschlechtsrollen haben sich die Lebensbezüge von Männern und Frauen angenähert. Für den Mann hat körperliche Attraktivität mittlerweile ebenfalls wesentlich an Bedeutung gewonnen, so dass er in dem Bestreben, das emanzipatorische Ideal des modernen Mannes zu erfüllen, seine individuellen Bedürfnisse missachtet, und auf diese Weise eine ähnliche Disposition hat, an Magersucht zu erkranken, wie die Frau.

In dem Maße, in dem Frau- wie Mannsein geknüpft ist an ein komplex definiertes Rollenideal, dessen Erfüllung mit Identitätskonflikten bezahlt werden muss, oder von Beginn an unerreichbar bleibt, verliert die Anorexie ihre Geschlechtsspezifität.

Sowohl aus der Emanzipationsgeschichte der Frau, als auch aus dem Entwicklungsprozess des Mannes geht hervor, dass die Aufgabe der traditionellen Geschlechterrollen zu Gleichberechtigung und Rollenviel-

---

[309] Vgl. NAVE-HERZ 1994

[310] Die Symptomatik männlicher Magersucht unterscheidet sich von der weiblichen. Während Frauen vorwiegend durch konsequentes Diäthalten ihr Gewicht kontrollieren, verfallen Männer einem exzessiven Sportwahn, der zu Beginn der Erkrankung – wie auch bei Frauen – die Diagnose erschwert. Denn so normal wie für Frauen eine Diät ist für Männer ausgeprägte Sportlichkeit.

[311] STERN ONLINE, 24.9.2003 und www.magersucht.de, 5.4.2004

falt führt, gleichzeitig aber Verunsicherung auslöst. Es besteht immer weniger ein allgemeingültiger Konsens über das, was Weiblichkeit und Männlichkeit ausmacht. Obwohl die neue Rollenvielfalt eine Bereicherung für beide Geschlechter darstellt, führt sie in der Realität zu vielfältigen Konflikten, denen außer praktischen vor allem Probleme der Identitätsfindung in der Vielzahl von Möglichkeiten der Lebensgestaltung zu Grunde liegen. Dadurch erklärt sich auch die Etablierung neuer Rollenideale, wie das der Superfrau.

In der pluralisierten Gesellschaftsstruktur, den traditionellen Rollenbildern entwachsen, suchen Männer wie Frauen nach Orientierung. Und solange die Denkschemata noch in der Vorstellung der für alle verbindlichen Rollenbilder verharren, wird die Etablierung eines Ideals zum neuen gesellschaftlichen Wert, den es anzustreben gilt, wo keine normativen Regeln das Leben bestimmen.

Eine Lebensgestaltung auf der Grundlage von Rollenidealen verhindert jedoch die individuelle Identitätsfindung, psychosomatische Krankheiten sind die mögliche Folge. Der Kreis zum Beginn des Kapitels schließt sich. Der Rollenstress des modernen Mannes und die Ursachen männlicher Magersucht tragen dazu bei, die Anorexie als eine Folge der misslungenen Emanzipation zu begreifen. Solange Frauen – und seit einiger Zeit vermehrt auch Männer – ihre Identität in einem unerreichbaren und entpersonalisierten Ideal suchen statt in der personalen Freiheit, in sich selbst, werden sie daran zerbrechen.

14. Das Scheitern am Anspruch – die Emanzipation in der Sackgasse

Die Rekonstruktion der Emanzipationsgeschichte der Frau zeigt, inwieweit die Magersucht in der Suche von Frauen nach ihrer weiblichen Identität ihren Nährboden fand. Nach der Überwindung des Patriarchats verloren Frauen jedoch ihr eigentliches Ziel, die Befreiung aus gesellschaftlichen Zwängen, aus den Augen, indem sie die Emanzipation nicht mehr als aktiven Prozess verstanden. Statt dessen entstanden durch die Inszenierung des perfekten Frauenbildes der Superfrau, die die Prinzipien der moderne Leistungsgesellschaft in sich vereint, neue Zwänge, so dass die Magersucht in ihrer spezifischen Psychosomatik für die ehrgeizigen, perfektionistischen und gleichzeitig selbstunsicheren modernen Frauen, die ihr Glück vorwiegend über die Anerkennung durch Andere, in der vollkommenen Erfüllung des Ideals suchen, und an diesem Anspruch scheitern, der letzte Sieg in einem Kampf darstellt, den Frauen jedoch letztendlich nur verlieren können. Den pathogenen, neurotischen Kampf gegen den eigenen Körper und den Sieg über ihre Bedürfnisse müssen sie nicht selten mit dem Tod bezahlen.

Weibliche Identitätskonflikte und die daraus entstehende Anorexie sind also nicht allein aufgrund der Ausdifferenzierung der Sozialstruktur und der damit verbundenen vielfältigen, und zum Teil inkompatiblen Möglichkeiten der Lebensgestaltung entstanden. Sie sind vielmehr der Effekt des Ineinandergreifens von zunehmender Emanzipation und den Anforderungen der modernen Leistungsgesellschaft.

In der gängigen Literatur zur Anorexie wird vielfach dargestellt, inwieweit Frauen Opfer einer frauenfeindlichen Sozialstruktur sind[312]. Die Geschichte der Frauenbewegung und das Entstehen eines jeweils spezifi-

---

[312] Vgl. FLAAKE/KING 1992

schen weiblichen Bewusstseins offenbart jedoch, dass die Rollenkonflikte, denen sich Frauen ausgeliefert fühlen, mitbedingt sind durch den – von Frauen selbst initiierten – Prozess ihrer verfehlten Selbstbefreiung.

Nachdem die Gleichberechtigung nahezu erreicht war, schien die Emanzipation, die als die Befreiung aus dem Patriarchat definiert wurde, beendet[313]. Die Vielfalt der Möglichkeiten, das Leben von da an selbstbestimmt zu gestalten, führte jedoch nicht zu der erhofften Befreiung. In der modernen Leistungsgesellschaft unterliegt auch die individuelle Freiheit dem Dogma, dass jedes Handeln auf einen zu erwartenden Erfolg ausgerichtet sein muss. Auf diese Weise wurden die neuen Chancen zu Zwängen, deren möglichst perfekte Erfüllung gesellschaftliche Anerkennung versprach. Und in dem Maße, in dem die meisten Frauen das Leistungsdenken unserer Gesellschaft internalisiert haben, strebten sie ehrgeizig danach, allen verschiedenen Erwartungen gerecht zu werden, nicht zuletzt auch ihrem eigenen Ich-Ideal.

Dass sie sich so völlig unfrei und unbefreit selbst in ein neues – jetzt symbolisches – Korsett von Zwängen begaben, ist den meisten Frauen bis heute nicht bewusst. Indem sie sich als emanzipiert betrachten, und Emanzipation lediglich als die Gleichberechtigung mit dem Mann verstehen, bleiben Frauen in einer passiv-fatalistischen Haltung, in der „die Gesellschaft" für all ihre Konflikte verantwortlich zu sein scheint.

Wie wir gesehen haben ist das jedoch nur bedingt richtig. Der Druck und die vielfältigen Erwartungen aus dem sozialen Umfeld sind im Zuge der modernen Leistungsgesellschaft, aber auch durch die Gleichberechtigung und den damit verbundenen Wegfall der geschlechtlichen Aufgabenteilung, gerade für die Frau bis heute stark angestiegen. Die Betrachtung der letzten fünfzig Jahre Frauengeschichte offenbart gleichzeitig, dass die Emanzipation in der Theorie schneller fortgeschritten ist, als

---

[313] Feministinnen, die immer noch ausschließlich gegen die Unterdrückung durch den Mann kämpfen, finden daher in diesem Sinne heute kaum noch Gehör.

die psycho-soziale Kompetenz von Frauen, die neuen Chancen für ihr Leben positiv zu nutzen. Aus den so entstehenden Rollenkonflikten entsteht ein Rollenstress, dessen einziger Ausweg, um sowohl den gesellschaftlichen Erwartungen, als auch dem eigenen Anspruch gerecht zu werden, das Streben nach Perfektion in Form der so definierten Superfrau ist. Von Beginn an zum Scheitern verurteilt, stellt dieses Frauenideal die vorläufige Sackgasse der Emanzipationsbewegung dar.

Je stärker sich das Ideal der Superfrau zu einer sozialen Norm verfestigt, über deren Erreichen sich Frauen gesellschaftlichen Erfolg und Anerkennung erhoffen, desto größer ist die Gefahr, dass es als Identität stiftend in das persönliche Ich–Ideal übernommen wird, und desto schwieriger wird es, sich individuell abzugrenzen.

Die steigenden Zahlen magersüchtiger Frauen belegen, inwieweit *„die Ideale privilegierter junger Frauen und die Krankheit, die sie am häufigsten befällt, zwei Kehrseiten der gleichen Medaille* [sind]".[314]

Die Emanzipation, nicht nur als Kampf für die Gleichberechtigung sondern auch als die Befreiung aus gesellschaftlichen Zwängen und der anschließenden Suche der Frau nach ihrer individuellen Identität, hat in dem Rollenideal der Superfrau als der Inbegriff moderner Weiblichkeit ihr vorläufiges Ende gefunden.

Wie wenig dies mit Befreiung und Authentizität gemein hat, zeigen die signifikanten Konflikte vieler Frauen mit dem suggerierten Ideal. Je größer die Diskrepanz zwischen diesem und den individuellen Möglichkeiten der Erfüllung ist, desto höher wird auch die Wahrscheinlichkeit sein, in die Magersucht zu flüchten. Die Psychosomatik der Anorexie spiegelt in verzerrter und pathogen übersteigerter Form die Konflikte des modernen Frau-Seins wider. Sie ist ein Ventil für die überforderte Psyche, stellt aber in ihrer Eigendynamik der Selbstzerstörung keine reale Befreiung dar, sondern konstruiert ein neues Schema aus Zwängen, die

---

[314] BRUMBERG 1994, S. 235

sich direkt gegen die Bedürfnisse des eigenen Körpers richten und nicht selten in den Tod führen.

Frauen sind heute gefordert, ihre Geschichte weiter zu schreiben. *„Wie kommt es, dass viele Frauen mit ihrer Lebenssituation unzufrieden sind, aber alle konstruktiven Verbesserungsvorschläge ablehnen? Sind Frauen Masochistinnen?"*[315] So wenig wie die Anorexie eine willentliche Selbstzerstörung ist, sind Frauen Masochistinnen. Frauen haben in ihrer Geschichte nicht gelernt, eigenständige Entscheidungen zu treffen, um ein individuelles Lebenskonzept zu realisieren. Jahrhunderte lang durch das Patriarchat unterdrückt, scheuen sie jetzt die Verantwortung für sich und ihren Körper, und lassen sich weiterhin fremd bestimmen, von der Illusion eines weiblichen Ideals. Weder „die Gesellschaft", noch die Männer können den Konflikt der Frauen lösen, selbst wenn sie es wollten.

Denn Freiheit ist untrennbar verbunden mit Verantwortung. Erst wenn Frauen umdenken, Entscheidungen bewusst treffen, und selbst Verantwortung für sich und ihr Leben übernehmen, werden sie frei sein, und ihre weibliche Identität finden. Wahre Identität ist nicht objektivierbar in einem Ideal. Frau-Sein hat unzählige Facetten, aus denen die individuelle Weiblichkeit entsteht, wenn Frauen den Mut haben, von der Fremdbestimmung in die Eigenverantwortung zu gehen. Denn der Preis für den Anspruch der Perfektion, dessen Ende oft die Magersucht bedeutet, ist viel zu hoch.

---

[315] BRIGITTE 11/2004, S. 79

15. Die Selbstbefreiung der Frau – Prävention für die Magersucht

Trotz steigender Zahlen magersüchtiger Frauen – und immer häufiger auch Männern – finden sich in der gängigen Literatur zur Anorexie nur wenige Konzepte zu Präventionsmöglichkeiten. So wichtig wie die Rekonstruktion der Ursachen der Magersucht für eine folgende individuelle Therapie ist, genau so wichtig ist sie, um daraus Erkenntnisse zu gewinnen, die helfen, die Symptomatik selbst in ihrer Funktion der vermeintlichen Problemlösungsstrategie zu vermeiden. Gerade in der Auseinandersetzung mit der Anorexie als Kulturphänomen ist es innerhalb einer komplexen Analyse daher abschließend sinnvoll, Möglichkeiten der Prävention zu evaluieren.

Indem wir die Disposition für eine Magersucht in der verfehlten Emanzipation der Frau sehen, stellt ein wesentliches Kriterium der Prävention eine gelungene weibliche Sozialisation und Identitätsentwicklung dar. Damit unterscheidet sich die Prävention für die Anorexie noch nicht wesentlich von anderen Suchtpräventionen, da jedes Risiko, an einer Sucht zu erkranken, durch die Ausprägung eines gesunden Selbstwertgefühls, und die Beherrschung sozialer Kompetenzen, um sich in der Gesellschaft zu positionieren, gemindert werden kann[316].

---

[316] Es wird unterschieden zwischen der *Primärprävention* als die Behebung der kausalen Ursachen der Anorexie, der *Sekundärprävention* im Sinne der Früherkennung einer Anorexie und der *Tertiärprävention* als die Rehabilitation einer bereits vorhandenen Anorexie (vgl. MEERMANN/VANDEREYCKEN 1987, S.73 f.). Während in der gängigen Literatur zur Magersucht der Schwerpunkt der Forschung vor allem auf der Früherkennung und Therapie liegt und die Primärprophylaxe als kaum realisierbar angesehen wird, ist diese jedoch bei der Betrachtung der Magersucht vor allem als kulturelles Problem elementar wichtig.

Problematisch ist jedoch, dass gängige Sozialisationskonzepte[317] die spezifisch weiblichen Lebensbedingungen und Konfliktpotenziale, mit denen Frauen konfrontiert sind, zu wenig berücksichtigen. Gerade das gehäufte Auftreten der weiblichen Magersucht zeigt aber, dass Frau-Sein heute psychische und soziale Kompetenzen erfordert, über die eine Reihe junger Mädchen nicht verfügen[318].

Mittlerweile gibt es einige Initiativen regionaler Beratungseinrichtungen für Essstörungen, die Projekte zur Prävention von Magersucht initiieren[319]. Im Rahmen von zeitlich begrenzten Projektstunden haben Mädchen zwischen zwölf und vierzehn Jahren[320] die Möglichkeit, sich unter der Anleitung von Psychologen oder Pädagogen mit sich, ihrem Körper und ihrer späteren Rolle als Frau auseinanderzusetzen. Die Kursprogramme beinhalten die kritische Reflexion gesellschaftlicher Ideale bezüglich der Körperwahrnehmung und Ernährung, und im Anschluss daran die Entwicklung eigener Maßstäbe. Gleichermaßen soll die erwartete Frauenrolle reflektiert werden, um sich nachfolgend individuell positionieren zu können. Die Auseinandersetzung mit der eigenen Ernährung und der Art und Weise der Nahrungsaufnahme, die zu einem bewussten und selbst bestimmten Essverhalten führen soll, stellt einen weiteren Bereich dar. Darüber hinaus werden die psychischen Funktionen von Essen thematisiert und charakterisiert. Insgesamt werden Mädchen angeleitet, eigenständige Entscheidungen unter Berücksichtigung

---

[317] Vgl. HURRELMANN 1995

[318] Trotz Gleichberechtigung und der Annäherung der Geschlechter unterliegen die weibliche und männliche Sozialisation geschlechtsspezifischen Bedingungen, die auch eine geschlechtsdifferenzierte Prävention notwendig machen. Da diese Arbeit die weibliche Magersucht thematisiert, werden die Überlegungen in diesem Sinne eingeschränkt.

[319] Vgl. „LEBENSLUST", Landesvereinigung für Gesundheitsförderung Schleswig Holstein; „DURCH DICK UND DÜNN", AOK Niedersachsen; „ANNA UND MARIE", Landesgesundheitsamt Baden Württemberg und weitere in anderen Bundesländern

[320] In der letzten Zeit wurden auch Projekte bereits für den Kindergarten entwickelt.

ihrer individuellen Bedürfnisse zu treffen. Die Projekte eignen sich für Schulen und Mädchengruppen. Die Inhalte werden sowohl über moderierte Diskussionen als auch über die Durchführung von Rollenspielen erarbeitet[321].

Die Projekte versuchen Aufklärung mit Persönlichkeitsarbeit zu verbinden, um jungen Mädchen ein Bewusstsein für ihren Körper, ihre Ernährung und ihre zukünftige Rolle als Frau zu vermitteln. Obwohl auf diese Weise die spezifisch weibliche Sozialisation unterstützt werden soll, kann die Magersucht kaum über derart begrenzte „Vorsorgekurse" effektiv bekämpft werden. Eine Gemeinschaftsstudie[322] der Phillips Universität Münster und der Universität Siegen zur Wirksamkeit von Programmen zur Prävention von Essstörungen zeigte, dass *„kognitive Wissensvermittlung [...] nicht notwendigerweise zu erwünschten Verhaltensänderungen [führt]".*[323] Obwohl die teilnehmenden Schüler nach dem Trainingsprogramm über mehr Wissen der diskutierten Inhalte verfügten, waren keine nachfolgenden Veränderungen in ihren Einstellungen und Verhaltensweisen erkennbar.

In Anbetracht der Komplexität der Ursachen der Anorexie ist das nicht verwunderlich. Die Analyse, sowohl der psychosexuellen, kognitiven und interfamiliären Entwicklung des Individuums, als auch die Rekonstruktion des Prozesses der weiblichen Emanzipation haben gezeigt, dass die Magersucht aus einem vielfältigen Bedingungsgefüge zwischen individuellen Konflikten und strukturellen Gegebenheiten entsteht. Die initiierten Projekte wirken jedoch weder auf gesellschaftliche Strukturen noch auf die Familie, die diese Strukturen meist repräsentieren. Gesell-

---

[321] Vgl. BONETTI 1999, S.13-16
[322] Studie zur Überprüfung der Effektivität von Programmen zur Prävention von Essstörungen an zwei nordrhein-westfälischen Gymnasien unter 204 Schülerinnen und Schülern.
[323] KÖSTER 2001, S.147

schaft und Familie haben ihrerseits aber einen entscheidenden Einfluss auf das (unsichere) junge Mädchen, das hier im Rahmen eines kurzfristigen Projektes lernen soll, sich von diesen Erwartungen zu distanzieren.

Ein weiteres Problem der Präventionsprojekte stellt deren inhaltliche Struktur dar. Es erscheint zunächst durchaus sinnvoll, dass Mädchen sich mit dem gültigen Schönheitsideal und dessen möglicher pathogener Konsequenzen auseinandersetzen. Dabei wird jedoch der Fehlschluss gezogen, dass die Magersucht direkt durch das herrschende Schlankheitsideal bedingt wird. Das Schlankheitsideal ist jedoch nicht Selbstzweck, sondern notwendiges Mittel zum Erreichen der eigentlichen Ziele. Wir haben bereits gesehen, dass Schlanksein in unserer Gesellschaft mit über den Schönheitsanspruch hinausgehenden psychischen Funktionen, wie Erfolg und sozialer Anerkennung, assoziiert wird. Das exzessive Streben der Magersüchtigen nach einem schlanken Körper beinhaltet diese Assoziation in einer pathogenen Verzerrung. Insofern bedeutet die Thematisierung des Schönheitsideals einen Angriff gegen die Symptomatik der Anorexie, nicht aber gegen deren Ursachen. Selbst wenn diese Methode Erfolg zeigen würde, löst sie doch nicht die eigentliche Problematik der Mädchen, so dass die Gefahr der Verschiebung der Konflikte in eine andere Psychosomatik besteht.

Es ist sicher förderlich, Mädchen innerhalb der Präventionsprogramme zu unterstützen, ihre individuelle und selbst bestimmte weibliche Rolle zu suchen. Dabei wird jedoch der Druck, der durch die Strukturen der Leistungsgesellschaft auf die Einstellungen und das Handeln des Einzelnen ausgeübt wird, unterschätzt. Die vielfältigen Möglichkeiten, heute die Frauenrolle zu gestalten – das heißt, selektiv nach individuellen Bedürfnissen ein Lebenskonzept zu wählen –, stellen durch den Anspruch der Leistungsgesellschaft nach Perfektion (in Form der Superfrau mit den bereits dargestellten Attributen) keine Bereicherung mehr dar, sondern werden in ihrer erzwungenen Symbiose zu einer erdrückenden Verpflichtung. Die Ambiguitätstoleranz, die nach HURRELMANN[324] eine erfolgreiche Sozialisation kennzeichnet, wird durch die gesellschaftliche Erwartung von Erfolg und Perfektion – wesentliche Merkmale der Superfrau – jedoch für Frauen auf der Suche nach ihrer Identität zum Paradoxon. Nicht die Vielfalt der weiblichen Rolle ist also ein Problem, sondern der Zwang zur Perfektion, dem sie unterliegt. Auf diese Weise widersprechen Erfolg und Leistung als anerkannte und anzustrebende Werte unserer Gesellschaft einem Leben gemäß individueller Bedürfnisse.

Aber die Übernahme von Verantwortung für sich selbst und das eigene Handeln[325] als Voraussetzung für Autonomie und Selbstbestimmung erfordern gerade dann eine Rollendistanz, wenn die gesellschaftlichen Erwartungen weder den individuellen Kompetenzen noch den Bedürfnissen entsprechen, so dass eine kritische individuelle Auseinandersetzung mit dem Rollenideal unvermeidbar ist.

Denn die einzelnen Teile der Frauenrolle repräsentieren durchaus moderne Weiblichkeit, so dass nicht deren gesamte Verweigerung sondern vielmehr eine *Distanzierung von der erwarteten Perfektion, ein definiertes Ideal zu erfüllen,* die Chance wirklicher Prävention vor der Magersucht bedeutet.

Nicht perfekt, sondern „*Selbst*" (zu) sein ist das Ziel gelungener Emanzipation – und auf diese Weise die endgültige Selbstbefreiung der Frau.

---

[324] *„Die verfügbaren Handlungskompetenzen müssen so beschaffen sein, dass sie eine Anpassung an die situativen Bedingungen und zugleich eine Berücksichtigung der individuellen Bedürfnisse ermöglichen. Hierzu ist eine gewisse innere Distanz den Handlungsanforderungen gegenüber sowie Virtuosität und Kreativität bei der Ausgestaltung der eigenen Handlungen notwendig."* (HURRELMANN 1995, S. 165)

[325] Vgl. Kapitel 11

16. Die Magersucht als symbolische Repräsentation und gleichzeitige Dekonstruktion des aktuellen Emanzipationsverständnisses

Wir haben gesehen, dass die Magersucht nicht allein der Ausdruck eines individuellen psychischen Traumas ist. In der Abstraktion der Symptomatik als kulturelles Phänomen lässt sich vielmehr mit DURKHEIM sagen, dass *„die Handlungen des jeweils Betroffenen, die auf den ersten Blick nur Ausdruck seines persönlichen Temperaments zu sei scheinen, (...) in Wirklichkeit Folge und verlängerte Wirkung eines sozialen Zustandes* [sind]*, der sich durch sie manifestiert."*[326]

Bereits in meiner Magisterarbeit[327] konnte ich feststellen, dass sich das individuelle anorektische Verhaltensmuster, das gestörte Körperschema, die psychosexuelle Entwicklung, sowie der familiäre Kontext der betroffenen Frauen in ihrer Spezifität aus der Werte- und Sozialstruktur der Gesellschaft in pathogener Weise konstituieren. Es besteht eine signifikante Abhängigkeit zwischen dem Auftreten der Magersucht und der normierten Frauenrolle.

Um die Komplexität der Magersucht zu erfassen, war es auf Grundlage dieser Erkenntnis im Folgenden notwendig, zum einen die spezifisch weiblichen Sozialisationsbedingungen, in denen Frauen eine Identität entwickeln müssen, seit Beginn des letzten Jahrhunderts zu vertiefen, sowie auch die Geschichte der Frau selbst, die Emanzipationsbewegung als Interaktionsprozess zwischen ihnen und der Gesellschaft zu analysie-

---

[326] DURKHEIM 1973, S. 346; Anmerkung: DURKHEIMS Aussage bezieht sich auf den Selbstmord als soziale Tatsache. Ohne so weit gehen zu wollen, die Anorexie bereits als eben solche zu bezeichnen, ist es für meine soziologische Arbeit notwendig sie als kulturelles Symptom auch in Abgrenzung von der individuellen Persönlichkeit zu analysieren.

[327] Vgl. LAUSUS 2004

ren, um die Interdependenz zwischen Gesellschaftsstruktur und weiblicher Persönlichkeitsentwicklung heraus zu arbeiten.

Des Weiteren musste auch der Untersuchungsgegenstand der Arbeit selbst – das Symptom des anorektischen Hungerns – in seinen kulturellen und geschlechtsspezifischen Ursachen aufgeschlüsselt werden.

In der Weise, in der die soziokulturellen Faktoren nicht außerhalb des Individuums stehen, sondern sich erst durch einen kollektiven Prozess konstituieren, lassen sich gesellschaftliche Werte bezüglich der Ernährung, der Familie, der Rolle der Frau oder der Mode nur unter Einbeziehung der jeweiligen Rolle der Frauen selbst erklären[328]. Auf diese Weise entsteht gemeinsam mit der Geschichte der Frauenbewegung ein komplexes Bedingungsgefüge, in dem die einzelnen Faktoren in gegenseitiger Abhängigkeit existieren und die Übergänge von kulturell akzeptierten Verhalten – z. B. Diät halten, Attraktivität – zu pathogenen Strukturen – z. B. Hungern, Schönheitswahn – fließend sein können. Anders als in einer individualpsychologischen Untersuchung ist hier sichtbar, dass die Magersucht in ihrer Bezogenheit auf die weibliche Sozialisation typische Konflikte reflektiert und so einen Erkenntnisgewinn für die Frauenforschung darstellen kann.

Ziel der Arbeit war, auf diese Weise zu zeigen, dass *die Magersucht grundlegend mitbedingt wurde durch das spezifische Zusammenspiel von Sozialstruktur und der Befreiungsbewegung der Frau – also wesentlich durch kollektive Verhaltensweisen von Frauen selbst*. Aufgrund dessen ist es nicht möglich, die Anorexie hinreichend über die Psychologie des Individuums zu erklären. Indem wir die Geschichte der Magersucht jedoch gleichzeitig als die Geschichte der Frau identifizieren, können wir das Erscheinen des Symptoms von dem individuellen Schicksal trennen, um so seine innere Logik über kulturelle Zusammenhänge zu erklären.

---

[328] Auf Grundlage der bereits in der Magisterarbeit gewonnenen Erkenntnisse sollen diese Faktoren das Bedingungsgefüge für das Entstehen der Magersucht bilden.

Die vorgenommene Analyse der Magersucht soll die bisherige Forschung ergänzen, indem durch ein *interdisziplinäres Vorgehen* individuelle, soziokulturelle und historische Einflüsse als *komplexes Ursachengefüge* verstanden werden, die zwar dem jeweiligen Zugangsweg entsprechend einzeln dargestellt sind, jedoch *ihre Bedeutung für das Entstehen der spezifischen Symptomatik der Anorexie erst durch das Zusammenwirken aller Ebenen und die Fokussierung von Kausalitäten zwischen den Bereichen erhalten.*

Des Weiteren wird die Analyse um den *Faktor der Entwicklungsgeschichte der Frau* erweitert. Das ist insofern notwendig, als dass die zu Beginn des letzten Jahrhunderts einsetzende Emanzipationsbewegung der Frau die gewandelte Sozial- und Wertestruktur der Gesellschaft fortlaufend mitbedingt hat. Es ist nicht möglich – obwohl vielfach praktiziert – diese und damit einhergehend das aus ihr hervorgehende weibliche Rollenideal zu untersuchen, ohne die Einflüsse der Frauenbewegung selbst auf diese Struktur zu berücksichtigen.

Dieses Vorgehen ermöglicht das Ziel meiner Arbeit, die Anorexie – in Anlehnung an DURKHEIM[329] – als ein soziales Phänomen zu erklären, welches sich durch die analysierten soziokulturellen Faktoren sowie durch die Entwicklung des weiblichen Bewusstseins konstituiert, und eine auf diese Weise begründete gesellschaftsspezifische „Kollektivanfälligkeit"[330] von Frauen für das Symptom der Magersucht bedingt.

Die übliche Fokussierung der Erklärungsmodelle für die Anorexie auf das Individuum, die zwangsläufig den Blick auf eine allgemeinere, eine soziale Ursache versperrt, wird auf diese Weise durchbrochen. Die von mir vorgenommene Untersuchung zeigt vielmehr, inwieweit die Magersucht nicht isoliert in der Einzelperson entsteht, sondern in pathogener

---

[329] Vgl. DURKHEIM 1961: *Die Regeln der soziologischen Methode;* 1973: *Der Selbstmord*

[330] Vgl. DURKHEIM 1973, S. 346

Verzerrung die gesellschaftlichen Werte und Strukturen reflektiert, die erst dann über ein kollektives Bewusstsein vom Individuum internalisiert werden.

Inwieweit gesellschaftliche Werte und kulturelle Normen vom Individuum verfremdet werden, und im körperlichen Ausdruck als symbolische Repräsentation eines inneren Konfliktes so von der Gesellschaft verstanden werden, zeigt DEVEREUX über die Definition der ethnischen Störung.

Indem die Magersucht das kollektive weibliche Sein reflektiert, werden gleichzeitig die zu beobachtenden Rollenkonflikte und die Identitätssuche von modernen Frauen als Folge der Frauengeschichte seit Beginn der Befreiungsbewegung dechiffriert. Die Konflikte, die der Magersucht zu Grunde liegen, repräsentieren das weibliche Wertesystem und zeigen, dass Frauen die Emanzipierung im Sinne einer Selbstbefreiung noch nicht erreicht haben.

Die soziologische, psycho-soziale Betrachtung der Anorexie erweitert die Perspektive der Analyse, indem nicht nur das Individuum, sondern die Magersucht sui generis den Untersuchungsgegenstand bildet. Wir können durch die von mir gewählte Methode nicht nur das Ursachengefüge für die Erkrankung des Einzelnen differenzierter erklären. Denn indem wir die Magersucht in ihrer Interdependenz zu der erwarteten Frauenrolle als eine Reflexion und symbolische Repräsentation der zwiespältigen weiblichen Identitätssuche innerhalb des definierten Wertesystems erkennen, wird offensichtlich, dass die „Superfrau", die dem komplexen Wertesystem in Perfektion entspricht, als allgemein assoziiertes Emanzipationsideal in Frage gestellt werden muss.

Das dargestellte Bedingungsgefüge für die Entstehung der Magersucht zeigt, inwieweit sich das geschlechtsrollenspezifische Wertesystem der Gesellschaft durch das Kollektiv der Individuen selbst konstituiert und auf diese Weise kein Zustand sein kann, sondern entsprechend der sich wandelnden Gesellschaftsstruktur weiterentwickelt werden muss.

In dieser Erkenntnis liegt schließlich auch die Perspektive für eine Emanzipation im Sinne von Selbstbestimmung. Die kollektiven Werte bezüglich des Weiblichkeitsideals, unter dem Frauen leiden, werden sich nur verändern, wenn diese erkennen, dass für einen gesellschaftlichen Wertewandel die Veränderung des kollektiven Bewusstseins notwendig ist. Für Frauen auf dem Weg in die Emanzipation bedeutet das die Selbst-Befreiung durch die Übernahme von aktiver Eigenverantwortung. Obwohl dies im Hinblick auf eine offensichtliche Veränderung des Weiblichkeitsideals noch eine idealistische Einstellung sein mag, ist es doch der erste Schritt zu einer individuellen weiblichen Identität, die nicht bedingt wird durch den Anspruch von Frauen an sich selbst, perfektionistische Werte zu erfüllen, um einem Ideal zu entsprechen.

In der Weise, in der die Anorexie den Charakter weiblichen Selbstverständnisses reflektiert, kann meine Arbeit dazu beitragen, die aktuellen Rollenkonflikte scheinbar selbst bestimmter Frauen vor dem Hintergrund eines missverstandenen Emanzipationsbegriffes zu erklären und Frauen den Weg zu einer Neudefinition ihrer weiblichen Identität weisen, die sich konstituiert durch ein individuell gestaltetes Frausein in der Vielzahl der heute im Zuge der fortschreitenden Gleichberechtigung möglichen Lebenswegen.

Abbildungsverzeichnis

Abbildung 1: Schema psychobiologischer Interaktionen bei Störungen des Essverhaltens (aus: LAESSLE 1991, S. 247)   26

Abbildung 2 zeigt ein Modell der Anorexia nervosa als multikausale Krankheit (aus: PUDEL/WESTENHÖFER 1998)   28

Abbildung 3: Suchtkreislauf der Magersucht   30

Abbildung 4: Operantes Konditionieren (aus: DIEDRICHSEN 1990, S. 66)   34

Abbildung 5: Kognitives Motivationsmodell zur Erklärung des Ernährungsverhaltens (aus: DIEDRICHSEN 1990, S. 69)   36

Abbildung 6: Persönlichkeitsmodell der Psychoanalyse (nach SCHRAML 1968, S. 110)   44

Abbildung 7: Annahmen zur Ätiologie der Anorexia nervosa aus psychoanalytischen Ansätzen (aus: KARREN 1990, S. 56)   51

Abbildung 8: Normale Selbstwertregulation nach KERNBERG 1996, S.93   71

Abbildung 9: Pathologischer Narzissmus nach KERNBERG 1996 und WARDETZKI 1991   72

Abbildung 10: Die Einverleibung des schlechten Objekts (aus: SELVINI PALAZZOLI 1982, S. 113)   75

Abbildung 11: Erkrankungsjahr von 259 weiblichen und 17 männlichen anorektischen Klienten, die von 1928 bis 1975 in der Universitätsklinik Münster untersucht wurden (aus: KARREN 1990, S.23) 81

Abbildung 12: Diagnostizierte Essstörungen im Jahr 2004 nach Altersgruppierungen, nach ICD-10, F50, Stat. Bundesamt - Krankenhausdiagnosestatistik, 2003 85

Abbildung 13 gibt das *Boundary-Modell* des Essverhaltens wider (aus: HERMAN/POLIVY 1984) 115

Abbildung 14 spezifiziert das *Boundary-Modell* des Essverhaltens: Unterschiede zwischen gezügelten Essen und nicht-gezügelten Essern sowie „*regulation*" und „*counter regultation*" (aus: HERMAN/POLIVY 1984) 117

Abbildung 15: Ätiologiemodell nach BOSKIND-LODAHL 1976, S. 439 169

Tabellenverzeichnis

Tabelle 1: Syndrom der Anpassung an Mangelernährung (nach
SCHWEIGER/FICHTER 2000, S.167)   57

Tabelle 2: Überblick über Bestimmung und Erklärung von Magersucht
anhand der explizierten Ansätze   59

Tabelle 3: Absolute Fallzahl vollstationärer Patienten und Patientinnen
mit Essstörungen nach ICD10-F50, in: Deutsches Statistisches
Bundesamt, Diagnosedaten der Krankenhäuser, 2005   82

Tabelle 4: Anzahl der Sterbefälle von Essstörungen nach ICD10-F50 in
Deutschland Statistisches Bundesamt, Diagnosedaten der
Krankenhäuser, 2005   82

Tabelle 5: Absolute Fallzahl weiblicher vollstationärer Patienten und
Patientinnen, in: Deutsches Statistisches Bundesamt,
Diagnosedaten der Krankenhäuser, 2005   83

Tabelle 6: Durchschnittliches Alter weiblicher Gestorbener in Jahren
nach ICD10, in: Deutsches Statistisches Bundesamt,
Todesursachenstatistik, 2005   83

Tabelle 7: Durchschnittliche Verweildauer in Tagen nach ICD10, in:
Deutsches Statistisches Bundesamt, Diagnosedaten der Vorsorge-
oder Rehaeinrichtungen mit mehr als 100 Betten, 2005   84

Tabelle 8: Durchschnittliche Bruttomonatsverdienste in Deutschland (€)
im Jahr 2003, Quelle: Statistisches Bundesamt, 2004   184

Literaturverzeichnis

Alexander (2004): *Your fertility on ice, in:* Glamour USA, Mai 2004

American Psychiatric Association (1994): *Diagnostic and Statistical Manual of Mental* Disorders, Forth Edition DSM-IV, Washington DC

Badinter, E. (2000): *Wie aktuell ist Simone de Beauvoir?, in:* Scharzer, A. (Hg.): *Man wird nicht als Frau geboren,* Köln

Bandura, A. (1979): *Sozial-kognitive Lerntheorie,* Stuttgart

Beauvoir, S.(1951): *Das andere Geschlecht,* Hamburg

Bepko, C./Krestan, J.-A. (1991): *Das Superfrauen-Syndrom – vom weiblichen Zwang, es allen recht zu machen,* Frankfurt

Bion, W. R. (1990): *Lernen durch Erfahrung.* Frankfurt

Blos, P. (1973): *Adoleszenz. Eine psychoanalytische Interpretation.* Stuttgart

Bonetti, M. (1999): *Prävention von Essstörungen für Mädchen im Alter von 10-16 Jahren,* in: Pro Jugend/Ausgabe Bayern, Jg. 1999, S. 13-16

Boskind-Lodahl, M. (1976): *Cinerella's stepsister: A feminist perspective on anorexia nervosa and bulimia.* in: Williams, J.H. (Hg.): *Psychology of women. Selected readings.* New York

Bourdieu, P. (1982): *Die feinen Unterschiede,* Frankfurt

Brandes, U. (2001): *Vom Saum zum Bündchen – Körperkonstruktionen und Geschlechterinszenierungen,* in: Brattig, P. (Hg.) *Femme Fashion,* Stuttgart

Brattig, P. (2004): *Vom Elefantenohr zur Tischglocke-Mode im Biedermeier*, in: Brattig, P. (Hg.): *Femme Fashion*, Stuttgart

Braun, C. v. (1998): *Das Kloster im Kopf. Weibliches Fasten von mittelalterlicher Askese zu moderner Anorexie*, in: Flaake, K./King, V. (Hg.): *Weibliche Adoleszenz – Zur Sozialisation junger Frauen*, Frankfurt

Bräunlein, J. (2003), *Hungerkunst, Magersucht und Fastenwunder, eine Kulturgeschichte der Nahrungsverweigerung*, in: MUT, 3.2003

Bray, G.A. (1978): *Definition, measurement, and classification of the syndromes of obesity*. in: International Journal of Obesity, Heft 2, S. 99-112

Brenner, C. (1976): *Grundzüge der Psychoanalyse*, Frankfurt

Brigitte: *Wie Beckham* 24/2003

Brigitte: *Operation Schönheit*, 9/2004

Brigitte: *Prominente fragen*, 11/2004

Bruch, H. (1973): *Eating disorders. Obesity, Anorexia Nervosa and the person within*, New York

Bruch, H. (1980): *Der goldene Käfig – das Rätsel der Magersucht*, Frankfurt

Brumberg, J. J. (1994): *Todeshunger – Die Geschichte der anorexia nervosa vom Mittelalter bis heute*, Frankfurt

Buddeberg-Fischer, B. (2000): *Früherkennung und Prävention von Essstörungen – Essverhalten und Körpererleben bei Jugendlichen*, Stuttgart

Buggle, F. (1979): *Die Entwicklungspsychologie Jean Piagets*, Stuttgart

Burchard, D. (1998): *Der Kampf um die Schönheit. Jahrhundertkarrieren. Helena Rubinstein, Elizabeth Arden, Estee Lauder*, München

Crisp (1984): *Anorexia nervosa - Let me be*, London

Deutsche Forschungsgesellschaft (1990): *Presse Nr. 38*, 12.11.1990

Devereux, G. (1974): *Normal und anormal*, Frankfurt

Diedrichsen, I. (1990): *Ernährungspsychologie*, Berlin

Diedrichsen, I. (1991): *Gesellschaftliche Entstehungsbedingungen bei psychogenen Eßstörungen*, in: Medizin-Mensch-Gesellschaft, Heft 4, Bd. 16, S. 229-237

Douvan, E./Adelson J. (1966): *The adolescent experience*, New York

Durkheim, E. (1961): *Die Regeln der soziologischen Methode*, Frankfurt

Durkheim, E. (1973): *Der Selbstmord*, Frankfurt

Ebrecht, A. (1996): *Das Unbehagen der Weiblichkeit*, in: Köpp, W./Jacoby G. E. (Hg.): Beschädigte Weiblichkeit, Heidelberg

Elias, N. (1997): *Über den Prozeß der Zivilisation, Band 1 und 2*, Amsterdam

Eyseneck, H.J./Rachmann, S. (1967): *Neurosen – Ursachen und Heilmethoden*, Berlin

Featherstone, M. (1982): *The body in Consumer Culture*. In: Theory, Culture & Society, Bd. 1

Fichter, M.M. (1985): *Magersucht und Bulimia – Empirische Untersuchungen zur Epidemiologie, Symptomatologie, Nosologie und zum Verlauf*, Berlin

Fichter, M.M./Keeser, W. (1980): *Das Anorexia nervosa Inventar zur Selbstbeurteilung (ANIS)*, Archiv für Psychiatrie und Nervenkrankheiten, 228:67-89

Fiedler, P. (1999): *Persönlichkeitsstörungen*, Weinheim

Flaake, K./King, V. (1998): *Psychosexuelle Entwicklung, Lebenssituation und Lebensentwürfe junger Frauen. Zur weiblichen Adoleszenz in soziologischen und psychoanalytischen Theorien*, in: Flaake, K./King, V.(Hg.): *Weibliche Adoleszenz – Zur Sozialisation junger Frauen*, Frankfurt

Flaake, K./John, C. (1998): *Räume zur Aneignung des Körpers. Zur Bedeutung von Mädchenfreundschaften in der Adoleszenz*, in: Flaake, K./King, V.(Hg.), *Weibliche Adoleszenz – Zur Sozialisation junger Frauen*, Frankfurt

Freud, S./Breuer, J.(1895): *Studien über Hysterie*, in: Gesammelte Werke, Bd. 1, 1969

Freud, S. (1895): *Entwurf einer Psychologie*, in: *Sigmund Freud – Briefe an Wilhelm Fliess 1887-1904*, Frankfurt

Freud, S. (1914): *Zur Einführung des Narzissmus*, in: Gesammelte Werke, Bd. 10, 1969

Freud, S. (1916): *Vorlesungen zur Einführung in die Psychoanalyse*, in: Gesammelte Werke, Bd. 1, 1969

Freud, A.(1936): *Das Ich und die Abwehrmechanismen*, München

Freud, S. (1923): *Das Ich und das Es*, Frankfurt

Freud, S. (1940): *Abriss der Psychoanalyse*, Frankfurt

Friedan, B. (1966): *Der Weiblichkeitswahn oder die Selbstbefreiung der Frau*, Hamburg

Fuchs, E. (1985): *Illustrierte Sinngeschichte*, Frankfurt

Gaugele, E. (2004): *Unter dem Kleid sitzt immer Fleisch-Plastische Körper und formende Blicke der Kleiderreformbewegung um 1900*, in: Brattig, P. *Famme Fashion*, Stuttgart

Garner, D.M./Bemis (1982): *A cognitive-behavioral approach to anorexia nervosa*, in: Cognitive Therapy and Research, No.6, S.123-150

Garner, D.M./Garfinkel, P.E. (1980): *Socio-cultural factors in the development of anorexia nervosa*, in: Psychological Medicine, Bd. 10, S. 647-656

Gastpar, M./Remschmidt, H./Senf, W. (Hg.) (2000): *Essstörungen - Neue Erkenntnisse und Forschungsperspektiven*, Sternenfels

Gephart, W. (1999): *Die Märchenprinzessin Diana – Eine Heiligenfigur der Mediengesellschaft*, in: Meckel, M./Kamps, K./Rössler, P./Gephart, W. (Hg.): *Medienmythos? Die Inszenierung von Prominenz und Schicksal am Beispiel von Diana Spencer*, Opladen

Gilligan, C. (1985): *Die andere Stimme – Lebenskonflikte und Moral der Frau*, München

Goethe, J. W. (1809): *Die Wahlverwandtschaften*, Stuttgart

Habermas, T. (1990): *Heißhunger – Historische Bedingungen der Bulimia nervosa*, Frankfurt

Habermas, T. (2000): *Liegt`s wirklich an der Werbung?* in: Gastpar, M./Remschmidt, H./Senf, W. (Hg.) (2000): *Essstörungen - Neue Erkenntnisse und Forschungsperspektiven*, Sternenfels

Hagemann-White, C. (1998): *Berufsfindung und Lebensperspektive in der weiblichen Adoleszenz*, in: Flaake, K./King, V.(Hg.): *Weibliche Adoleszenz – Zur Sozialisation junger Frauen*, Frankfurt

Hartmann, H. (1972): *Ich-Psychologie. Studie zur psychoanalytischen Theorie.* Stuttgart

Herman, C.P./Mack, D. (1975): *Restrained and unrestrained eating*, Journal of Personality, Bd. 43, S. 647-660

Herman, C.P./Polivy, J. (1984): *A boundary model for the regulation of eating*, in: Stunkard, A.J./Stallar, E. (Hg.): *Eating and disorders*, New York

Hofstadler, B./Buchinger, B. (1995): *Vom Umgang zu Umgehen. Eßstörungen als Gegenstand in der medizinisch-psychotherapeutischen Praxis und Wissenschaft*, in: Kleber, J.A. (Hg.): *Die Äpfel der Erkenntnis. Zur historischen Soziologie des Essens*, Pfaffenweiler

Hurrelmann, K./Rosewitz, B./ Wolf, H.K. (1985): *Lebensphase Jugend. Eine Einführung in die sozialwissenschaftliche Jugendforschung*, München

Hurrelmann, K. (1995): *Einführung in die Sozialisationstheorie – Über den Zusammenhang von Sozialstruktur und Persönlichkeit*, Weinheim/Basel

Jansen, M.M./Jockenhövel-Poth, A. (1998): *Trennung und Bindung bei adoleszenten Mädchen aus psychoanalytischer Sicht*, in: Flaake, K./King, V.(Hg.): *Weibliche Adoleszenz – Zur Sozialisation junger Frauen*, Frankfurt

Karren, U.(1990): *Die Psychologie der Magersucht – Erklärungen und Behandlung von Anorexia nervosa*, Bern

Kernberg, O. (1978): *Borderline-Störungen und pathologischer Narzissmus*, Frankfurt

Kernberg, O. (1996): *Narzisstische Persönlichkeitsstörungen*, Stuttgart

Kipp, H. (1995): *Anorexia nervosa. Das Versagen des Anspruchs im Symptom der Magersucht*, in: Kleber, J.A. (Hg.): *Die Äpfel der Erkenntnis. Zur historischen Soziologie des Essens*, Pfaffenweiler

Kleber, J. (1993): *FrauenEssen – Das Begehren der Geschichte/n*, in: *Zeitschrift für Sexualforschung*, Jg. 6, Heft, 2, Stuttgart

Klein, M. (1983): *Das Seelenleben des Kleinkindes und andere Beiträge zur Psychoanalyse.* Stuttgart

Klessmann, E./Klessmann, A H. (1986): *Heiliges Fasten – Heilloses Fressen. Die Angst der Magersüchtigen vor dem Mittelmaß,* Bern

Kleßmann, P. (1986): *Psychosomatische Medizin,* Heidelberg

Köster, G. (2001): *Prävention von Essstörungen – Wirksamkeit eines Trainingsprogramms an Schulen,* in: Zeitschrift für Gesundheitspsychologie, 9(4) 2001, S. 147-158.

Laessle, R.G. (1991): *Psychobiologische Faktoren bei Anorexia und Bulimia nervosa,* in: Medizin-Mensch-Gesellschaft, Heft 4, Bd. 16, S. 237-250

Langsdorf, M. (1996): *Machos haben keine Magersucht,* in: Stuttgarter Zeitung, 1996

Laplanche, J. (1973): *Das Vokabular der Psychoanalyse,* Frankfurt

Lausus, N. (2001): *Die Codierung des Körpers – Essstörungen (anorexia nervosa) im soziokulturellen Kontext der modernen Wohlstandsgesellschaft,* Konstanz

Lehnert, G. (2000): *Geschichte der mode im 20. Jahrhundert,* Köln

Löwe, B/Zipfel, S./Buchholz, C./Dupont, Y./Reas, D. L./Herzog, W. (2001): *Long-term outcome of anorexia nervosa in a prospective 21-year follow-up study,* in: Psychological Medicine, Band 31, Cambridge

Meermann, R./Vandereycken, W. (1987): *Therapie der Magersucht und Bulimia nervosa,* Berlin

Miller, A. (1979): *Das Drama des begabten Kindes und die Suche nach dem wahren Selbst,* Frankfurt

Minuchin, S., Rosman, B.L., Baker, L. (1981): *Psychosomatische Krankheiten in der Familie,* Stuttgart

Mühlen-Achs, G. (1991): *Weibliche Sozialisation durch Massenmedien: Karikaturen als Vorbilder?,* in: Neubeck-Fischer (Hg.): *Frauen und Abhängigkeit,* Fachhochschule München

Nave-Herz, R. (1994): *Familie heute – Wandel der Familienstrukturen und Folgen für die Erziehung,* Darmstadt

Neubeck-Fischer, H. (1991): *Eßstörungen, die Krankheit der Normalität,* in: Neubeck-Fischer (Hg.): *Frauen und Abhängigkeit,* Fachhochschule München

Orbach, S. (1990): *Hungerstreik. Ursachen der Magersucht. Neue Wege zur Heilung,* Düsseldorf

Pfarr, H. (1991): *Die gesellschaftliche Arbeitsteilung als Rechtsfrage,* in: Neubeck-Fischer (Hg.): *Frauen und Abhängigkeit,* Fachhochschule München

Piaget, J. (1996): *Einführung in die genetische Erkenntnistheorie,* Frankfurt

Podula-Korte, E.S. (1998): *Identität im Fluß. Zur Psychoanalyse weiblicher Adoleszenz im Spiegel des Menstruationserlebens,* in: Flaake, K./King, V. (Hg.): *Weibliche Adoleszenz – Zur Sozialisation junger Frauen,* Frankfurt

Prokol, U. (2005): *Essstörungen – Goethes Wahlverwandschaften als Krankengeschichte gelesen,* in: Psyche, Zeitschrift für Psychoanalyse und ihre Anwednungen, Band 5/2005

Pudel, V./Westenhöfer, J. (1998): *Ernährungspsychologie,* Göttingen

Rachman, S./Bergold,J. B. (1970): *Verhaltenstherapien bei Phobien,* München, Berlin, Wien

Rinsley, D. B. (1996): *Bemerkungen zur Entwicklungspathogenese der narzisstischen Persönlichkeitsstörung*, in: Kernberg, O.: *Narzisstische Persönlichkeitsstörungen*, Stuttgart

Schmidt, R. (2002): *S.O.S. Familie – Ohne Kinder sehen wir alt aus*, Berlin

Schraml, W.J. (1968): *Einführung in die Tiefenpsychologie*, Stuttgart

Schücking, B.A. (1991): *Anatomie als Schicksal: Die Abhängigkeit vom weiblichen Körper*, in: Neubeck-Fischer (Hg.): *Frauen und Abhängigkeit*, Fachhochschule München

Schwarzer, A. (1975): *Der kleine Unterschied und seine großen Folgen – Frauen über sich, Beginn einer Befreiung*, Frankfurt

Schwarzer, A. (2002): *Der große Unterschied – Gegen die Spaltung von Menschen in Männer und Frauen*, Frankfurt

Schweiger U./Fichter M.M. (2000): *Psychobiologie der Essstörungen*, in: Gastpar, M./Remschmidt, H./Senf, W. (Hg.): *Essstörungen - Neue Erkenntnisse und Forschungsperspektiven*, Sternenfels

Seeling, C. (1999): *Mode – Das Jahrhundert der Designer 1900-1999*, Köln

Selvini Palazzoli, M. (1982): *Magersucht - von der Behandlung einzelner zur Familientherapie*, Stuttgart

Simmel, G. (1894): *Zur Psychologie der Mode – Soziologische Studie*, in: Die Zeit. Wiener Wochenschrift für Politik, Volkswirtschaft und Kunst. 5. Band 1985, 54 (S. 22-24).

Skinner, B.F. (1974): *Die Funktion der Verstärkung in der Verhaltenswissenschaft*, München

Stahr, I./Barb-Priebe, I/Schulz, E.: *Essstörungen und die Suche nach Identität*, Weinheim

Statisches Bundesamt Deutschland, *Krankenhausdiagnosestatistik*, 2003

Statisches Bundesamt Deutschland, *Todesursachenstatistik*, 2004

Steiner-Adair, C. (1998): *Körperstrategien – Weibliche Adoleszenz und die Entwicklung von Eßstörungen*, in: Flaake, K./King, V. (Hg.): *Weibliche Adoleszenz – Zur Sozialisation junger Frauen*, Campus, Frankfurt

Stern, L. (1998): *Vorstellungen von Trennung und Bindung bei adoleszenten Mädchen*, in: Flaake, K./King, V. (Hg.): *Weibliche Adoleszenz – Zur Sozialisation junger Frauen*, Frankfurt

Teuteberg, H. J./Wiegelmann, G. (1972): *Der Wandel der Nahrungsgewohnheiten unter dem Einfluß der Industrialisierung*, Göttingen

Vandereycken, W./Deth, R. v./Meermann, R. (1990): *Hungerkünstler, Fastenwunder, Magersucht – Eine Kulturgeschichte der Eßstörungen*, Biermann Verlag, Zülpich

Verband Deutscher Rentenversicherungsträger: *Statistik der Leistungen zur Rehabilitation*, 2004

Wangh, M. (1983): *Narzismus in unserer Zeit. Einige psychoanalytisch-soziologische Überlegungen zu seiner Genese*, in: Pyche, 1983, H.1, S. 16-40

Wardetzki, B. (1991): *Weiblicher Narzißmus – Der Hunger nach Anerkennung*, München

Weltgesundheitsorganisation (1993): *Internationale Klassifikation psychischer Störungen*, ICD-10 Kapitel V(F); Klinisch-diagnostische Leitlinien, Bern

Westenhöfer, J. (1996): *Gezügeltes Essen und Störbarkeit des Eßverhaltens*, Göttingen

Westenhöfer, J./Pudel, V. (1989): *Verhaltensmedizinische Überlegungen zur Entstehung und Behandlung von Eßstörungen*, in: Wahl, R./Hautzinger, M. (Hg.): *Verhaltensmedizin. Konzepte, Anwendungsgebiete, Perspektiven,* Köln, S. 149-162

Wirtschaftswoche: *Das Geschäft mit der Schönheit,* 4.12.2003

Zis, A.P., Goodwin, F.K. (1982): *The amine hypothesis*: In: E.S. Paykel (ed.): *Handbook of Affecitve Disorders,* Livingstone, Edinburgh

Weiterführende Literatur

Bräutigam, W./Christian, P. (1975): *Psychosomatische Medizin. Ein kurzgefaßtes Lehrbuch für Studenten und Ärzte*, Stuttgart

Ferber, C. v. (1980): *Ernährungsgewohnheiten: Zur Soziologie der Ernährung*, in: Zeitschrift für Soziologie (9), S. 221- 235

Gast, L. (1986): *Magersucht. Der Gang durch den Spiegel*, Pfaffenweiler

Gerlinghoff, M. (1985): *Magersüchtig – Eine Therapeutin und Betroffene berichten*, München

Kennel, R./Reerink G. (1997): *Klein-Bion. Eine Einführung.* Tübingen

Lawrence, M. (1986): *Ich stimme nicht. Identitätskrise und Magersucht*, Hamburg

MacLeaod, S. (1983): *Hungern, meine einzige Waffe*, München

Seifert, K. (1992): *Mein Weg aus der Magersucht,* Bad Homburg

Gesellschaft und Kommunikation
Soziologische Studien
hrsg. von Prof. Dr. Werner Gephart
(Universität Bonn)

Daniel Witte
Terrorismus und Rationalität
Zum Erklärungspotenzial des Rational-Choice-Ansatzes zur Analyse der Anschläge des 11. September
Die nach wie vor unbegreiflichen Anschläge des 11. September unter Verwendung von Rational-Choice-Modellen ein Stück begreiflicher zu machen, fördert überraschende Ergebnisse zutage: Einerseits das unerwartete Potenzial, das die Theorie für das Verstehen dieses „irrationalen" Handelns birgt, andererseits aber auch die Verdeutlichung von Grenzen des rationalistischen Erklärungsansatzes.
Bd. 1, 2005, ca. 216 S., ca. 14,90 €, br.,
ISBN 3-8258-8843-6

Nathalie Röbbel
Familie in Italien an der Schwelle zum 21. Jahrhundert
Familie zwischen sozialem Konstrukt, kulturellem Muster und kontingenter Wirklichkeit
Die vorliegende Studie entwickelt einen theorienübergreifenden Ansatz zur Soziologie der Familie. Die Tauglichkeit dieses paradigmatischen Ansatzes wird am Beispiel der italienischen Familie untersucht. In Anlehnung an die Soziologie Emile Durkheims wird die italienische Familie als ein normatives Projekt in der Verfassung der italienischen Gesellschaft aufgefasst und im europäischen Vergleich anhand sozialstruktureller Parameter und kultureller Einstellungen zu Familie untersucht. Nach einem Seitenblick auf die symbolischen Repräsentationen der Familie wird schließlich herausgearbeitet, inweit das Bild von der Familie eine – für die italienische Gesellschaft identitätsstiftende – Konstruktion ist.
Bd. 2, 2006, 424 S., 34,90 €, br., ISBN 3-8258-9295-6

Jürgen Tenckhoff
Alter(n) in globalen Unternehmen der Telekommunikationsbranche
Lebenswirklichkeiten und Zukunftsperspektiven aus soziologischer Sicht
Wie schnell sieht man als Manager „alt" aus in globalen Unternehmen der Telekommunikationsbranche? In zehn Ländern wurde die Verortung des Alter(n)s in globalen Wirtschaftskulturen analysiert. Die Untersuchung zeigt, dass besonders ältere Manager von frühzeitiger Externalisierung betroffen sind. Ihre habituellen Dispositionen haben in der rasant beschleunigten *Wissensgesellschaft* an Wirksamkeit verloren. Unter dem dominanten Einfluss stereotyper Defizitannahmen des Alter(n)s entstehen rein am biologischen Lebensalter orientierte Karriereregrenzen, deren Überwindung vor dem Hintergrund des allgegenwärtigen demographischen Wandels jedoch von fundamentaler Bedeutung ist. Nur dann erhalten Gesellschaften und Unternehmen eine Chance, das angehäufte soziale und symbolische Kapital älterer Menschen zu nutzen – statt es zu verschleudern.
Bd. 3, 2006, 400 S., 34,90 €, br., ISBN 3-8258-9593-9

Wissenschaftliche Paperbacks
Soziologie

Klaus Ottomeyer
Ökonomische Zwänge und menschliche Beziehungen
Soziales Verhalten im Kapitalismus
Klaus Ottomeyer hat seine vielgelesene Studie zur Sozialpsychologie und Entfremdung im Kapitalismus für die Neuauflage aktualisiert. „Der Gang der kapitalistischen Wirtschaft ist im Hinblick auf die Aktienkurse schwer vorauszusagen, seine Einwirkung auf die menschliche Seele ist präzise zu berechnen" (Max Horkheimer). Die heute in den Medien und von Politikern so viel beschworene Krise von Identität hat ihre Wurzeln im „systematischen Chaos", in den widersprüchlichen Anforderungen, die aus der Arbeitswelt, der Marktwelt und der Welt des privaten Konsums resultieren. Das Gefühl der Zerrissenheit wird in der Epoche des Neoliberalismus und der Globalisierung noch gesteigert. In dieser Situation boomen trügerische Heils- und Heilungsversprechungen. Ottomeyer gibt einige Hinweise darauf, wie trotzdem Psychotherapie und allgemeiner noch: sinnvolle Lebenspraxis möglich ist.
Bd. 21, 2004, 240 S., 18,90 €, br., ISBN 3-8258-6125-2

Herwig Birg (Hg.)
Auswirkungen der demographischen Alterung und der Bevölkerungsschrumpfung auf Wirtschaft, Staat und Gesellschaft
Plenarvorträge der Jahrestagung der Deutschen Gesellschaft für Demographie an der Universität Bielefeld, 4. März 2004
Bd. 29, 2005, 144 S., 19,90 €, br., ISBN 3-8258-8261-6